权威·前沿·原创

皮书系列为
"十二五""十三五"国家重点图书出版规划项目

中国社会科学院创新工程学术出版项目

中央高校建设世界一流大学（学科）
和特色发展引导专项资金

全球传媒蓝皮书
**BLUE BOOK** OF
GLOBAL MEDIA

# 全球传媒发展报告
# （2016~2017）

ANNUAL REPORT ON THE DEVELOPMENT OF
GLOBAL MEDIA (2016-2017)

主　编／胡正荣　李继东

社会科学文献出版社
SOCIAL SCIENCES ACADEMIC PRESS（CHINA）

图书在版编目（CIP）数据

全球传媒发展报告. 2016 - 2017 / 胡正荣，李继
东主编. -- 北京：社会科学文献出版社，2017.6
　（全球传媒蓝皮书）
　ISBN 978 - 7 - 5201 - 0588 - 0

　Ⅰ.①全… Ⅱ.①胡… ②李… Ⅲ.①传播媒介 - 产
业发展 - 研究报告 - 世界 - 2016 - 2017 Ⅳ.①G219.1

　中国版本图书馆 CIP 数据核字（2017）第 063430 号

全球传媒蓝皮书
全球传媒发展报告（2016~2017）

主　　编 / 胡正荣　李继东

出 版 人 / 谢寿光
项目统筹 / 蔡继辉　吴　敏
责任编辑 / 张　超　吴　敏

出　　版 / 社会科学文献出版社·皮书出版分社（010）59367127
　　　　　地址：北京市北三环中路甲 29 号院华龙大厦　邮编：100029
　　　　　网址：www. ssap. com. cn
发　　行 / 市场营销中心（010）59367081　59367018
印　　装 / 北京盛通印刷股份有限公司

规　　格 / 开　本：787mm × 1092mm　1/16
　　　　　印　张：18.75　字　数：282 千字
版　　次 / 2017 年 6 月第 1 版　2017 年 6 月第 1 次印刷
书　　号 / ISBN 978 - 7 - 5201 - 0588 - 0
定　　价 / 89.00 元

皮书序列号 / PSN B - 2012 - 237 - 1/1

# 《全球传媒发展报告（2016~2017）》
# 课 题 组

**课题组组长**　胡正荣　李继东

**课题组成员**　（以姓氏拼音为序）

陈　莎　段　鹏　甘　露　杭　敏　姬德强

李语然　刘　斌　刘　昶　龙小农　吕玉洁

舒凌云　孙　璐　王润珏　文小琳　吴敏苏

杨惠钧　张　磊　张　楠

# 主要编撰者简介

**胡正荣**　教授、博士生导师，中国传媒大学校长，教育部人文社科重点研究基地中国传媒大学国家传播创新研究中心主任。兼任国务院学位委员会新闻传播学评议组召集人，国家哲学社会科学基金项目评委，教育部 2013～2017 年新闻传播学类专业教学指导委员会主任委员，国家留学基金委评审会委员等职。主要研究领域为传播学理论、媒介政策与制度、传播政治经济学、新媒介与国际传播等。讲授课程有新闻传播学理论研究、传播学、媒介研究等。主持"传播学"国家级精品课、国家级教学团队和中国传媒大学"发展中国家国际传播硕士项目"。主持国家社科基金重大招标项目 1 项，国家级、省部级和大型横向科研项目 40 余项。出版著作数十部，中英文论文 230 余篇，发表成果近 300 万字。曾任美国哈佛大学肯尼迪政府学院客座研究员（2005 年）、英国威敏大学勒沃霍姆访问教授（2006 年）、英国威敏大学荣誉博士（2011 年）。应邀在 IAMCR 等多个国际顶级传播学会会议上发表主旨演讲。兼任新加坡 *Media Asia*，韩国 *Journal of Communication Research*，英国 *Global Media and Communication*，香港《传播与社会学刊》、《现代传播》等国内外期刊编委，亚洲媒介信息与传播中心（AMIC）顾问委员。2000 年被列为教育部"跨世纪优秀人才"，2001 年获国务院政府特殊津贴，2006 年获"新世纪百千万人才工程"国家级人选。

**李继东**　博士，研究员，博士生导师，现供职于教育部人文社科重点研究基地中国传媒大学国家传播创新研究中心。"全球传媒蓝皮书""国际传播蓝皮书"执行主编。2007 年英国牛津大学社会法研究中心访问学者，2009 年美国明尼苏达大学新闻与大众传播学院访问学者。已发表中英文论文 60 余篇、著作《中国影视政策创新研究》（2013 年）等近 20 部。主持国家社科基金项目"我国国际传播话语体系建设的理论创新研究"，参与国家社科基金重大项目、国家新闻出版广电总局社科重大项目、教育部重点研究基地重大项目以及国新办、文化部、江苏卫视、南京电视台、大连广播电视台和深圳广播电影电视集团等机构委托项目 20 余项。获第八届全国广播电视学术著作评选决策管理类一等奖、北京第十届和第十一届哲学社会科学优秀成果奖二等奖、2008 年度北京市宣传系统优秀调研报告、2002 年全国出版社市场营销论坛优秀论文一等奖等奖励。主要研究领域为传播理论与历史、传播政策与制度、传播公共服务与产业发展、国际传播、营销传播和消费者行为等。主要研究兴趣为全球传媒产业、国际传播话语、信息传播行为、影视政策等。主要讲授课程为传播学理论、传播学史、传播政策研究、整合营销传播和消费者洞察等。

# 摘　要

　　《全球传媒发展报告（2016~2017）》围绕"数字媒体与媒体融合"这一主题，共分总报告、国别篇和专题篇三大板块，分析了2015~2016年世界主要国家和地区传媒发展态势。总报告从全球传播业总貌、传播行为和新闻消费三个层次分析了全球信息传播发展态势；国别篇从总体发展概况、行业与市场结构和发展趋势三个层次分别梳理和分析了2014~2015年中国、美国、日本、法国和非洲等国家和地区的信息传播市场发展情况；专题篇则围绕"媒体融合"讨论了国际财经媒体发展、广播电视主流媒体未来发展、互联网经济新趋势、台湾媒体融合发展和视听美学思维的融合建构等问题。

# Abstract

*Annual Report on the Development of Global Media* (2016 ~ 2017) focus on the theme of digital media and media convergence analyzed media development of the world's major countries and regions from the year 2015 to 2016 in three major parts (the General Report, the Country Part and the Focus Part). The General Report analyzed the development of global information and communication from three levels including the overall looks of global communication industry, communication behaviors, and digital news consumption. The Country Part separately combed and analyzed the development of media market in China, U. S. , Japan, France and South African from 2014 to 2015 from three levels: general developing situation, industry and market structures and developing trends. The Focus Part discussed the development of international financial press, the new trends of main broadcasting media and internet economic, media convergence in Taiwan and aesthetics thinking from the perspective of media convergence .

# 目 录

## Ⅰ 总报告

## Ⅱ 国别篇

## Ⅲ 专题篇

皮书数据库阅读**使用指南**

# CONTENTS

## I   General Report

## II   The Country Part

# Ⅲ   The Focus Part

# 总 报 告

General Report

**B**.1

## 数字媒体与媒体融合：
## 2016年全球传媒发展报告

胡正荣　李继东*

摘　要： 数字媒体与媒体融合成为2016年度全球传媒（信息传播业）
发展的三大趋势之一，从传播业总貌看，2016年美、中、日
传播业收入仍居全球前列，互联网广告是全球广告继续增长
的主要动力，数据流量费用已成为移动互联网的主要收入。
世界主要国家人们的传播行为变化体现为，全球固话连接率
持续下降，4G移动人口覆盖率继续上升，智能手机拥有量保
持增长，看电视仍是网民最为普遍的传播行为。英、美、中
等国家人均看电视的时长在下降，看电视的方式日趋多样

---

* 胡正荣，教授，博士生导师，中国传媒大学校长、国家传播创新研究中心主任；李继东，研
究员、博士生导师，供职于中国传媒大学国家传播创新研究中心。

化，中国家庭平均收听广播的比重最高，英国数字广播设备拥有量最大。就新闻消费而言，电视和网络仍是人们获取国际新闻、国内新闻和本地新闻的主要来源，网络则是明星八卦新闻最主要的来源，全球网民最喜欢看国内新闻和国际新闻，对教育新闻和文化艺术新闻的喜好度相对较低；大多数网民获取新闻首选搜索、新闻品牌，多数网民青睐一种新闻源。2015 年人们运用社交媒体获取新闻的比重都在持续增长。

关键词： 传播业　电视　移动互联网　智能手机　新闻消费

# 一　总貌：移动互联网、订购费、流量

（一）美、中、日传播业收入继续名列全球前三位，互联网广告仍是全球广告费增长最主要的推动力

2014 年全球传播业①总收入达 102542.3 亿元，增长率为 1.5%。其中，美国、中国和日本的传播业收入总额仍位居全球前三，分别为 27229.2 亿元、11632.95 亿元和 9478.8 亿元，而美国电信产业收入总额高于所比较的其他国家总和，同时，电视、广播和邮政也居于首位（见图 1）。电视产业增长幅度最大，增长了 5%，计 1034.04 亿元，总值达 21025.48 亿元，而电信产业增幅仅 0.5%，不过总额却高达 72899.82 亿元。

2014 年全球广告费增长到 24386.11 亿元，主要动力源于互联网，2010 ~ 2014 年，互联网广告年复合增长率达 17.9%，2014 年已达 6893.6 亿元，而

---

① 本报告所言的传播业（communications sector），主要包括电信、电视、广播和邮政。本报告主要资料来源于 Ofcom（2016）：*International Communications Market Report 2015*，单独标注除外。

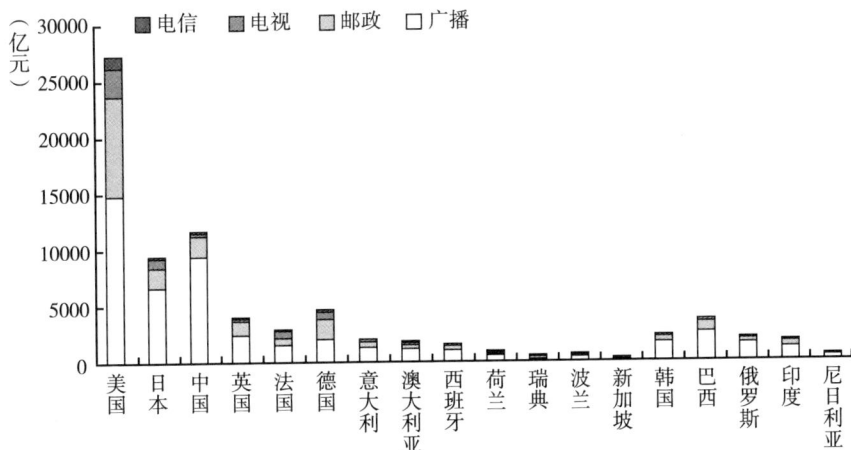

图1　2014年全球主要国家传播业收入

2014年电视广告的增幅仅为5.3%，不过其总额还是最高的，达8530.83亿元（见图2、表1）。

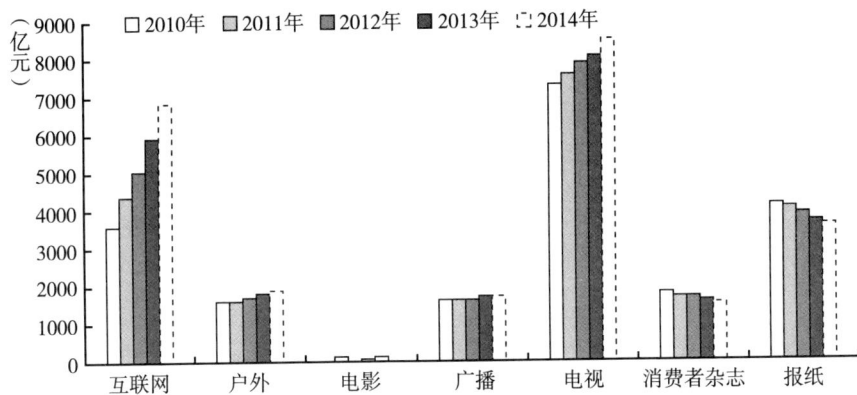

图2　2010~2014年全球媒体广告支出

## （二）全球电视收入增长的主力仍是订购费，广播收入持续增长

2014年全球电视产业收入总额达21025.48亿元，其中，订购费仍是全球电视收入增长的主要动力，增幅达5.4%，计10771.25亿元，已达总额的半数以上。

表1  2010~2014年全球媒体广告费增速变化

单位：%

| 项目 | 互联网 | 户外 | 电影 | 广播 | 电视 | 消费者杂志 | 报纸 | 综合 |
|------|--------|------|------|------|------|-----------|------|------|
| 同比增长率 | 16.5 | 5.5 | 3.3 | 3.6 | 5.3 | -4.2 | -3.1 | 6 |
| 复合年增长率 | 17.9 | 4.5 | 4.5 | 2.3 | 3.8 | -3.2 | -3.3 | 4.9 |

2014年全球广播收入增长了3.9%，达2421.377亿元，而且从2010年以来持续保持增长势头，18国的广播收入占了全球广播收入总额的绝大部分，为1973.293亿元，增幅达3.5%。其中，美国广播收入总额增长幅度最大，只有日本和意大利的广播收入分别下滑了2.4%和1.5%，主要源于广告费的下滑。

2014年电信业（固话、固网、移动及其数据业务）零售总额增长了0.7%，达50754.13亿元，主要动力源于固网和移动数据业务。

（三）中、英互联网广告占比位居前列，数据流量费用成为移动互联网的主要收入

互联网广告持续增长，2014年中国和英国互联网广告费占比最大，43%的广告费源于网络，中国的年均增幅最高，达9%。英国的移动互联网广告费最高，人均近215.425元；美国次之，为204.136元；澳大利亚第三，为152.176元。

2014年所比较国家的移动互联网收入总额增长了6.6%，达14907.41亿元，信息费除外，主要源于移动数据流量的增长，增幅达76%。移动互联网服务拥有量最高的是新加坡，百人互联网连接率达183人（包括专用移动互联网接入和手机接入）。

## 二  传播行为：智能手机、付费电视、联结式电视

（一）全球固话连接率继续下滑，荷兰固定宽带拥有量最高

固话连接百人连接率持续下降，主要源于手机使用的增长，以及诸如邮

件、手机短信、即时通信服务和社交网站等文本传播的广泛应用。2009～
2014年，除西班牙外，各国手机拥有量都在增长（见图3）。

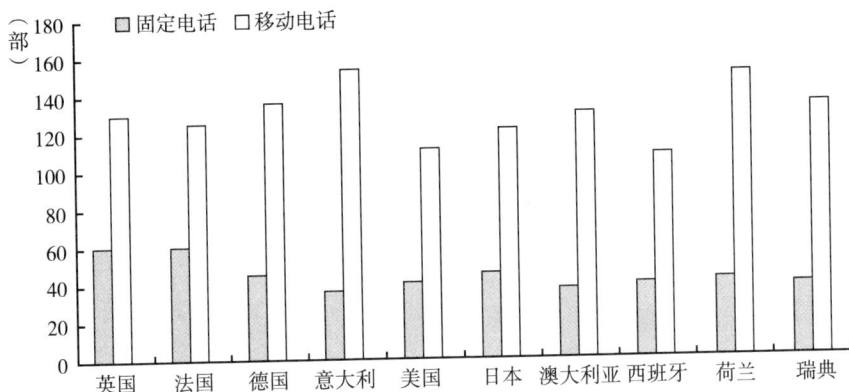

**图3　2014年固话连接和移动电话连接百人拥有量**

资料来源：IHS/industry data/Ofcom。

截至2014年底，中国固定电话用户2.49亿户，移动电话用户达到
12.86亿户；固定宽带接入用户突破2亿户，其中8M以上用户达到8206.7
万户；移动宽带用户达到5.83亿户，其中4G用户达到9728.4万户。移动
电话用户普及率达94.5部/百人，比上年提高3.7部/百人。固定电话用户
总数2.49亿户，比上年减少1755.5万户，普及率下降至18.3部/百人。
2014年各国固话连接和移动电话连接百人拥有量变化见表2。①

**表2　2014年固话连接和移动电话连接百人拥有量变化（与2009年比较）**

单位：部

| 项目 | 英国 | 法国 | 德国 | 意大利 | 美国 | 日本 | 澳大利亚 | 西班牙 | 荷兰 | 瑞典 |
|---|---|---|---|---|---|---|---|---|---|---|
| 固定电话 | +2 | -5 | -3 | -4 | -9 | -1 | -10 | -2 | -2 | -14 |
| 移动电话 | 0 | +26 | +5 | +4 | +19 | 31 | -2 | -2 | -2 | +25 |

① 工信部：《2014年手机用户净增5698万户总数12.86亿户》，http://finance.ifeng.com/a/
20150121/13448068_0.shtml。

2014 年荷兰固定宽带拥有量最高，百人拥有量为 41 部；法国次之，为 40 部；日本位居第三，为 39 部，也是在过去的五年（2010～2014 年）中百人固定宽带连接量增幅最大的国家（见图 4 和表 3）。2014 年，中国三家基础电信企业固定互联网宽带接入用户净增 1157.5 万户，比上年净增减少 748.1 万户，总数突破 2 亿户①。

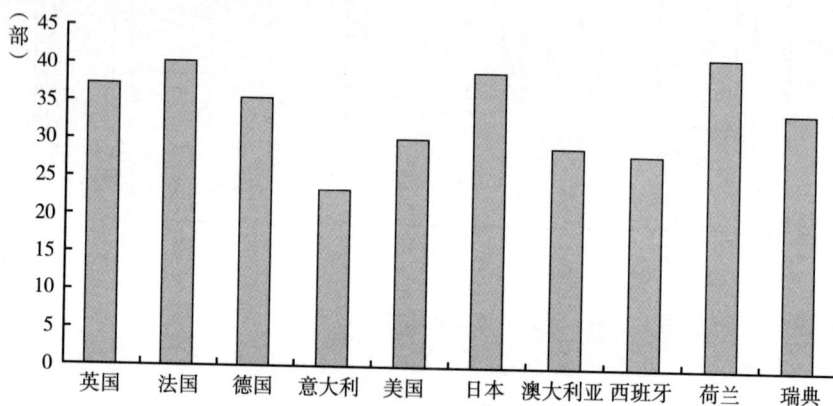

图 4　2014 年百人固定宽带连接量

注：宽带连接包括一些 SME 业务连接。

资料来源：IHS/industry data/Ofcom。

表 3　2014 年百人固定宽带连接量变化（与 2009 年比较）

单位：部

| 国家 | 英国 | 法国 | 德国 | 意大利 | 美国 | 日本 | 澳大利亚 | 西班牙 | 荷兰 | 瑞典 |
|---|---|---|---|---|---|---|---|---|---|---|
| 连接量变化 | +7 | +9 | +5 | +2 | +4 | +13 | +5 | +7 | +4 | +2 |

（二）韩国固网覆盖率居首位，英、意、日、澳数字电视家庭入户率达100%

2014 年韩国、新加坡和日本固网覆盖率位居前三，分别为 89%、83%

① 《2014 年通信运营业统计公报》，http://www.miit.gov.cn/n1146312/n1146904/n1648372/c3337169/content.html。

和81%，标题速度（Headline Speed）均大于等于30Mbit/s。

截止到2014年，英国、意大利、日本、澳大利亚数字电视家庭入户量均达百户百台，西班牙次之（99台），随后是美国（96台），德国最低（72台）（见图5）。数字电视家庭入户量变化见表4。

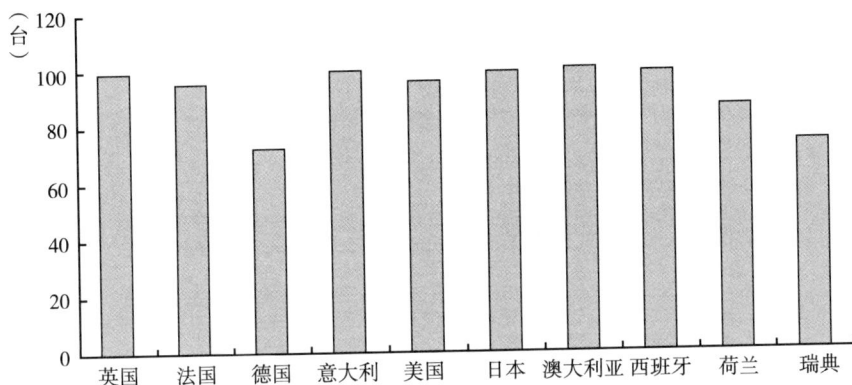

**图5 2014年百户数字电视家庭入户量**

资料来源：IHS/industry data/Ofcom。

**表4 2014年百户数字电视家庭入户量变化（与2009年比较）**

单位：台

| 国家 | 英国 | 法国 | 德国 | 意大利 | 美国 | 日本 | 澳大利亚 | 西班牙 | 荷兰 | 瑞典 |
|---|---|---|---|---|---|---|---|---|---|---|
| 入户量变化 | +11 | +12 | +25 | +14 | +11 | +8 | +17 | +10 | +27 | +6 |

## （三）中国4G移动人口覆盖率增幅雄踞首位，西班牙和意大利智能手机拥有量最高

2014年4G移动人口覆盖率持续增长，其中，中国增幅最大，从1%增长到73%，而韩国、荷兰的覆盖率已达到100%，瑞典、新加坡和日本则达99%（见图6、表5）。不过，各国4G连接率在整个移动服务中却没那么高，其中，韩国4G使用比重最高，达63%，随后是美国（40%）、奥地利和新加坡（均为39%），大部分国家的受访者认为选择4G的原因是下载速

度更快（见图 7）。西班牙和意大利智能手机拥有量最高，分别占受访者的 83% 和 79%，而美国智能手机拥有量最低（57%）（见图 8）。同样，中国智能手机市场规模增速也是最快的，用户量也是最大的，2014 年中国智能手机用户已达到 5.19 亿，大约占全球用户数量的三成，已经超过美国市场两倍多，不过中国智能手机仍有很大市场空间，用户量将持续猛增。①

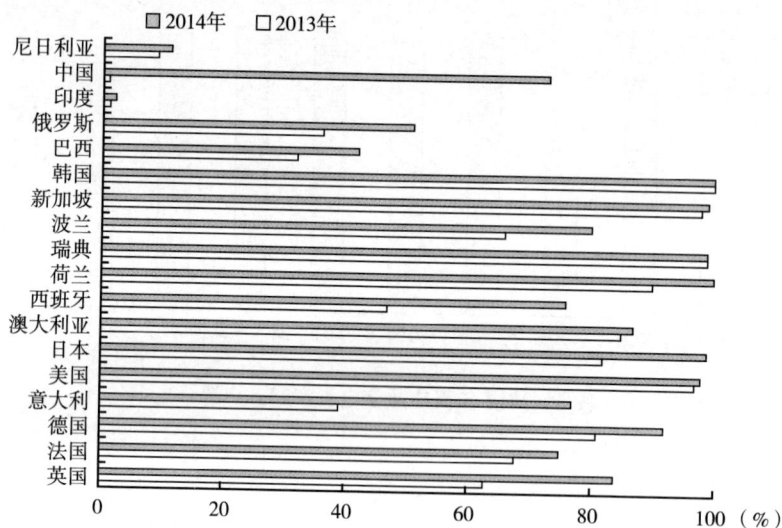

图 6　2013～2014 年各国家 4G 移动人口覆盖率

资料来源：IHS。

表 5　2014 年全球主要国家 4G 移动人口覆盖率变化（与 2013 年比较）

单位：百分点

| 国家 | 英国 | 法国 | 德国 | 意大利 | 美国 | 日本 | 澳大利亚 | 西班牙 | 荷兰 | 瑞典 | 波兰 | 新加坡 | 韩国 | 巴西 | 俄罗斯 | 印度 | 中国 | 尼日利亚 |
|------|------|------|------|--------|------|------|----------|--------|------|------|------|--------|------|------|--------|------|------|----------|
| 变化 | +21 | +7 | +11 | +38 | +1 | +17 | +2 | +29 | +9 | 0 | +14 | +1 | 0 | +10 | +15 | +1 | +72 | +2 |

---

① eMarketer：《2014 年中国智能手机用户数量首破 5 亿，预期 2018 年达到 7 亿》，http://technews.cn/2014/12/25/china-will-top-500-million-smartphone-users-for-the-first-time-see-more-at-httpwww-emarketer-comarticle2-billion-consumers-worldwide-smartphones-by-20161011694sthash-1do3dlqq-dpuf/。

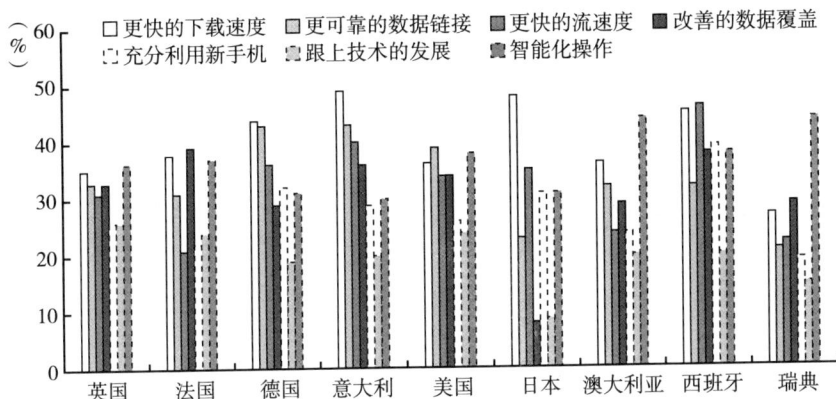

**图7　各国选择或倾向于选择4G的理由的比例分布**

资料来源：Ofcom consumer research September-October 2015。

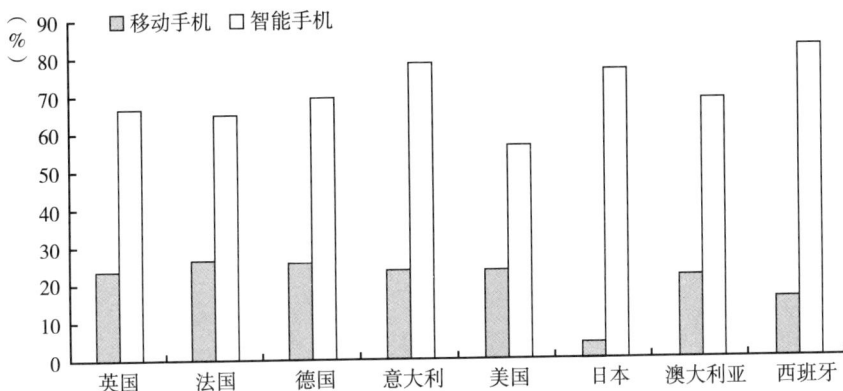

**图8　各国移动手机和智能手机拥有量百分比**

资料来源：Ofcom consumer research September-October 2015。

（四）笔记本电脑仍为个人最常用的传播设备，西班牙智能手机拥有比重最高

2015年笔记本电脑仍是个人终端使用最为普遍的传播/媒介设备，其中英国、意大利拥有比重最高，均达81%，日本最低（63%）。智能手机拥有

量继续增加，西班牙的拥有量比重最高，达83%；美国最低，为57%（见图9）。

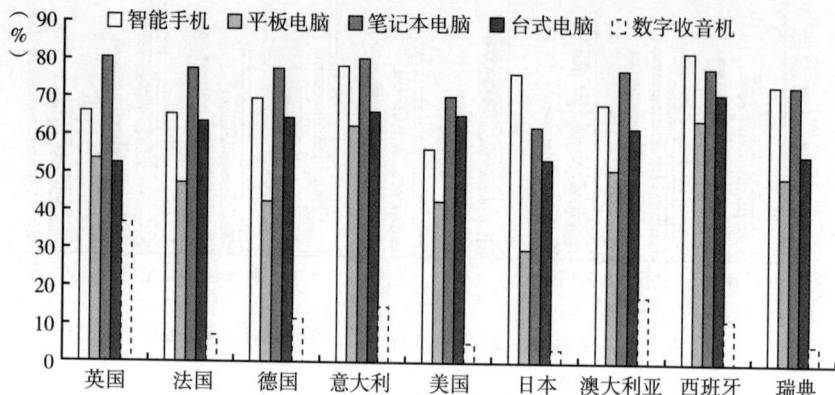

图9　各国个人所有设备分布比例

资料来源：Ofcom consumer research September-October 2015。

（五）看电视仍是网民最为普遍的传播行为，网民用手机看电视的比重最高

据2015年Ofcom的一项研究表明，在所比较的国家中，83%以上的受访网民常看电视，其中西班牙、德国最高，均达91%，美国最低，为83%（见图10）。网民通过手机（包括智能手机）看电视占比最高，为70%，其中，西班牙、意大利和瑞典位居前三，而通过固定宽带上网看电视次之，英国和法国网民用固定宽带看电视的比重与用手机看的比重不相上下。

（六）部分国家观众人均看电视的时长有所下降，发展中国家付费电视增幅最大

2014年所比较的15个国家的观众平均收看电视的时长为3小时43分钟，其中有7个国家的观众人均日观看时长在下降，英国降幅最大，达4.9%（11分钟），减少到了3小时40分钟，主要源于人们通过平板电脑和智能手机观看网络电视以及用户视频点播（SVOD）的增长（见图11、表6）。

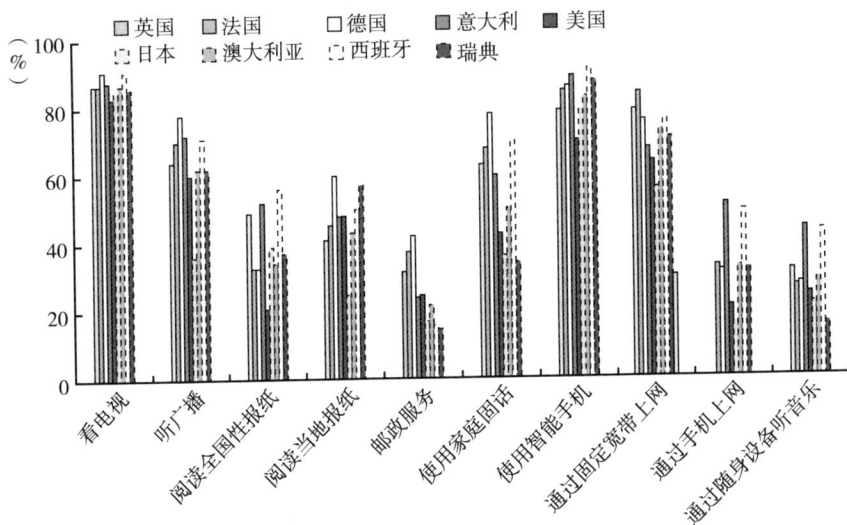

**图10　各国人民定期使用的电信服务比例分布**

资料来源：Ofcom consumer research September-October 2015。

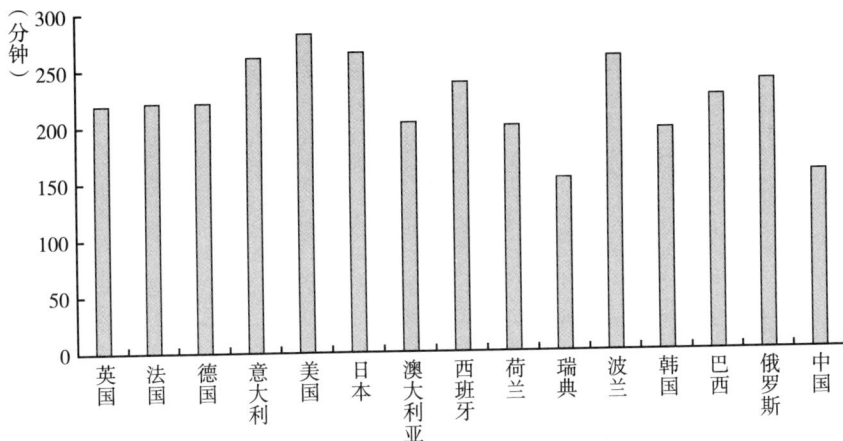

**图11　2013～2014年全球主要国家每人每天收看电视的平均时间**

资料来源：Médiamétrie，Eurodata TV Worldwide-One Television Year in the World 2015。

　　法国和韩国的 IPTV 是最受欢迎的电视平台，分别占 41% 和 30%；发展中国家的付费电视（pay-TV）占有率增幅最为强劲，金砖国家的付费电视占有率从 2009 年的 48% 增长到了 2014 年的 66%。

表6　2013～2014年全球主要国家每人每天收看电视的平均时间的比例变化

单位：%

| 国家 | 英国 | 法国 | 德国 | 意大利 | 美国 | 日本 | 澳大利亚 | 西班牙 | 荷兰 | 瑞典 | 波兰 | 韩国 | 巴西 | 俄罗斯 | 中国 |
|------|------|------|------|--------|------|------|----------|--------|------|------|------|------|------|--------|------|
| 变化 | -4.9 | -2.2 | 0 | +0.4 | -3.8 | -0.4 | +2.0 | -2.0 | +2.6 | -3.8 | +5.3 | +0.5 | +3.2 | +0.4 | -1.3 |

（七）西班牙连接式电视拥有量最高，英国人观看网络影视的比重最高

随着新媒体的发展，观看电视方式多样化，连接式电视（connected TV sets）、网络影视和手机影视等层出不穷。2015年西班牙和英国连接式电视的拥有比重名列前茅，分别达45%和42%，随后是意大利和瑞典。各国受访者使用连接式电视看电视节目、视频点播、网络流电影、视频剪辑等（见图12）。

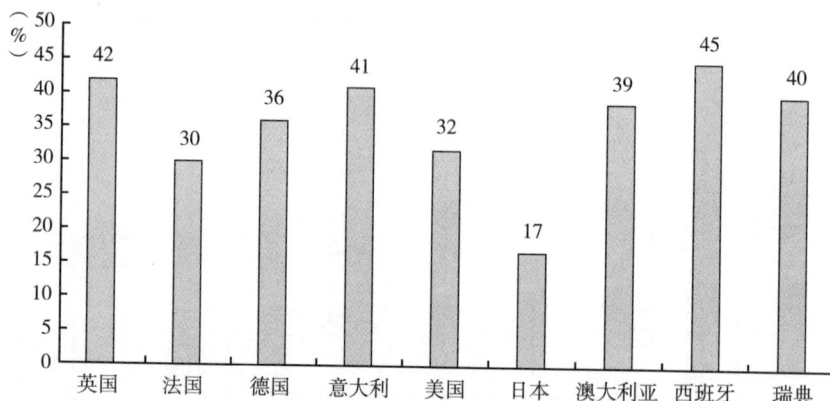

图12　各国家庭所有的连接式电视比例

资料来源：Ofcom consumer research September-October 2015。

在所比较的国家中，英国网络影视观看比重最高，达66%；随后是意大利和西班牙，均超过六成。其中，英国受访者收看网络影视主要动力源于回放服务（44%）和付费电视（29%），而美国人观看诸如Netflix和Amazon Prime Video订购视频点播服务（SVoD）比重最高，为38%（见图13）。

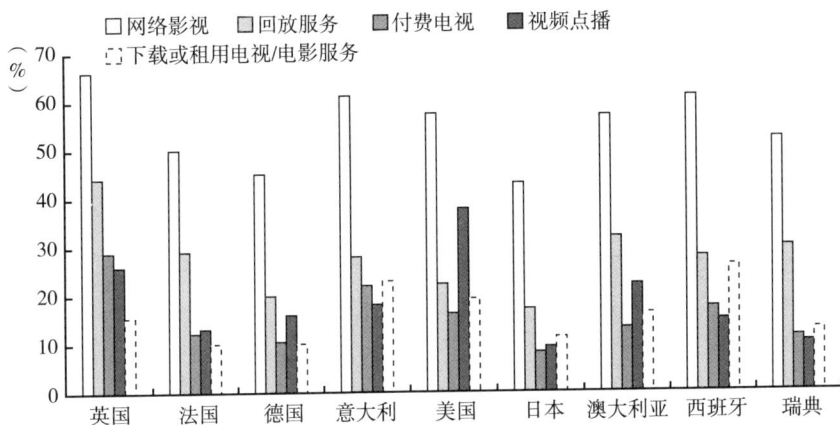

图13 各国在线电视和电影服务使用比例分布

资料来源：Ofcom consumer research September-October 2015。

## （八）中国家庭平均收听广播的比重最高，英国数字广播设备拥有量最大

2014年家庭周平均收听广播比重最高的是中国（98%），瑞典和波兰（均为94%）次之，最低的是尼日利亚（20%）（见图14）。美国使用智能手机周均听音乐的用户占比最高（33%），随后是英国（25%）。

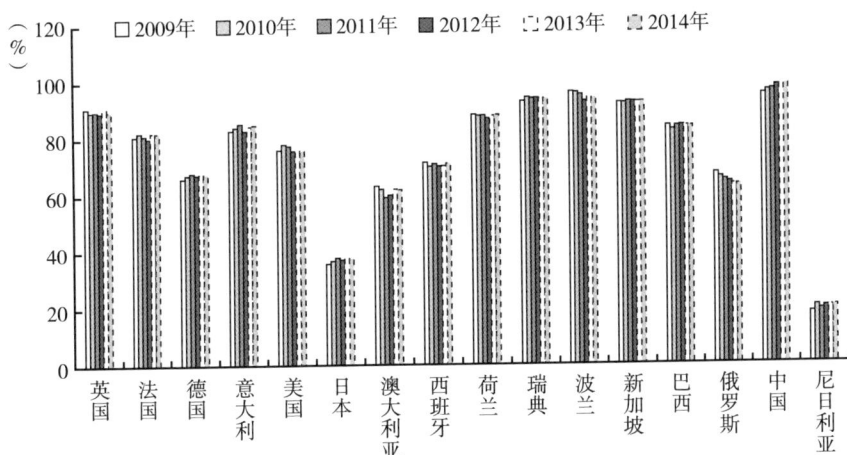

图14 2009～2014年全球主要国家家庭周平均收听广播比例

资料来源：IHS（测量系统在不同的国家采用的是不同的方法，比较性的数据仅做参考）。

在受访的国家中，2015年英国的数字广播设备拥有量最高，占50%，比2014年增长了9%（见图15），同样英国的数字音频广播（DAB）的覆盖率最高，入户率（reaching of households）达96%。德国的数字广播台所占比重最高（37%），随后是英国（33%）。

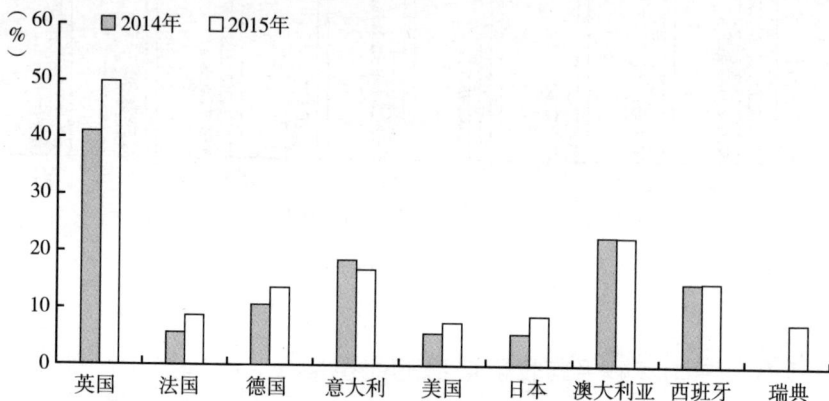

**图15  各国定期收听广播的成人听众数字设备拥有占比**

资料来源：Ofcom consumer research September-October 2015。

## 三  新闻消费：电视新闻、搜索与社交网络

（一）电视和网络仍是人们获取国际新闻、国内新闻和本地新闻的主要来源，网络则是明星八卦新闻最主要的来源

总的看来，电视和网络是人们获取新闻的主要来源，远胜于报纸、广播等，其中，电视和网络仍是人们获取国际新闻、国内新闻、本地新闻和体育新闻的主要新闻源，而明星八卦新闻则首选网络，随后是电视。就国际新闻而言，法国、英国和德国是通过电视获取新闻最多的国家，而依赖网络获取新闻位居前列的是日本、意大利（见图16）；法国、英国最喜欢通过电视来获取国内新闻，意大利和西班牙则最青睐网络（见图17）；日本、英国、美国获取本地新闻主要靠电视，而意大利、西班

牙则是网络（见图18）；日本、澳大利亚主要通过电视来看体育新闻，而意大利、西班牙和英国则更喜欢网络（见图19）；日本最喜欢用网络来获取明星八卦新闻，随后是意大利，而德国、西班牙则最倾向于电视（见图20）。

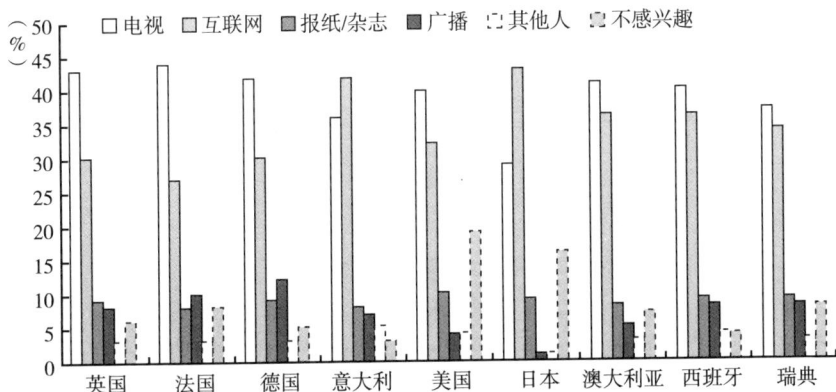

**图16　各国国际新闻的主要来源分布比例**

资料来源：Ofcom consumer research September-October 2015。

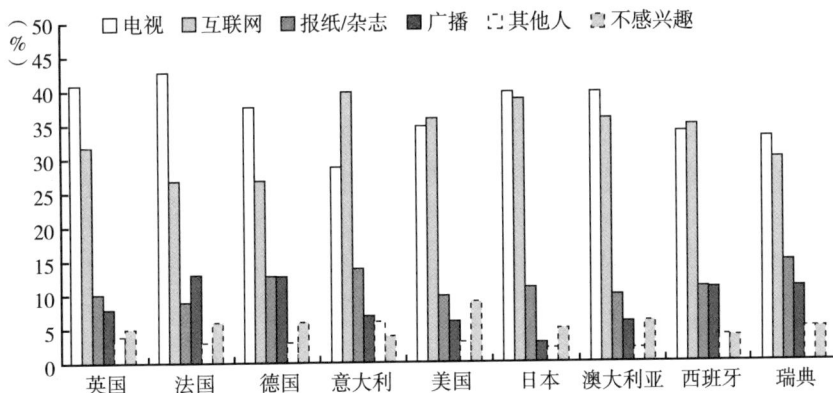

**图17　各国国内新闻的主要来源分布比例**

资料来源：Ofcom consumer research September-October 2015。

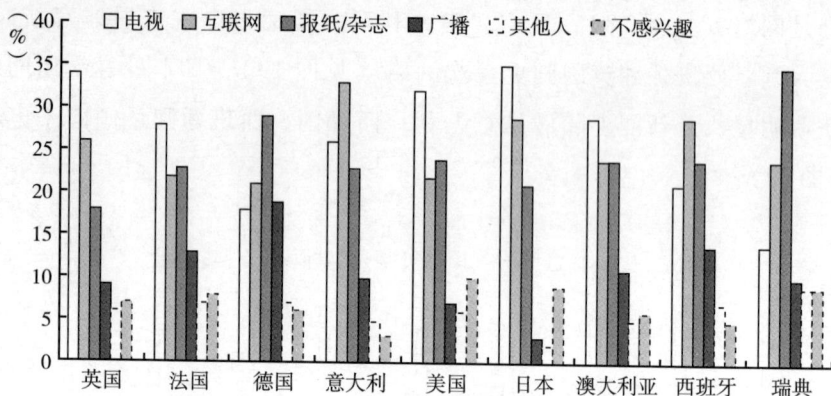

图18 各国本地新闻的主要来源分布比例

资料来源：Ofcom consumer research September-October 2015。

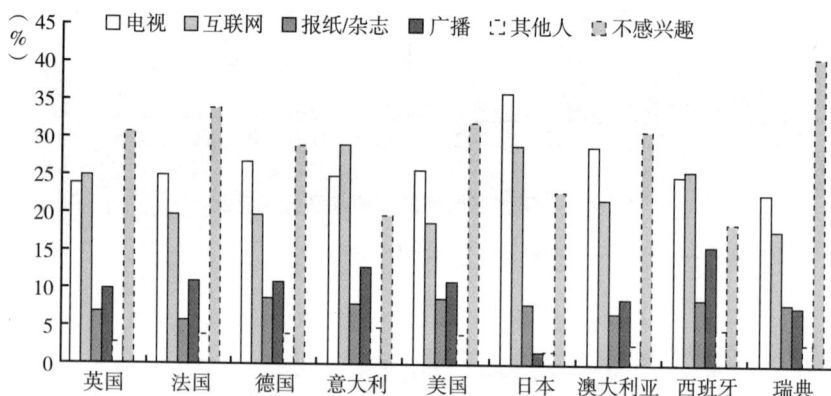

图19 各国体育新闻的主要来源分布比例

资料来源：Ofcom consumer research September-October 2015。

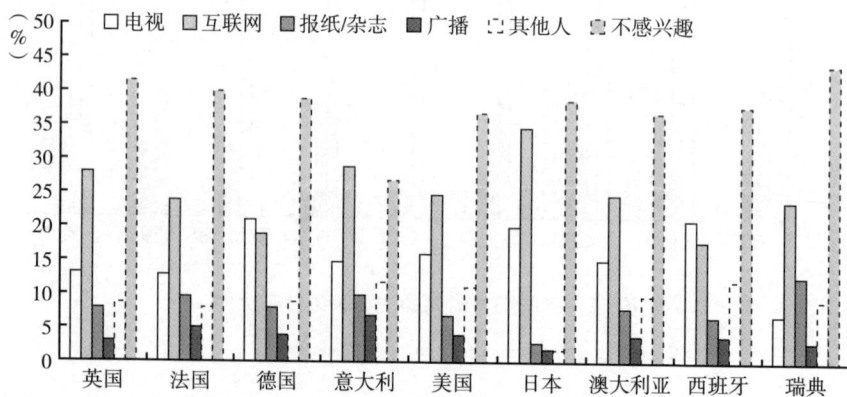

图20 各国八卦新闻的主要来源分布比例

（二）全球网民最喜欢看国内新闻和国际新闻，对教育类新闻和文化艺术类新闻的喜好度相对较低

路透研究所2015年对英、法、德等10国网民对主要新闻类型的喜好度调查表明①，全球网民整体上喜欢看国内和国际新闻，随后是当地新闻、国家政治新闻，对教育类、文化艺术类新闻的喜好度则相对较低。其中，英国网民最喜欢国内新闻，澳大利亚、德国网民最喜欢国际新闻，均在七成以上；美国网民最喜欢国内新闻（见表7）。

表7　各国网民对新闻类型喜好度比例分布

单位：%

| 项目 | 英国 | 法国 | 德国 | 意大利 | 美国 | 日本 | 澳大利亚 | 爱尔兰 | 西班牙 | 丹麦 |
|---|---|---|---|---|---|---|---|---|---|---|
| 国内新闻 | 72 | 65 | 67 | 56 | 57 | 55 | 62 | 59 | 63 | 64 |
| 国际新闻 | 51 | 59 | 70 | 49 | 46 | 46 | 75 | 64 | 53 | 66 |
| 当地新闻 | 44 | 33 | 41 | 44 | 52 | 22 | 41 | 42 | 34 | 38 |
| 地区新闻 | 37 | 40 | 54 | 35 | 28 | 26 | 29 | 29 | 41 | 25 |
| 商业和金融类新闻 | 20 | 14 | 12 | 15 | 19 | 25 | 28 | 27 | 15 | 26 |
| 经济新闻 | 37 | 32 | 29 | 30 | 41 | 45 | 35 | 42 | 40 | 34 |
| 娱乐新闻 | 16 | 9 | 13 | 16 | 13 | 29 | 20 | 21 | 7 | 9 |
| 奇闻怪事 | 14 | 12 | 12 | 19 | 17 | 18 | 15 | 18 | 16 | 18 |
| 健康类新闻 | 27 | 27 | 22 | 33 | 28 | 31 | 26 | 30 | 32 | 25 |
| 教育类新闻 | 12 | 14 | 12 | 14 | 15 | 11 | 11 | 13 | 25 | 12 |
| 文化艺术类新闻 | 11 | 15 | 8 | 26 | 10 | 18 | 11 | 13 | 21 | 15 |
| 体育新闻 | 30 | 21 | 28 | 30 | 21 | 32 | 29 | 33 | 30 | 28 |
| 国家政治新闻 | 41 | 46 | 50 | 46 | 47 | 47 | 28 | 32 | 46 | 46 |
| 科学技术类新闻 | 24 | 23 | 25 | 35 | 28 | 26 | 28 | 27 | 31 | 33 |

（三）大多数网民获取新闻首选搜索、新闻品牌，多数网民青睐一种新闻源

整体上看，2015年大多数网民首选搜索、新闻品牌和社交媒体来获取新闻，其中，66%的意大利网民首选通过搜索来看新闻，也是所比较国家中

① 路透研究所：《数字新闻报告（2015）》，http：//www.digitalnewsreport.org/survey/2015/survey - methodology - 2015/。

最高的，最低的是丹麦；丹麦网民则首选新闻品牌，占比最高，日本最低；
各国选择社交媒体看新闻比例最高的则是澳大利亚网民（见表8）。

**表8　各国在线新闻消费的新闻源比例分布（按国家）**

单位：%

| 项目 | 英国 | 法国 | 德国 | 意大利 | 美国 | 日本 | 澳大利亚 | 爱尔兰 | 西班牙 | 丹麦 |
|---|---|---|---|---|---|---|---|---|---|---|
| 新闻品牌 | 52 | 27 | 26 | 20 | 36 | 15 | 33 | 44 | 36 | 54 |
| 搜　索 | 32 | 40 | 45 | 66 | 40 | 54 | 49 | 46 | 54 | 29 |
| 社交媒体 | 28 | 21 | 20 | 33 | 35 | 14 | 41 | 36 | 35 | 38 |
| 邮　件 | 10 | 21 | 15 | 17 | 25 | 15 | 20 | 9 | 14 | 24 |
| 移动通知 | 10 | 14 | 9 | 7 | 13 | 7 | 9 | 9 | 8 | 9 |

资料来源：Reuters Institute / YouGov research Jan/Feb 2015。

　　虽然网络新闻源越来越多，但路透研究所2015年的一项调查发现，多
数网民喜欢一种网络新闻源。其中，日本喜欢单一新闻源所占的比例最高，
其次是英国；丹麦则是唯一喜欢多种新闻源高于单一新闻源的国家，爱尔
兰、西班牙紧随其后（见图21）。

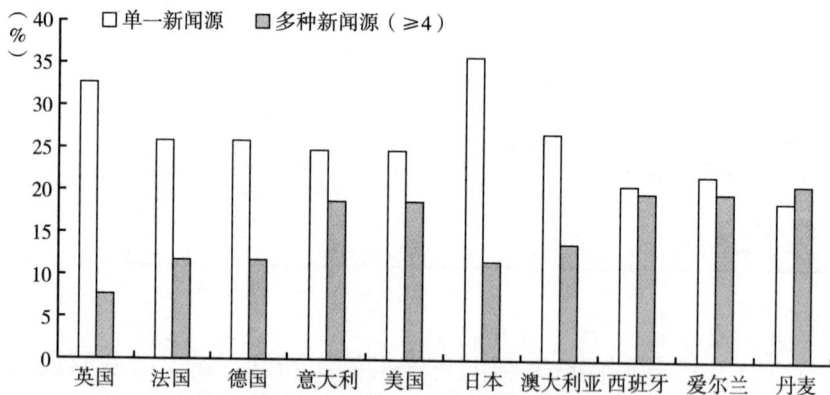

**图21　各国网络新闻源的类型比例**

资料来源：Reuters Institute/YouGov research Jan/Feb 2015。

**（四）澳大利亚用社交网络获取新闻的比重最高，脸书使用比重
继续稳居首位**

　　2015年人们运用社交媒体获取新闻的比重都在持续增长（意大利除

外），其中澳大利亚占比最高，其次是西班牙，均过半数；日本占比最低（见图22）。

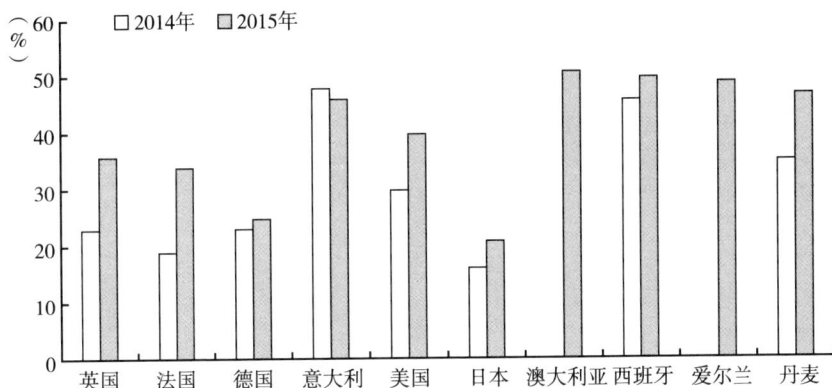

**图22　2014年和2015年各国使用社交媒体获取新闻的比例**

资料来源：Reuters Institute/YouGov research Jan/Feb 2015。

脸书（Facebook）、优兔（YouTube）和推特（Twitter）仍是人们获取新闻的三大社交网络，脸书使用比重继续稳居首位。其中，意大利使用脸书比例最高，日本最低；意大利用优兔的比例最高，英国最低；西班牙用推特的比例最高，德国、丹麦最低（见图23）。

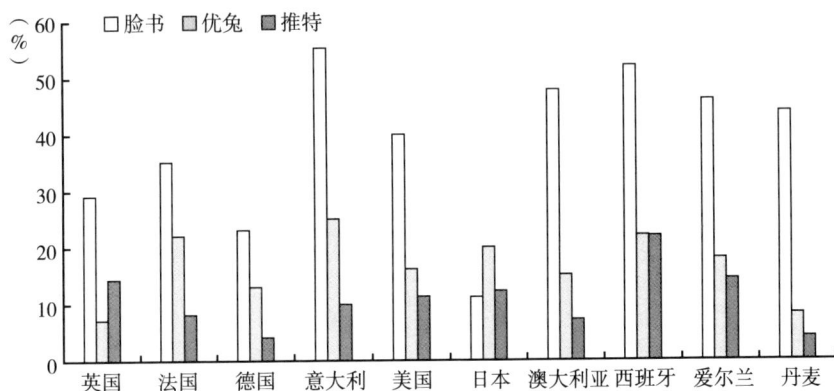

**图23　各国使用三大社交网络获取新闻的比例**

资料来源：Reuters Institute/YouGov research Jan/Feb 2015。

# 国 别 篇

The Country Part

# B.2

# 面向"互联网＋"：2016年中国传媒
# 产业发展报告

王润珏　文小琳 *

摘　要：　2014～2015年，"互联网＋"行动计划成为我国国家层面的
　　　　　重大举措；传统媒体在经历业务转型阵痛的同时遭遇人才流失
　　　　　问题。产业层面，传统媒体领域增速持续放缓，新业态拓展成
　　　　　为传统媒体企业经营重点；新媒体领域维持高速增长，音乐产
　　　　　业版权监督加强。总体来看，面向"互联网＋"时代的产业转
　　　　　型和新业态探索是2014～2015年中国传媒产业发展的主题。

关键词：　中国传媒产业　"互联网＋"　新业态

---

* 王润珏，博士，主任编辑，供职于中国传媒大学广播电视研究中心；文小琳，中国传媒大学
传播学硕士研究生。

# 一 总体发展概述

## （一）"互联网+"行动上升至国家战略层面

"互联网+"是随着移动互联网、大数据、云计算、物联网与人工智能等新技术、新业务和新生态的发展，各行业以互联网为平台进行融合创新所形成的全新发展模式。2015年3月，"互联网+"被正式写入《政府工作报告》，成为国家层面的重大举措。

2015年7月1日，国务院印发了《关于积极推进"互联网+"行动的指导意见》，明确提出了"互联网+"行动的发展目标：到2025年，网络化、智能化、服务化、协同化的"互联网+"产业生态体系基本完善，"互联网+"新经济形态初步形成，"互联网+"成为经济社会创新发展的重要驱动力量。①

2015年10月29日，党的十八届五中全会审议通过的《中共中央关于制定国民经济和社会发展第十三个五年规划的建议》明确提出要实施"互联网+"行动计划。发展物联网技术和应用，发展分享经济，促进互联网和经济社会融合发展。实施国家大数据战略，推进数据资源开放共享。②

随着"互联网+"行动计划和目标的逐步明确，以互联网思维建构产业组织结构、引导产业转型、指导企业发展、完善产业制度，已成为中国传媒产业的现时课题。

## （二）新广告法正式实施，融媒体广告监管思路初现

2015年4月24日，十二届全国人大常委会第十四次会议通过了《中华

---

① 《国务院关于积极推进"互联网+"行动的指导意见》，http：//news. xinhuanet. com/
politics/2015-07/04/c_1115815944. htm，2016年7月1日。
② 《中共中央关于制定国民经济和社会发展第十三个五年规划的建议》，http：//news.
xinhuanet. com/fortune/2015-11/03/c_1117027676. htm，2016年7月29日。

人民共和国广告法》修订草案（以下简称"新广告法"），于 2015 年 9 月 1 日起正式施行。新广告法是《中华人民共和国广告法》自 1995 年实施以来首次修订。

新广告法除了对虚假广告、广告代言、广告发布等管理条款进行了修订，还首次对信息服务、互联网广告进行了规范。新广告法中明确提出"以电子信息方式发送广告的，应当明示发送者的真实身份和联系方式，并向接收者提供拒绝继续接收的方式""利用互联网发布、发送广告，不得影响用户正常使用网络。在互联网页面以弹出等形式发布的广告，应当显著标明关闭标志，确保一键关闭"。管理思路和管理方法与国际通行的互联网广告管理方式较为一致。①

### （三）"离职潮"蔓延，传统媒体转型遭遇人才流失

从 2012 年开始的传统媒体离职现象，在 2014～2015 年逐渐演变成了"离职潮"。其中，央视一线主播段暄、郎永淳、张泉灵、刘建宏等和媒体高层《博客天下》杂志出版人郭光东、《新周刊》总主笔胡赳赳、《高尔夫大师》杂志总编辑黄庆、《南方人物周刊》主编徐列等的密集辞职尤其引人注目。

近两年来，传统媒体离职群体从报纸延伸到杂志、广播、电视，从地方媒体延伸到国家级媒体，从幕后延伸到屏前，从一线技术人员延伸到高层管理人员。从传统媒体离职的人员或创业或加盟其他企业，但他们工作方向几乎全部是新媒体。近两年来，国家统计局和粤传媒（广州日报报业集团）等上市公司发布的数据均显示，传统媒体员工数量呈明显下降趋势。然而，对传统媒体而言，人才无疑是其应对新媒体发展，实现发展转型的核心资源。因此，传统媒体机构在积极应对来自新媒体的业务、广告层面的竞争时，还需制定有效的人才竞争策略。

---

① 《中华人民共和国广告法》，http：//www.gov.cn/xinwen/2015 - 04/25/content_ 2852914.htm，2016 年 8 月 5 日。

（四）弃纸投网：纸质媒体转型探索"互联网+"

继欧美大量纸质媒体"弃纸投网"后，2015年"休刊"和"客户端"成为中国纸质媒体业务转型的两大关键词。

一方面，发行量的下降和运营费用的增长，导致纸媒成本收益形成倒挂，不得不选择放弃纸质媒体形态。其中，仅上海一地就有好几家纸媒宣布休刊：2015年9月29日，《上海壹周》休刊；10月1日，《上海商报》休刊；12月，《外滩画报》宣布于2016年起休刊。

另一方面，新闻客户端成为纸媒机构面向移动互联网时代业务转型的抓手。2015年4月15日，《南方都市报》推出"并读新闻"客户端；6月24日，长江日报集团宣布推出新媒体项目"长江新闻"；10月20日，《钱江晚报》与中国移动旗下咪咕传媒联合推出的"浙江24小时"客户端发布；11月16日，大象融媒、《东方今报》联手打造的"猛犸新闻客户端"正式上线；11月17日，江苏新华报业传媒集团推出的"交汇点"新闻客户端上线；11月18日，重庆日报报业集团推出了"上游新闻"新闻客户端；11月26日，由北方网新媒体集团打造的"前沿"客户端上线；① 同日，《楚天都市报》推出了移动端产品"看楚天"；12月18日，东方网继翱翔新闻客户端后推出了又一款移动新媒体新闻类客户端"东方头条"。

2015年，纸媒机构推出的新闻客户端可谓是"遍地开花"。然而，在"今日头条""腾讯新闻""天天快报""网易新闻"等互联网公司竞争白热化的新闻客户端市场上，以单一纸媒为依托的客户端的市场成长空间和潜力仍然有待观察。

（五）阿里收购优酷土豆 BAT控股三大视频网站

2015年10月16日，阿里巴巴集团宣布"豪掷"46.7亿美元，全面收

---

① 《"前沿"客户端正式上线　新媒体主题论坛举行》，http：//news. enorth. com. cn/system/2015/11/26/030657305. shtml，2015年11月26日。

购优酷土豆集团，这成为 2015 年媒体领域最大的一笔收购。至此，BAT 三大互联网巨头全面介入视频产业，三大视频网站（爱奇艺、优酷土豆、腾讯视频）均被 BAT 控股。①

# 二 行业与市场分析

## （一）新闻出版业②

### 1. 出版业营收近2万亿元，同比增长9.4%

2014 年，全国出版、印刷和发行服务实现营业收入 19967.1 亿元，较 2013 年增长 9.4%；利润总额 1563.7 亿元，增长 8.6%；不包括数字出版的资产总额为 18726.7 亿元，增长 8.8%；所有者权益（净资产）为 9543.6 亿元，增长 5.8%（见图 1）。

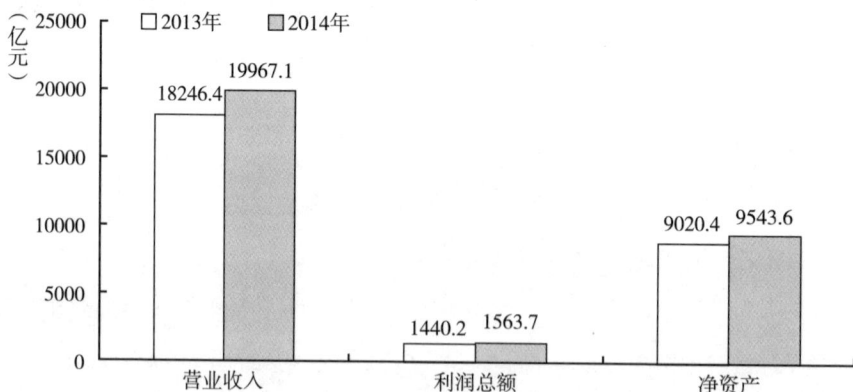

图 1　2013~2014 年全国出版、印刷和发行服务营收情况

---

① 《阿里与优土达成最终协议：全现金收购优酷土豆》，http://news.sina.com.cn/m/wl/2015-11-09/doc-ifxkniup6240820.shtml，2015 年 11 月 9 日。

② 新闻出版业相关资料来源于《2014 年全国新闻出版业基本情况》和《2014 年新闻出版产业分析报告》，http://www.gapp.gov.cn/govpublic，2015 年 9 月 4 日。

**2. 报刊、音像出版总量下滑**

从期刊出版总量来看，2014年全国共出版期刊9966种，平均期印数15661万册，总印数30.95亿册，定价总金额249.38亿元。与上年相比，种数增长0.90%，平均期印数下降4.81%，总印数下降5.44%，定价总金额下降1.57%。

从报纸出版总量来看，2014年，全国共出版报纸1912种，平均期印数22265.00万份，总印数463.90亿份，定价总金额443.66亿元，折合用纸量442.13万吨。与上年相比，种数降低0.16%，平均期印数降低6.04%，总印数降低3.84%，定价总金额增长0.75%。

2014年，全国共出版录音制品9505种，出版数量2.24亿盒（张），发行数量2.82亿盒（张），发行总金额12.46亿元。与上年相比，品种下降0.74%，出版数量下降6.28%，发行数量增长17.99%，发行总金额上升22.28%。全国共出版录像制品5850种，出版数量1.05亿盒（张），发行数量0.79亿盒（张），发行总金额7.68亿元。与上年相比，品种下降20.90%，出版数量下降37.13%，发行数量下降24.76%，发行总金额上升11.14%。

**3. 数字出版连续5年营收增速超30%，经济规模跃居行业第二位[①]**

在数字出版方面，自2010年营业收入一直保持着30%以上的增速（见图2），而且主要经济指标所占行业比重不断攀升，比如营业收入全行业占比已经由2010年的8.5%提升为2014年的17.0%，经济规模跃居行业第二位。

在数字出版中，一些新兴业态呈现更为迅猛的规模增长态势：网络动漫营业收入68亿元，增速达到72.7%，领跑数字出版；移动出版营业收入1055.9亿元，增速达35.4%，高于数字出版总体增速；互联网期刊与电子书的营业收入74.45亿元，增速为18.2%，高于新闻出版业总体水平。

**4. 内地主板上市出版公司全年实现营收累计超600亿元[②]**

2015年，9家内地主板上市的出版公司全年实现营业收入606.83亿元，

① 《2015～2016中国数字出版产业年度报告》，http：//cips. chinapublish. com. cn/，2016年7月19日。

② 《2015内地上市出版公司经营情况　新业态发展成亮点》，http：//media. people. com. cn/n1/2016/0711/c40606-28544100. html，2016年7月11日。

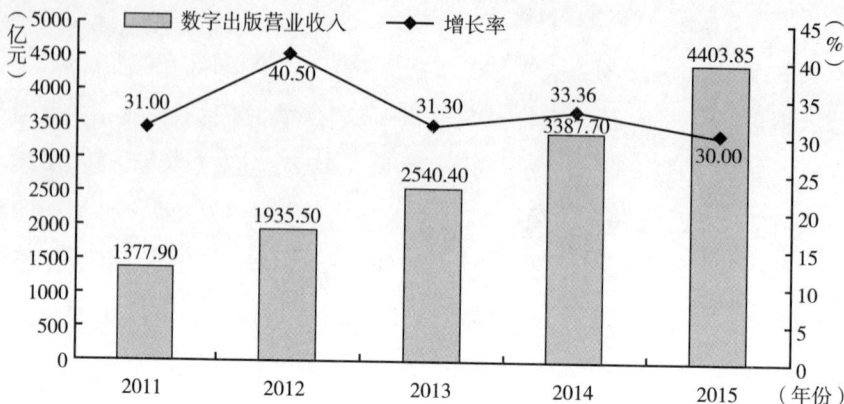

图2　2011～2015年数字出版营收与增长率

较2014年度增加107.24亿元，增长21.47%；净利润57.13亿元，较2014年度增加5.76亿元，增长11.21%。其中，长江传媒、凤凰传媒、中南传媒、中文传媒4家公司营业收入过100亿元，后3家单位净利润过10亿元，共同组成出版公司第一梯队。长江传媒营业收入118.88亿元，同比大幅增长153.64%，跃居出版公司第1位；净利润3.25亿元，同比大幅增长54.19%，上升势头迅猛。

5. 2015年新业态业务收入大幅增长

2015年，上市公司年报显示，出版公司大力推动融合发展和数字化转型，积极拓展新媒体、互联网出版、互联网游戏、影视剧生产、软件开发、数据平台、金融服务、艺术品等新业态业务。

中文传媒、凤凰传媒、中南传媒、时代出版4家公司当期新业态业务营业收入整体均实现大幅增长，占比显著提升。中文传媒将智明星通纳入合并范围，逐步形成以出版发行板块为利润主导转向"传统核心主业、新兴科技业态和资本创新经营"三足鼎立的利润格局。凤凰传媒打造新旧媒体融合发展的大型多元传媒企业，公司游戏、影视、软件、数据板块业务整体占比达到6.54%。中南传媒旗下数字教育子公司天闻数媒实现营业收入近4亿元，同比增长72.51%。

### （二）广播电视电影业①

**1. 广播电视产业增幅持续放缓，创收结构优化**

2014 年，全国广播电视行业总收入达到 4226. 27 亿元，比 2013 年的 3734. 88 亿元增加了 491. 39 亿元，同比增长 13. 16%，较 2013 年 14. 26% 的增幅下降 1. 1 个百分点。由于新媒体对传统广播电视行业的挑战和冲击，作为广播电视主要收入的广告收入和有线广播电视网络收入增幅明显下降，二者的增幅分别为 5. 59%、9. 58%，比 2013 年分别下降了 3. 60 和 4. 63 个百分点（见图 3）。

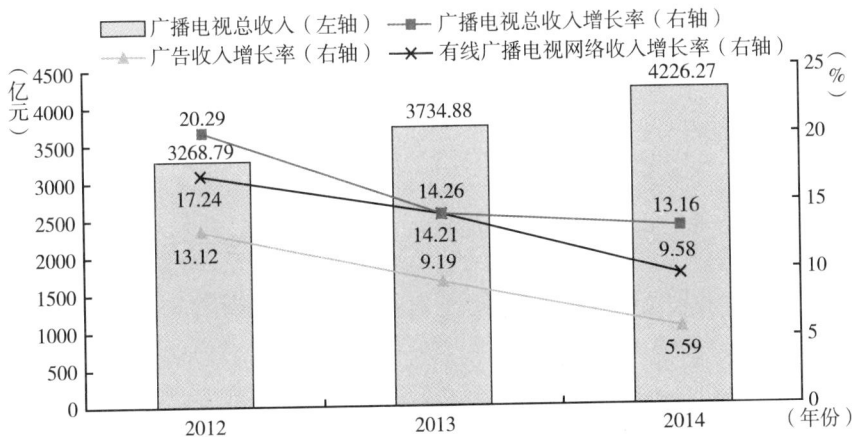

图 3　广播电视行业收入增长情况

从收入结构来看，2014 年广播电视广告收入达 1464. 49 亿元，同比增长 5. 59%，其中广播广告由于服务和广告创新实现大幅增长；有线广播电视网络收入达到 827. 21 亿元，比 2013 年的 754. 91 亿元增加 72. 30 亿元，同比增长 9. 58%。

从 2014 年全国广播电视总收入分级构成情况来看，中央级广电机构总收入 679. 51 亿元，占 16. 08%；省级广电机构总收入 2618. 36 亿元，占

---

① 袁同楠：《中国广播电影电视发展报告（2015）》，社会科学文献出版社，2015。

61.95%；地市级广电机构总收入 556.24 亿元，占 13.16%；县级广电机构总收入 372.16 亿元，占 8.8%（见图4）。

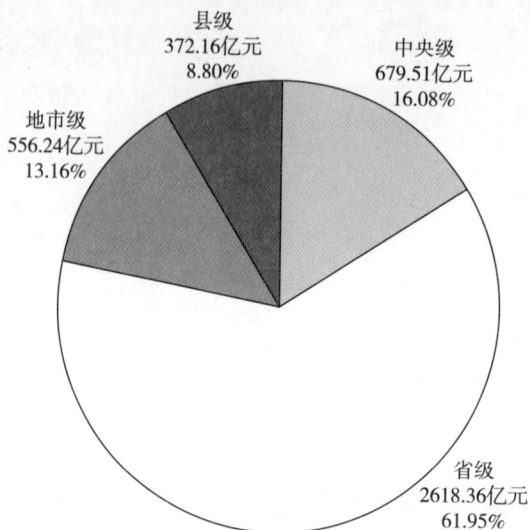

**图4　全国广播电视总收入分级构成**

**2. 节目制作播出情况稳定，民营节目制作机构超7000家**

2014 年，全国广播节目总产量达到 764.73 万小时，同比增长 3.46%。全年全国公共广播节目播出时间总量为 1405.83 万小时，同比增长 1.91%。全国电视节目总产量为 327.74 万小时，同比减少 3.54%。全国公共电视节目播出时间总量为 1747.61 万小时，同比增长了 2.46%。

2014 年，电视剧产量比 2013 年略有下降，全年全国共生产完成并获准发行剧目 429 部 15983 集。电视剧占各类电视节目的收视比重为 30.9%，仍处于主导地位。全年卫视频道电视剧的整体收视份额为 65.8%。

截至 2014 年底，全国共有持《广播电视节目制作经营许可证》机构 8563 家，比上一年度增加 1315 家，增长率为 18.14%。其中事业单位和国有企业超过 1000 家，民营企业超过 7000 家，民营企业占广播电视节目制作机构总量的比重达到了 85% 左右。

### 3. 电影票房同比增长36.15%，影院发展迅猛

2014 年，全国电影票房达到 296.39 亿元，同比增长 36.15%。其中，城市院线电影票房 294.68 亿元，同比增长 36.84%。2014 年，全国观影人次继续快速增长，达 8.3 亿人次，同比增长 34.52%。观影人群扩大、人均观影频次提高（见图 5）。

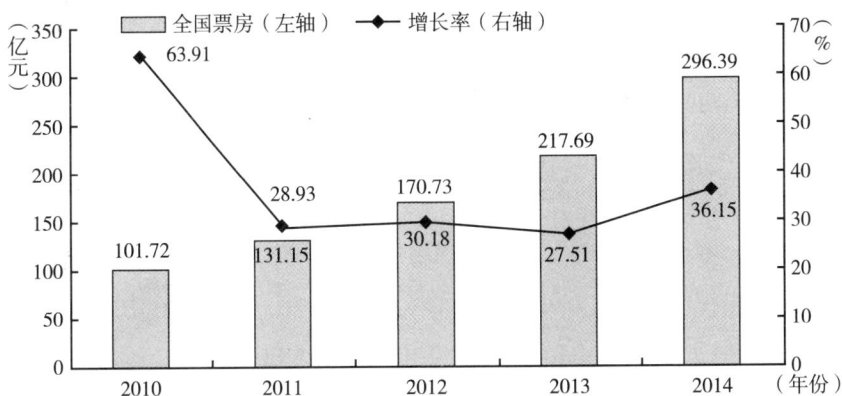

图 5 2010～2014 年全国电影票房及增长率

2014 年，电影放映市场总体呈平稳上升态势。国产电影票房收入 161.55 亿元，占总票房的 54.51%，继续保持过半份额（见图 6）。全国有 66 部票房过亿元的影片，其中有 36 部国产影片，30 部进口影片。票房排名前 10 位的影片中，国产影片占 5 部，票房均超过 6 亿元。

国产中小成本电影成绩斐然。与《变形金刚 4》同天上映的《分手大师》投资仅 5000 万元，最终获得 6.67 亿元票房。投资 4000 万元的《爸爸去哪儿》和《匆匆那年》也分别获得 6.96 亿元、5.68 亿元票房。

动画电影票房成绩大幅提升。受 2013 年国家新闻出版广电总局出台的《推动国产动画电影发展的九条措施》引导，2014 年共上映 34 部国产动画电影，累计产出票房 10.87 亿元。

### 4. 有线广播电视网络产业增长速度较快

截至 2014 年底，全国有线广播电视用户数达 2.35 亿户，比 2013 年增加超

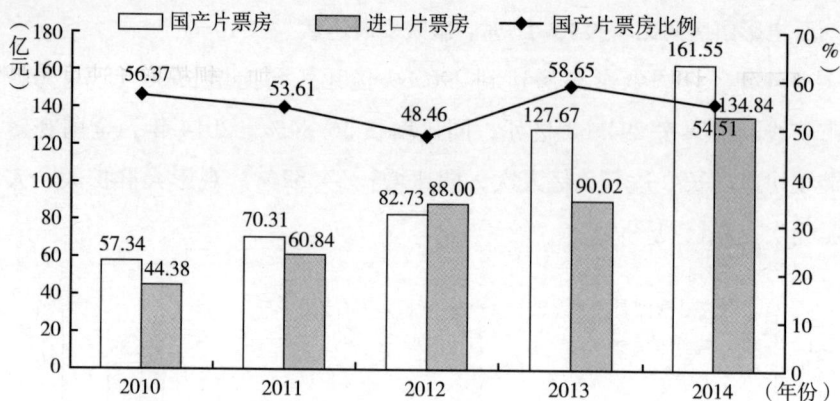

图6 2010～2014年国产电影与进口电影市场份额情况

过560万户，增长了2.47%。数字电视用户延续了较快的增长速度，到2014年底全国数字电视用户达到1.91亿户，增幅达11.56%，数字电视用户占有线广播电视用户比重已达到81.61%。付费数字电视用户4505.41万户，占数字电视用户的23.45%。全国有线双向网络覆盖用户超过1.08亿户，比2013年增长13.69%。其中，开通双向业务的用户超过3694.77万户，同比增长50.38%。

2014年，全国有线广播电视网络总收入达到827.21亿元，比2013年的754.91亿元增加72.30亿元，同比增加9.58%（见图7）。其中，有线电视基本收视费收入457.39亿元，增幅4.46%，基本收视费在总收入中的比重进一步降低，减少到55.29%。付费数字电视收入66.51亿元，增长13.50%；三网融合业务增长较快，收入57.97亿元，比2013年的50.14亿元增加7.83亿元，增幅达15.62%。

（三）互联网业

1. 2015年网民规模同比增长2.4%，农村网民规模增速是城市的两倍①

截至2015年12月，我国网民规模达6.88亿，全年共计新增网民3951

---

① 资料来源：《第37次中国互联网络发展状况统计报告》，http://www.cnnic.cn/，2016年1月22日。

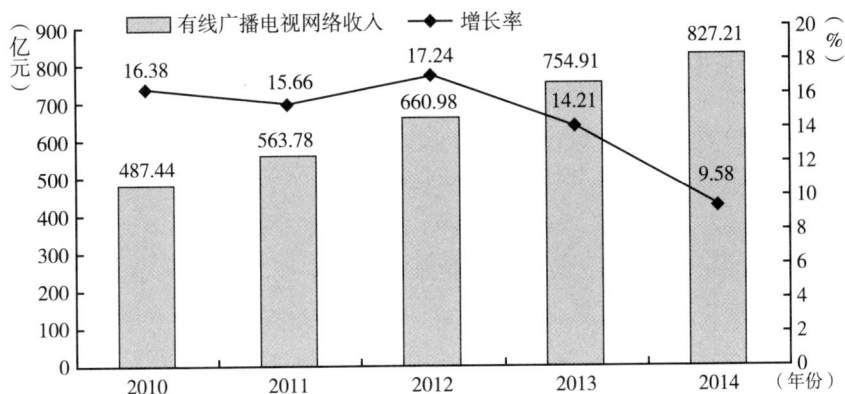

图7　2010～2014年全国有线广播电视网络收入及增长

万人。互联网普及率为50.3%（见图8）。2015年新网民最主要的上网设备是手机，使用率为71.5%。2015年新增加的网民群体中，低龄（19岁以下）、学生群体的占比分别为46.1%、46.4%。

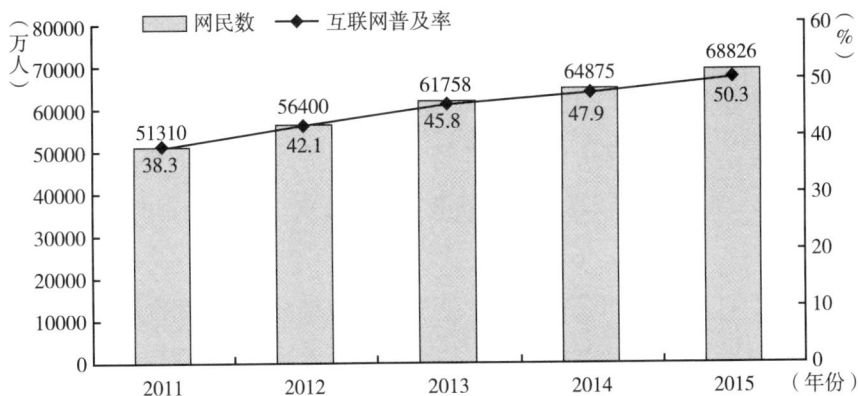

图8　2011～2015年中国网民规模

截至2015年12月，我国手机网民规模达6.20亿，较2014年底增加6303万人。网民中使用手机上网人群的占比由2014年的85.8%提升至90.1%。我国网民中农村网民占比28.4%，规模达1.95亿，较2014年底增加1694万人，增幅为9.5%；城镇网民占比71.6%，规模为4.93亿，较

2014 年底增加 2257 万人，增幅为 4.8%。农村网民在整体网民中的占比增加，规模增长速度是城镇的 2 倍（见图 9）。

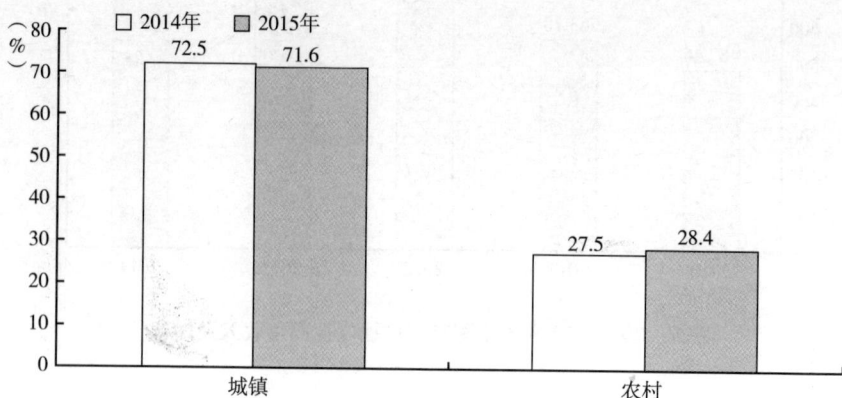

图9　2013～2014 年中国网民城乡结构

**2. 即时通信互联网应用使用率为90.7%①，微信活跃用户数量首超 QQ**

从社交应用使用率来看，2015 年，即时通信作为重要的互联网应用，使用率为 90.7%，其他社交应用的使用率为 77.0%，其中以 QQ 空间、微博、人人网为代表的综合社交应用的使用率为 69.7%，明显高于垂直类社交应用。垂直类社交应用中，图片视频社交、社区社交的使用率分别为 45.4%、32.2%，相对较高，婚恋社交、职场社交等类别应用的使用率都在 10% 以下。

2015 年 11 月，腾讯公司公布的第三季度业绩显示，微信月活跃人数超过 6.5 亿，QQ 在移动智能终端月活跃人数为 6.39 亿，微信首次超过了 QQ。② 从微信的使用频次来看，53.3% 的用户每天使用微信无数次，每天使用 10 次以上的用户累计占 87%；微信用户中，每天使用时长在 60 分钟以上的用户占 59.7%，使用时长在 30 分钟以上的用户累计占 75%。微信已经

① 《2015 年中国社交应用用户行为研究报告》，http：//www.cnnic.cn/，2016 年 4 月 8 日。
② 《超越移动 QQ！微信月活跃用户数高达 6.5 亿》，http：//www.ithome.com/html/it/187805.htm，2015 年 11 月 10 日。

成为人们生活中必不可少的一部分。①

### 3."剑网2015"：规范音乐市场版权

2015年6月10日，由国家版权局、国家互联网信息办公室、工业和信息化部、公安部四部门联合开展的"剑网2015"专项治理行动正式启动。活动重点整治网络音乐、网络云存储空间、智能移动终端第三方应用程序以及网络广告和网络转载等移动互联网发展新态势下产生的侵权盗版行为。专项行动中，全国各地共查处行政案件383件，行政罚款450万元，移送司法机关刑事处理案件59件，涉案金额3845万元，关闭网站113家，音乐网络版权环境进一步优化。

### （四）代表性上市企业经营状况

#### 1.湖南电广传媒股份有限公司（电广传媒）②

截至2015年12月31日，湖南电广传媒股份有限公司总资产达到201.53亿元，净资产（归属于母公司所有者权益）达到107.22亿元，全年实现营业收入59.85亿元，实现归属于母公司股东的净利润3.81亿元，分别比上年增长9.34%和14.68%，主营业务各项收入情况见表1。

2015年，湖南电广传媒影业公司与美国狮门影业正式签约，开启了中国电影与好莱坞影业深度合作的新纪元，在业界产生了广泛的影响。影业公司参与投资了《微爱》《滚蛋吧！肿瘤君》等影片，取得了较好的票房业绩。

#### 2.中视传媒股份有限公司（中视传媒）③

2015年，中视传媒股份有限公司共实现营业收入5.14亿元，较上年同

---

① 《2015年中国社交应用用户行为研究报告》，http：//www.cnnic.net.cn/hlwfzyj/hlwxzbg/sqbg/201604/P020160722551429454480.pdf，2016年4月8日。

② 《湖南电广传媒股份有限公司2015年年报》，http：//disclosure.szse.cn/finalpage/2016-04-22/1202219689.PDF，2016年4月22日。

③ 《中视传媒股份有限公司2015年年报》，http：//www.sse.com.cn/disclosure/listedinfo/announcement/c/2016-04-28/600088_2015_n.pdf，2016年4月29日。

表1　2015年电广传媒主营业务收入状况

单位：亿元，%

| 项目 | 营业收入 | 比上年增幅 | 毛利率 |
|---|---|---|---|
| 广告制作代理 | 28.12 | 35.84 | 8.33 |
| 影视节目制作发行 | 1.00 | 91.62 | 12.68 |
| 网络传输服务 | 24.26 | 1.66 | 45.40 |
| 旅游业 | 2.98 | 7.22 | 87.80 |
| 房地产 | 0.004 | −47.91 | 42.98 |
| 艺术品经营 | 0.21 | −82.49 | 82.21 |
| 投资管理收入 | 1.42 | 14.24 | 100.00 |
| 移动新媒体业务 | 1.69 | / | 48.45 |

期下降32.07%；实现营业利润0.35亿元，较上年同期下降45.56%。

2015年度，中视传媒的主营业务中，仅旅游业务一项有所增长，影视业务、广告业务收入均出现大幅下降。其中，影视业务收入2.21亿元，较上年同期下降38.52%；广告业务收入0.96亿元，较上年同期下降55.84%（见表2）。显现了新媒体对传统媒体企业的巨大冲击，公司业务转型已迫在眉睫。

表2　2015年中视传媒主营业务收入状况

单位：亿元，%

| 项目 | 营业收入 | 比上年增幅 | 毛利率 |
|---|---|---|---|
| 影视业务 | 2.21 | −38.52 | 10.39 |
| 广告业务 | 0.96 | −55.84 | 12.61 |
| 旅游业务 | 1.95 | 9.79 | 51.07 |

**3. 北方联合出版传媒（集团）股份有限公司（出版传媒）①**

2015年，北方联合出版传媒（集团）股份有限公司实现营业收入15.38亿元，同比增长2.77%，其中主营业务收入15亿元，同比增长3.76%，具体见表3。

---

① 《北方联合出版传媒（集团）股份有限公司2015年年报》，http://www.sse.com.cn/disclosure/listedinfo/announcement/c/2016－04－23/601999_2015_n.pdf，2016年4月24日。

2015 年，北方联合出版集团"走出去"工作取得新进展，全年实现版权出口（含实物出口）243 项，增长了 43.8%。公司于 2015 年 9 月，在莫斯科与俄罗斯出版商协会签署了《中俄双方版权贸易战略合作协议》，并与俄罗斯"世界无国界"国际旅游联合体签署了《中俄双方文化之旅服务贸易战略合作协议》，积极参与"一带一路"国家战略实施。

表3　2015 年出版传媒主营业务收入状况

单位：亿元，%

| 项目 | 营业收入 | 比上年增幅 | 毛利率 |
| --- | --- | --- | --- |
| 出版业务 | 4.48 | −0.01 | 33.40 |
| 发行业务 | 7.59 | 0.21 | 13.07 |
| 印刷业务 | 0.44 | 1.48 | 17.65 |
| 印刷物资销售业务 | 4.04 | 12.51 | 6.97 |

注：本表已省去内部抵消数一栏，详见《北方联合出版传媒（集团）股份有限公司 2015 年年报》。

**4. 乐视网信息技术（北京）股份有限公司（乐视网）①**

2015 年，乐视网信息技术（北京）股份有限公司实现营业收入 130.17 亿元，较上年同期增长 90.89%；归属于上市公司普通股股东的净利润为 5.73 亿元，较上年同期增长 57.41%，主营业务各项收入情况见表4。

乐视视频网站的流量、覆盖人数等各项关键指标继续大幅提升，2015 年，公司网站的日均 UV 超过 7600 万，峰值接近 24500 万，2015 年第四季度日均 UV 约 13000 万；VV 日均 3 亿，峰值 5.7 亿。

在播放时长和用户覆盖两项关键性指标上，公司视频网站乐视视频（www.le.com）2015 年因为年度大剧《芈月传》、自制剧《太子妃升职记》等的热播，在第三方专业媒体监测平台 comScore 发布的 2015 年 12 月 VideoMetrix 视频网站日均 UV、月度播放量、视频网站总播放时长 TOP10 榜单中，排名均位居行业前列。

① 《乐视网信息技术（北京）股份有限公司 2015 年年报》，http://disclosure.szse.cn/finalpage/2016-03-18/1202055078.PDF，2016 年 3 月 18 日。

表4 2015年乐视网主营业务收入状况

单位：亿元，%

| 项目 | 营业收入 | 比上年增幅 |
|---|---|---|
| 广告业务收入 | 26.34 | 67.53 |
| 终端业务收入 | 60.89 | 122.22 |
| 会员及发行业务收入 | 37.82 | 56.17 |
| 技术服务收入 | 1.51 | —— |

**5. 广东广州日报传媒股份有限公司（粤传媒）①**

2015年，广东广州日报传媒股份有限公司平面媒体主体业务发展较为平稳（见表5）。公司以"圈层＋互联网"为报刊经营理念，全力推动媒体产业链延伸，发展以文化为核心的智慧服务业。以《羊城地铁报》为龙头，面向广州白领上班族，推出涵盖报业广告、地铁语音播报、地铁及上盖区域活动策划与执行业务"乐活团"的"M＋"项目，构建地铁服务新空间。以先锋报业为核心，发展体育服务业；以《老人报》为核心，发展中老年生活服务业，创办《健康参考》，组建中老年生活电商平台"乐龄购"；以《广州文摘报》为基础，组建艺企联盟，拓展艺术品社交和交易平台；发挥《美食导报》专业美食媒体作用，构建农餐对接服务平台。《粤商会》则以企业家社交为核心，推出粤商系列会展、论坛活动，积极拓展衍生业务。

表5 2015年粤传媒主营收入状况

单位：亿元，%

| 项目 | 营业收入 | 比上年增幅 | 毛利率 |
|---|---|---|---|
| 广告业务 | 6.38 | −32.58 | 42.99 |
| 发行业务 | 2.95 | −11.41 | 12.00 |
| 印刷业务 | 2.27 | 8.68 | 3.91 |
| 旅店服务业务 | 0.10 | 0.35 | |
| 图书音像销售业务 | 0.18 | 36.98 | |
| 网络服务 | 0.25 | −28.57 | |
| 物流 | 0.42 | 125.31 | |
| 其他 | 0.38 | −29.39 | |

---

① 《广东广州日报传媒股份有限公司2015年年报》，http：//disclosure. szse. cn/finalpage/2016 – 04 – 22/1202217142. PDF，2016年4月22日。

# B.3

# 移动化、社交化：
# 2016年美国传媒发展报告

摘　要：　2016年美国传媒产业实现了技术支持下的移动化发展，稳定
的市场推动社交化成熟，数字化发展进一步趋向移动端带来
动力。本文选取了美国的以报纸、电视、广播、智能手机、
平板电脑，以及社会化媒体和视频直播等为代表的产业进行
分析和梳理，从总体概况和行业分析两个层次展开论述，以
期勾勒出美国传媒业当前的发展全景与未来趋势。

关键词：　美国传媒产业　传统媒体　社会化媒体　视频直播

## 一　总体发展概述

### （一）技术支持下的移动化发展

2016年美国媒体的移动化进程的发展较之前进一步加速。近日，美国
无线行业贸易协会CTIA新年度报告显示，本统计年度内美国移动用户消耗
了9.6万亿MB数据流量，相较上一年度他们消耗掉的4.1万亿MB的数据
流量增长了一倍还要多。① 美国用户的移动流量数据成倍增加，一方面是由

---

*　张珊，中国传媒大学传播研究院硕士研究生；李继东，中国传媒大学国家传播创新研究中
心研究员、博士生导师。

① 199IT：《TIA：2015年美国移动用户消耗9.6万亿MB数据流量》，http://www.199it.com/
archives/477612.html。

于用户逐渐形成使用移动网络的习惯，另一方面是技术发展使得使用移动数据更加便利，并且支持消费的设备更加普及。CTIA 的报告中显示，2016 年度美国智能手机的用户数达到 2.28 亿，较上一年度增加 9.7%。皮尤研究中心分析发现，66% 的美国人拥有至少两台网络设备：智能手机、PC 或手提电脑、平板电脑，36% 的美国人拥有三种网络设备。[①] 移动设备的普及和网络条件的技术支撑，使美国媒体行业向着移动互联时代前进。

## （二）市场稳定推动社交化成熟

美国作为最早开发并使用社交媒体的国家，社交媒体的市场经过近几年的发展日趋稳定和成熟。皮尤研究中心针对全美成人进行的最新调查研究显示，美国使用社交媒体的成年人比例已经从 2005 年的 7%，增长到目前的 65%。[②] 对媒介社交化的分析不仅需要从使用人群的覆盖范围的宽度上考量，从使用相关媒介的深度上评估也必不可少。调研公司 comScore 最新公布的数据显示，对于 18 岁至 34 岁年龄段人群，他们每天使用社交和娱乐应用的时间平均为 2 小时，每个月使用 Facebook 的时间约为 26 小时，使用 Instagram 的时间为 7 小时，使用 Snapchat 的时间为 6 小时，使用 Twitter 的时间为 3.5 小时。[③] 从媒介主要消费群体的媒介使用时长中，不难发现媒介社交化的发展已经从量的成熟开始转向质的发展。这也是美国媒介产业历经社交化高速发展后，市场扩张日渐成熟和饱和下转而向深度方向延伸的体现。

## （三）数字化发展趋向移动端

在新兴技术引导下，美国的媒介产业的数字化发展已经历经了一个较长的时期。数字化的发展也日渐成熟起来，报纸、广播、电视等传统媒介一直

---

① 199IT：《Pew：36% 的美国人拥有三种上网设备》，http://www.199it.com/archives/416504.html。
② 199IT：《2015 年美国成年人使用社交媒体的比例达 65%》，http://www.199it.com/archives/392938.html。
③ 199IT：《comScore：美国网民使用移动设备上网时间比例已高达 62%》，http://www.199it.com/archives/388035.html。

在向数字化转型和融合。皮尤研究中心 2016 年的报告指出，美国数字广告支出总和，包括社交媒体、搜索引擎，以及其他类型网站的数字广告支出，同比增长约 20%，接近 600 亿美元。这一增长率高于此前两年。[①] 数字广告的收益目前主要被包括 Facebook、谷歌、雅虎和 Twitter 在内的五家科技公司所吸收，这得益于它们在技术支持下获得了内容产品发布、分销的渠道及平台，而且这种趋势日渐显著（见图 1）。从 2014 年到 2015 年，数字广告整体收入的扩大中，超过半数的收益被五大科技公司所吸收，并且已经实现占比 65%。在此趋势中，传统媒介的利润空间被挤占。

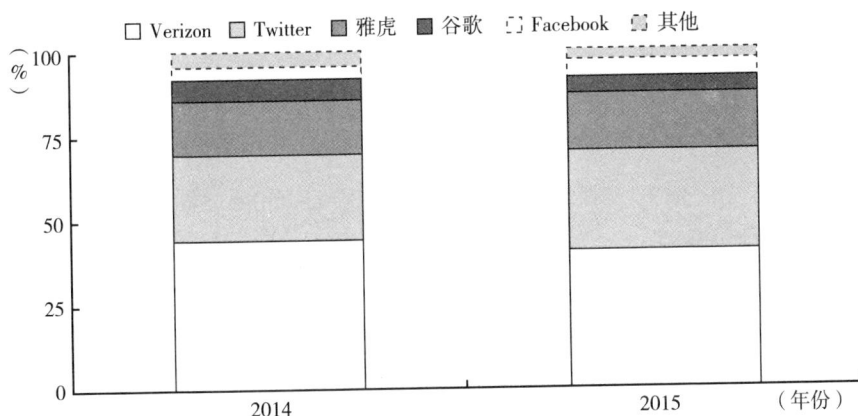

图 1　五家公司数字广告收入占比分布及趋势

资料来源：Pew Research Center, www.pewresearch.org/。

在媒介移动端发展的初期，数字广告收入主要通过桌面端流入科技公司，但是 2015 年首次出现移动端数字广告收入超过 50% 的情况（见图 2）。皮尤研究中心对 110 家纸媒、广播媒体和数字媒体的最新分析显示，大部分（99%）媒体在移动端吸引的访客要超过桌面端，这一比例超过 2014 年同期的 71%。就纸媒来看，读者对移动端的偏好尤为明显。在皮尤研究中心关注的 50 家发行量最大的日报中，有 44 家的数字流量以移动端为主，同比

---

① 199IT：《Pew：2016 年美国数字广告支出近 600 亿美元　同比增长 20%》，http://www.199it.com/archives/485108.html。

增长超过一半。① 原声数字新闻的发行商也使用成熟的社交网站作为主要的内容分销策略。美国媒介移动端发展所蕴含的巨大潜能激发着数字化向其靠拢的趋势。

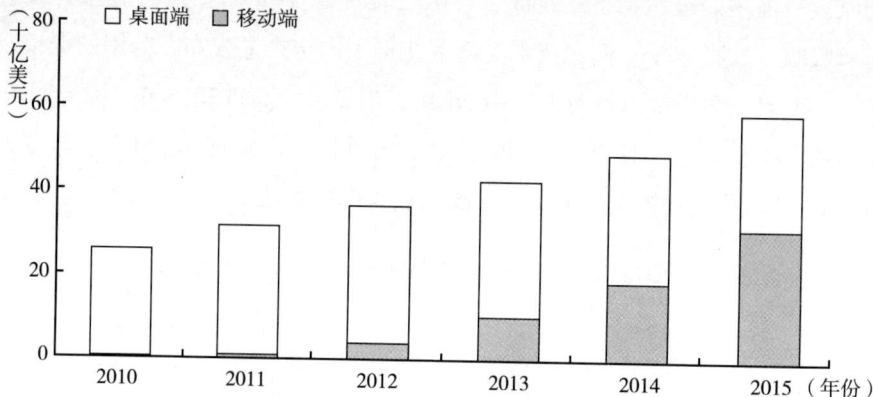

**图2 桌面端和移动端数字广告收入占比分布趋势**

资料来源：Pew Research Center，www. pewresearch. org/。

## 二 主要行业与市场分析

近年来，美国不同的媒体平台发展势头各有所长，总体呈现新媒体迅猛发展，有赶超传统媒体的趋势。

### （一）报业

新闻报业的 2015 年成为自 2008 年全球金融危机以来最糟糕的年份。2016 年，报业发展仍旧延续了 2008 年以来的下降趋势，并且势头急转直下。受到发行量和广告收入急速缩水的影响，报业从业岗位进一步削减。2016 年，股市动态显示 E. W. 斯克里普斯公司（E. W. Scripps）、通信期刊

---

① 199IT：《Pew：2016 年美国数字广告支出近 600 亿美元 同比增长 20%》，http：//www. 199it. com/archives/485108. html。

公司（Journal Communications）和甘尼特集团（Gannett）三大报业公司市值有进一步贬值的可能。① 同时在主要的新技术引导下的数字化发展中，报业虽然实现了数字订阅收益和数字流量的增加，但是数字媒体的新进者，尤其是以五大科技公司为代表的互联网企业，在平台设备、技术渠道和资金方面的优势，使传统新闻媒体只能在此夹缝中探求新的盈利模式。

## 1. 报纸发行量和广告继续下滑，新闻集团面临产业重组

尽管数字版日报发行量上升2%，但面对纸质版日报发行量大幅下跌的现状，这仅占1/5的数字版发行量对于总体颓势于事无补，美国日报（数字版和纸质版）总体发行量降幅已是近六年来的最大值，接近7%。周日报纸的发行量跌幅虽然小于日报，但仍有4.2%的缩水幅度，可见周日报纸的发行情况并不乐观（见表1）。纸质报纸的发行量在一定程度上代表核心受众群和订阅用户基础，这是报纸行业生存和转型都依托的重心，因此报纸行业进一步发展留下的空间也在受到挤压。

### 表1 美国报业发行量增长幅度情况

单位：%

| 日期 | 日报 | 周日报纸 | 日期 | 日报 | 周日报纸 |
| --- | --- | --- | --- | --- | --- |
| 3/31/2008 | -3.50 | -4.30 | 9/30/2011 | -4.00 | -1.00 |
| 9/30/2008 | -4.60 | -4.80 | 9/30/2012 | -0.20 | 0.60 |
| 3/31/2009 | -7.10 | -5.40 | 9/30/2013 | 3.00 | 1.60 |
| 9/30/2009 | -10.60 | -7.50 | 9/30/2014 | -3.30 | -3.30 |
| 3/31/2010 | -8.70 | -6.50 | 12/30/2015 | -6.70 | -4.20 |
| 9/30/2010 | -5.00 | -4.50 | | | |

资料来源：Pew Research Center，www.pewresearch.org/。

传统纸媒收益的另一大主要来源是广告收入。但是2015年的广告收益情势（见表2）不容乐观，透露出报纸行业寒冬的来临，广告收入较上一年

---

① Amy Mitchell & Jesse Holcomb，"State of the News Media 2016"，http://www.journalism.org/2016/06/15/state-of-the-news-media-2016/.

缩水7.8%，已经是近5年来的最大降幅。从报纸数字广告发展情况（见表3）可以看到，数字广告在整体收入中的占比不断增加，2015年已经达到1/4。一方面，近年来报纸行业向数字化方向的努力并未展现出强大的效果，数字广告所占比重仍旧较小，无法改变报纸渐颓的态势；另一方面，随着用户整体向移动端转移，获取新闻的方式更趋于数字化，报纸媒介向数字化转型和探索盈利是具有一线曙光的。

**表2 报纸广告收入增幅情况**

单位：%

| 年份 | 报纸广告 | 年份 | 报纸广告 |
|------|---------|------|---------|
| 2011 | −7.00 | 2014 | −6.40 |
| 2012 | −5.90 | 2015 | −7.80 |
| 2013 | −6.80 | | |

资料来源：Pew Research Center, www. pewresearch. org/。

**表3 报纸数字广告收入占比情况**

单位：%

| 年份 | 报纸数字广告 | 年份 | 报纸数字广告 |
|------|------------|------|------------|
| 2015 | 25.00 | 2012 | 19.00 |
| 2014 | 22.00 | 2011 | 17.00 |
| 2013 | 20.00 | | |

　　2016年，报纸行业由于发行量和广告收入的急速下跌，使得报业集团的收入和股价受挫，不得不面临改组和收购。2016年引起轰动的两起报业收购案分别是：亚马逊公司创始人杰夫·贝索斯将以2.5亿美元的价格收购美国《华盛顿邮报》和《纽约时报》以7000万美元的价格把麾下的《波士顿环球报》卖给了美国职业棒球大联盟波士顿红袜队的老板约翰·亨利。[1]数字巨头企业家贝索斯以个人名义收购《华盛顿邮报》，在以雄厚资本支撑的基础上，以互联网企业专业优势来推动和改革报业数字化转型，对于长期

---

① 《亚马逊收购华盛顿邮报或为报纸行业带来巨变》，资讯信息网，2016。

受制于科技企业限制的美国报业是值得期待的。

## 2. 阅读体验仍旧以报纸最为普遍

媒介产业的移动化发展趋势，使得更多的用户可以使用数字化方式阅读相关的新闻信息，但是阅读体验仍旧以印刷报纸最为普遍。根据尼尔森士嘉堡（Nielsen Scarborough）2015年的调查数据，在全美读报人群中，半数以上的读者只读纸质报，11%的读者同时通过纸质和电脑端阅读，只通过移动端阅读报纸的读者仅占5%。[①] 因而全美读报人群中大约超过80%的读者会阅读印刷报纸，这一数值较2014年变化不大（见表4）。

**表4 报纸读者在不同平台的分布比例**

单位：%

| Format | 2014 年 | 2015 年 | Format | 2014 年 | 2015 年 |
|---|---|---|---|---|---|
| Print only | 55 | 51 | Desktop/mobile | 6 | 7 |
| Print/desktop | 11 | 11 | Print/mobile | 6 | 7 |
| Print/desktop/mobile | 12 | 14 | Mobile only | 5 | 5 |
| Desktop only | 5 | 5 | | | |

资料来源：Pew Research，www. pewresearch. org/。

## 3. 报纸行业就业形势严峻，岗位削减严重

报业集团为了减轻收入减少带来的压力，需要降低报纸的运行成本，减少人力资源成本的首要办法就是裁撤岗位。从整体规模上看，2015年美国报业有3.3万名全职从业人员，32%的日报员工报道国会新闻，38%的员工报道州议会和立法机构的新闻，较上一年度有所下降。尤其是小型报纸的员工数量持续下滑。最新美国报业就业情况显示，自2014年来美国小型报纸从业人员数量下滑10%，报业岗位数较20年前减少2万个。而裁员仍在继续。[②]

---

① Amy Mitchell & Jesse Holcomb, "State of the News Media 2016", http://www. journalism. org/ 2016/06/15/state – of – the – news – media – 2016/.

② 韩婕：《皮尤中心2016新闻媒体报告：纸媒衰退，数字新闻崛起》，https://mp. weixin. qq. com/s? _ _ biz = MzAwNzc0ODQ4OA = = &mid = 2651719897&idx = 1&sn = 96c66f3b50fab958ed88f298478bb1b7&scene = 1&srcid = 0721mNy2FQnf0M0daJhBxtlH&pass _ ticket = VT64c1jKZGhT9QnMyRN% 2BBfTRAppqannQgCbFq40VVBCdfDTwhZVTbwwzP1Y9Izi5 # rd。

## （二）电视业

互联网技术支持下，电视行业也从传统的有线电视收视的单一模式中解放出来，探索出互联网电视、电视盒子等多种方式最大化满足多种收视需求。

### 1. 互联网电视快速发展，政策扶持收视 APP 发展

互联网电视在技术条件的支持下实现低价或免费从 YouTube、Netflix 等网站获取视频资源，在电视机、电脑、机顶盒、PAD、智能手机等多终端播放视频，让用户从传统电视运营商高昂的收视费用中解脱出来。《互联智能联网家庭娱乐报告》显示，2015 年第二季度美国拥有互联网电视设备（如智能电视、视频游戏终端、流媒体播放器以及蓝光播放器）的家庭总数增加到 4600 万，比 2014 年第二季度增加了 400 万个家庭。分析机构 NPD 指出，这就是说超过半数的美国联网家庭都拥有了互联网电视机。[1] 然而，有线电视观众数量却在数字化大潮中逐年萎缩。据 2015 年皮尤研究中心的报告，数据显示 1/7 的美国受众不再购买有线电视或卫星电视服务。这种受众流失不仅体现在有线电视上，同样也指向依靠付费电视模式盈利的网站和电视台。[2] 以美国娱乐与体育节目电视网 ESPN 为例，由于 2015 年其有线电视收费和广告收入双下滑，它不得不裁员 300 人，并且抬高体育节目转播费。ESPN 的窘境并非特例，随着 OTT 的冲击，聪明的美国电视运营商选择开放合作，以授权形式在竞争中获得一席之地。

为了推动美国互联网电视的进一步发展，2016 年 7 月初，美国 FCC 会议提出一项计划，即让 5000 万机顶盒用户抛弃现有获取电视节目的方式，转而采用安装 APP 形式获取，不再受制于机顶盒供应商。如果有线运营商不愿意做 APP，FCC 将容许其他内容厂商将电视台的内容整合成 APP 放到盒子里。对盒子厂家来说，以前被有线运营商把控的定制机顶盒市场，将被

[1] 199IT：《NPD：2015 年 Q2 美国家庭互联网电视设备总数达 4600 万》，http://www.199it.com/archives/391500.html。

[2] Amy Mitchell & Jesse Holcomb, "State of the News Media 2016", http://www.journalism.org/2016/06/15/state-of-the-news-media-2016/.

完全释放。① 政策支持下，美国长期受到版权相关法律和价格制约无法产生相应价格优势的盒子以及 APP 业务，将得以在市场中大展拳脚。随着更多的 APP 开发者看中 Smart TV 商机加入 OTT 产业以及更多消费者时间大量转移到 APP 上，影音串流服务势必将大幅成长，预期将对有线电视和传统媒体带来重大冲击与影响。②

**2. 电视仍是美国人获取新闻的重要途径**

社交网络和移动媒介的发展使得越来越多的美国人通过网络了解新闻，但是，根据皮尤研究中心最新提供的数据，电视仍旧是美国人获取新闻的重要途径。在关于收看新闻的媒介使用习惯调查数据（见表5）中，排在首位的是电视，57% 的人通过电视了解新闻资讯，超过通过数字媒介渠道近20%。但是不可否认的是，受到"千禧一代"使用网络媒介的影响以及随着网络整合传递新闻渠道的日趋成熟，用户从数字来源获取新闻已经成了一种大的趋势。例如，作为 2016 年最大的新闻即美国总统选举，约2/3 的美国人称，他们是从数字媒体来源获悉选举新闻。此外，44% 的美国人称，他们是从社交网站处获得选举新闻的。③

**表5 新闻收视媒介使用情况**

单位：%

| 途径 | 比例 | 途径 | 比例 |
| --- | --- | --- | --- |
| Television | 57 | Digital | 38 |
| Local TV news | 46 | News websites or apps | 28 |
| Cable TV news | 31 | Social networking sites | 18 |
| National nightly network TV news | 30 | Radio | 25 |
| | | Print newspaper | 20 |

资料来源：Sourvey conducted, www. pewresearch. org/。

① 《2016 下半年，电视盒子的春天将至?》，沙发网，http://www. shafa. com/articles/zevXH1B EggPQEeU0. html。
② 199IT：《Yahoo Flurry：研究发现 Apple TV 上市 APP 冲击传统电视业》，http://www. 199it. com/archives/398604. html。
③ 《皮尤 2016 年媒体报告：电视仍是美国人获取新闻的主要途径》，新浪网，http://news. sina. com. cn/w/zg/2016 - 06 - 18/doc - ifxtfrrc3844533. shtml。

依赖于电视新闻的收视追捧和优势，以新闻报道为主业务的有线电视台在不断接受互联网电视等 OTT 业务挑战的同时，收入持续增加。皮尤研究中心最新的调查研究发现，福克斯新闻、CNN、布隆伯格等有线电视公司收入一直持续增长（见表6）。

表6　有线电视公司年收入情况

单位：美元

| 年份 | Fox News, CNN, MSNBC | CNBC, Fox Business, Bloomberg |
|---|---|---|
| 2006 | 1781500000 | 603400000 |
| 2007 | 2008500000 | 683000000 |
| 2008 | 2478000000 | 830400000 |
| 2009 | 2641500000 | 866700000 |
| 2010 | 2868400000 | 892100000 |
| 2011 | 3153900000 | 958800000 |
| 2012 | 3392300000 | 979200000 |
| 2013 | 3521300000 | 1023000000 |
| 2014 | 3673200000 | 1098300000 |
| 2015 | 4036300000 | 1166400000 |

资料来源：SNL Kagan，www. pewresearch. org／。

### 3. 电视保持收益，网络视频广告迅速发展

电视业尽管面临严峻挑战，但仍然维持赢利态势，数字视频在过去一年迅速发展，公众和广告主对其表现了巨大热情。有线电视和网络电视的收益在 2015 年均呈增长态势。网络电视晚间广告收入增长 6%，早间广告收入增长 14%。有线电视广告收入和订户收入共增长 10%，并呈持续盈利态势。[1] eMarketer 预计电视广告支出增长基本停滞，增速在2.0%~2.5%，但是网络视频广告支出将保持一段时间的持续高速增长。

———————

[1]　韩婕：《皮尤中心2016新闻媒体报告：纸媒衰退，数字新闻崛起》，https：//mp. weixin. qq. com／s？ ＿ ＿ biz ＝ MzAwNzc0ODQ4OA ＝ ＝ &mid ＝ 2651719897&idx ＝ 1&sn ＝ 96c66f3b50fab958ed88f298478bb1b7&scene ＝ 1&srcid ＝ 0721mNy2FQnf0M0daJhBxtlH&pass＿ ticket ＝ VT64c1jKZGhT9QnMyRN% 2BBfTRAppqannQgCbFq40VVBCdfDTwhZVTbwwzP1Y9Izi5 # rd。

表7　2014~2020年电视广告和网络视频广告收入预估

单位：十亿美元，%

| 年份 | 2014 | 2015 | 2016 | 2017 | 2018 | 2019 | 2020 |
|---|---|---|---|---|---|---|---|
| 电视广告收入 | 68.54 | 68.88 | 70.60 | 72.01 | 73.81 | 75.29 | 77.17 |
| 增长率 | 3.3 | 0.5 | 2.5 | 2.0 | 2.5 | 2.0 | 2.5 |
| 网络视频广告收入 | 5.24 | 7.66 | 9.84 | 11.72 | 13.39 | 15.15 | 16.69 |
| 增长率 | 40.8 | 46.0 | 28.5 | 19.2 | 14.2 | 13.1 | 10.2 |

资料来源：eMarketer，www.emarketer.com/。

## （三）广播业

相较于受到网络发展冲击较为强烈的报业，美国的广播业发展不仅受到的波及较少，同时得益于播客技术的发展，广播事业稳步前进。

**1. 广播听众维持稳定，并小幅增加**

2016年，广播业不但稳定地保持着2015年庞大的在线听众群体，同时较上一年度还实现了小幅增长。根据爱迪生研究的数据（见表8），12岁以上的美国人在过去一个月听在线广播的比例再次持续增长——从2015年的53%上升到2016年的57%。截至2016年1月，37%的美国成人手机用户在车里听过在线广播，较2015年增长2个百分点。[1]

表8　12岁以上的美国人在过去一个月收听在线广播的比例

单位：%

| 年份 | 比例 | 年份 | 比例 |
|---|---|---|---|
| 2007 | 20 | 2012 | 39 |
| 2008 | 21 | 2013 | 45 |
| 2009 | 27 | 2014 | 47 |
| 2010 | 27 | 2015 | 53 |
| 2011 | 34 | 2016 | 57 |

资料来源：Pew Research，www.pewresearch.org/。

---

[1] Pew Research，"Audio：Fact Sheet"，http://www.journalism.org/2016/06/15/audio-fact-sheet/.

**2.广播播客复苏，分享实现社交化**

以语音为主的广播播客逐渐复苏。广播由于单一声音播放的特性，日益成为伴随媒介受到美国民众喜爱。得益于现有网络发展的强大支撑，移动端使用播客也抛弃下载收听，实现实时在线收听，这就进一步刺激了精准广告的投放，能为广播带来更多的数字化收益。同时，出现一些类似于 Clammr 的工具，便于听众在社交平台寻找、分享播客片段。美国国家公共电台 NPR 发布一款聚合推荐播客的 Earbud. fm 手机应用和网页，为用户提供精选的播客。据悉，2016 年音乐服务平台 Spotify 也将进入播客领域，向更广大的用户提供优质的音频产品。①

**3.广播业收入稳定，数字广告和广播外广告维持增长势头**

2015 年全年，广播业的广告收入较 2014 年上涨 4 个百分点，其中仅插播广告出现了下降。而数字广告和广播外广告分别有了 5% 和 11% 的提高，但是这两项收入仅占到广播业总收入的 18%，相较上一年度稳定态势明显。②

表9　广播业广告收入情况

单位：美元

| 年份 | 数字广告 | 网络广播 | 广播外广告 | 插播广告 |
|---|---|---|---|---|
| 2014 | 973000000 | 1072000000 | 1831000000 | 13633000000 |
| 2015 | 1019000000 | 1086000000 | 2037000000 | 13231000000 |

资料来源：Pew Research，www. pewresearch. org/。

## （四）智能手机

**1.新入网智能手机用户下滑，智能手机市场趋于饱和**

在移动互联的时代，智能手机由于其可应用于日常衣食住行各个方面，

① 199IT：《路透社：2016 新闻、媒体、技术趋势》，http：//www. 199it. com/archives/401725. html。

② Pew Research，"Audio：Fact Sheet"，http：//www. journalism. org/2016/06/15/audio － fact － sheet/.

为用户生活提供便利,因而不断成为用户不可或缺的媒介。根据 Chetan
Charma 的分析,美国智能手机市场已经饱和,2016 年第一季度美国新入网
手机用户明显下滑,使该部分所提供的收入锐减(见图 3)。同时,研究指
出,2016 年第一季度新入网设备汽车的占比达到了 32% ,和手机之间的差
距仅仅只有 1% 。① 可见汽车,尤其是互联汽车正在逐渐承载更多的媒体实
践意义。

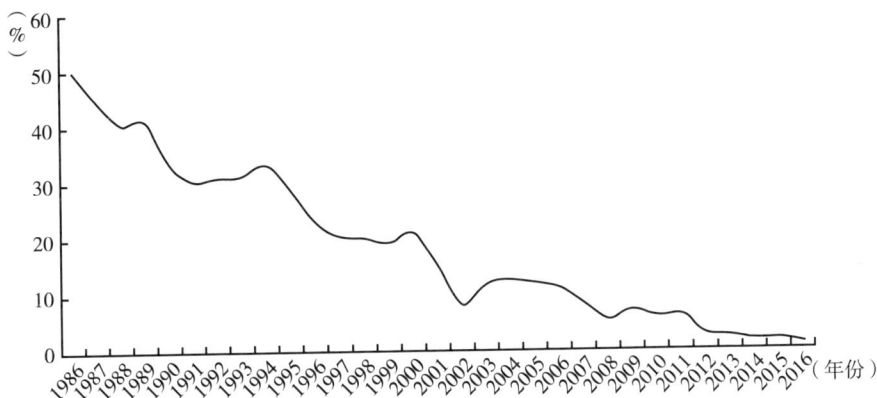

**图 3　新增手机用户创造收益占比**

资料来源: Chetan Charma, http://www.199it.com/archives/478346.html。

### 2. 苹果依旧是智能机品牌龙头,安卓系统仍是主流

市场研究机构 comScore 2016 年 1 月发布的一份最新报告显示,在 2015
年美国智能手机市场上苹果依旧占据主导地位,其市场份额从 2014 年的
41.6% 增长为 42.9% ;三星位居第二,其份额从 29.7% 下滑至 28.4% (见
表 10)②。

移动操作系统方面,谷歌的安卓系统在美国智能机市场上获得了
53.3% 的份额,依旧保持领先,同比上升了 0.2 个百分点;苹果 iOS 系统份

---

① 199IT:《Chetan Charma:2016 年 Q1 美国新入网手机用户下滑　新入网设备仅占 33%》,
　http://www.199it.com/archives/478346.html。
② 199IT:《comScore:2015 年 5 月美国 iPhone 市场份额增至 43.5%》,http://www.199it.
　com/archives/437519.html。

表 10　2015 年美国智能手机品牌市场份额

单位：%

| 品牌 | 美国智能手机用户份额 | | |
| --- | --- | --- | --- |
| | 9 月 15 日份额 | 12 月 15 日份额 | 转点 |
| 智能手机用户总量 | 100.0 | 100.0 | N/A |
| 苹果 | 43.6 | 42.9 | -0.7 |
| 三星 | 27.6 | 28.4 | 0.8 |
| LG | 9.4 | 9.9 | 0.5 |
| 摩托罗拉 | 4.8 | 5.3 | 0.5 |
| HTC | 3.3 | 3.3 | 0.0 |

注：①数据来自《美国智能手机原始设备制造商排行榜》，comScore，www. comscore. com/。②智能手机用户统计口径为 13 岁及以上用户，表中分别为截至 9 月 15 日和截至 12 月 15 日的数据。

额增长 1.3 个百分点至 43.6%，列第二位；微软的 Windows Phone 系统份额下降 0.5 个百分点至 2.9%；黑莓系统份额则从同期的 1.8% 下降至 0.9%（见表 11）。①

表 11　2015 年美国手机操作系统市场份额

单位：%

| 操作系统 | 美国智能手机用户份额 | | |
| --- | --- | --- | --- |
| | 9 月 15 日份额 | 12 月 15 日份额 | 转点 |
| 智能手机用户总量 | 100.0 | 100.0 | N/A |
| 安卓 | 52.3 | 53.3 | 1.0 |
| iOS | 43.6 | 42.9 | -0.7 |
| Windows Phone | 2.9 | 2.9 | 0.0 |
| 黑莓 | 1.2 | 0.9 | -0.3 |

注：①数据来自《美国智能手机平台排行榜》，comScore，www. comscore. com/。②智能手机用户统计口径为 13 岁及以上用户，表中分别为截至 9 月 15 日和截至 12 月 15 日的数据。

## （五）平板电脑

市场研究公司 eMarketer 发布的报告显示，2015 年全球平板电脑用户将

---

① 199IT：《comScore：2015 年 5 月美国 iPhone 市场份额增至 43.5%》，http：//www. 199it. com/archives/437519. html。

超10亿，其中1.56亿来自美国，并预计未来几年平板电脑用户增速将放缓。① 但是近年来势头正盛的苹果公司旗下的iPad，2016年在美国的教育市场和政府采购使用中感受到来自微软和谷歌的市场竞争压力。

市场研究机构Futuresource Consulting公布的数据显示，苹果在美国K-12教育市场（K-12教育是美国基础教育的统称。"K-12"中的"K"代表Kindergarten，即幼儿园，"12"代表12年级，相当于我国的高三）的份额已经降至历史新低。数据显示，2016年第一季度，苹果的iOS操作系统——主要指iPad平板电脑——大约仅占美国机构性教育市场采购量的17%，而其该市场的Mac笔记本电脑份额只占4%。相比较而言，近些年的iPad销量下滑幅度非常大。2013年，iPad平板电脑占据了美国K-12机构性教育市场采购量的近40%的份额。美国的年轻学生开始购买低成本的配置了谷歌操作系统的Chromebooks，而不是购买iPad（见图4）。研究数据显示，2016年第一季度，Chromebooks占据了美国机构性教育市场高达51%的份额。② 接受调研的学生和老师表示，由于iPad不配置键盘、系统设置不配适于教学环境使用，且学生将其更多地使用在娱乐方面等原因，iPad逐渐失去对学生的吸引力。而谷歌新开发的Chromebooks不仅更适用于学生，同时价格也更优惠。在平板电脑发展进入停滞状态的大背景下，媒介数字化教育使用的确是一个可以开拓的市场。

Govini最新公布的一份报告显示，微软的设备在美国政府中正变得越来越普及，Surface正在各个部门逐步替代苹果的iPad。2015年，iPad在美国政府中的份额占比为61%，相较2012年的98%是下降很多的。③ 与之形成鲜明对比的是竞争对手微软则从2012年的0升至2015年的25%（见图5），主要是因为微软推出了Surface产品。Govini的研究分析表示，Windows 10

① 199IT：《eMarketer：2015年全球平板电脑用户将超10亿：中国占1/3成最大市场》，http://www.199it.com/archives/320735.html。
② 199IT：《Futuresource：2016年Q1 iPad平板电脑仅占美国机构性教育采购量的17%》，http://www.199it.com/archives/481042.html。
③ 199IT：《Govini：2016年美国政府使用Surface比例升至25%》，http://www.199it.com/archives/439819.html。

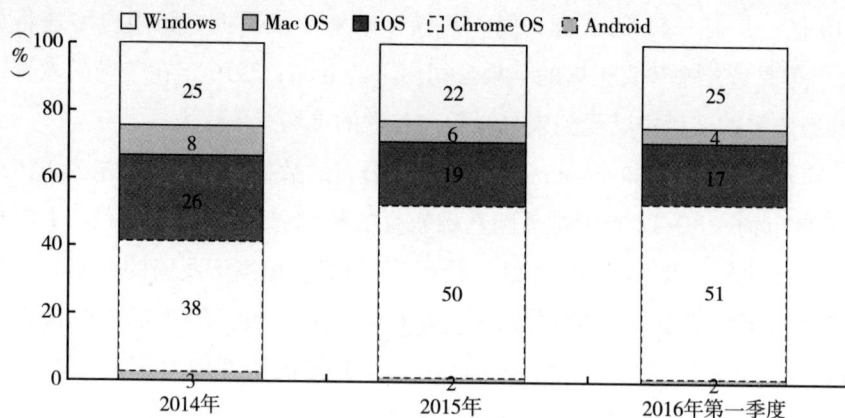

图4 美国平板电脑教育领域市场份额

资料来源：futuresource，www. futuresource. com/。

系统是更为出色的生产力工具，而且实现笔记本和平板电脑合二为一，但是政府中高安全性要求的部门，如内政部、陆军、海军、国土安全局等均主要使用封闭系统的 iPad。

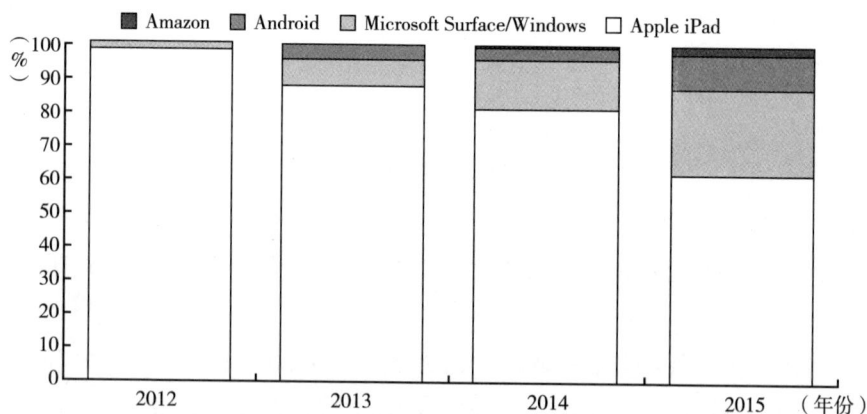

图5 美国平板电脑政府使用市场份额

资料来源：Govini，www. Govini. com/。

## （六）社会化媒体

2016 年，美国社会化媒介产业继续向前发展。根据 comScore 对 2015 年智能手机的应用使用情况的调查（见表12），在进入榜单前15名的应用中，除了支付、地图、邮箱等生活类软件外，Facebook仍旧是使用率最高的智能手机软件，另外Instagram、Twitter等常用社交软件也榜上有名。皮尤研究中心发现，2015年全美使用社交媒体的成年人占比约为65%，远高于2005年的7%。使用社交媒体的年轻人（18～29岁）多于年龄较大的人。然而，65岁以上人群的社交媒体使用率正在快速增长。2010年，65岁以上美国人仅有11%使用社交媒体，现在则达到35%——但仍然远低于18～29岁年龄组的90%。男女两性在社交媒体使用方面的差异并不大——女性为68%，男性为62%，反而是教育水平对社交媒体的使用比例产生了较大影响，拥有本科或研究生学历的成年人有76%使用社交媒体，接受过一定程度大学教育的成年人有70%使用社交媒体，高中或更低教育程度的成年人仅有54%使用社交媒体。从地域上看，郊区或城镇居民比农村居民使用社交媒体的比例略高——但仍有超过半数农村居民表示已经开始使用社交媒体。高收入家庭（年收入大于或等于7.5万美元）比低收入家庭（年收入低于3万美元）更有可能使用社交媒体，社交媒体用户在这两个群体中的占比分别为78%和56%。[①]

表12 美国2015年智能手机应用榜单前15名

单位：%

| 序号 | 应用名称 | 使用率 | 序号 | 应用名称 | 使用率 |
|---|---|---|---|---|---|
| 1 | Facebook | 77.2 | 9 | Instagram | 39.2 |
| 2 | YouTube | 61.2 | 10 | Apple Music | 31.7 |
| 3 | Facebook Messenger | 60.3 | 11 | Amazon Mobile | 29.9 |
| 4 | Google Play | 52.1 | 12 | Yahoo Stocks | 29.5 |
| 5 | Google Search | 50.9 | 13 | Apple Maps | 28.5 |
| 6 | Google Maps | 48.4 | 14 | Twitter | 25.6 |
| 7 | Gmail | 44.8 | 15 | Google Drive | 25.3 |
| 8 | Pandora Radio | 42.2 | | | |

资料来源：comScore，www.comscore.com/。

---

① 199IT：《2015年美国成年人使用社交媒体的比例达65%》，http://www.199it.com/archives/392938.html。

美国多数极具人气的社交网站如今都在积极寻求海外市场的机遇，而皮尤研究中心最新的一项调查指出了原因。Instagram、Facebook 和 Twitter 等主要的社交网络的美国用户增长速度都已经大幅放缓。从皮尤研究中心发布的2015 年成人用户使用各个互联网的占比数据相关的调查报告中可以看到，Facebook、Instagram 和 Pinterest 的用户数量小幅增长维持稳定，Twitter 则与2014 年相比并没有变化，而 LinkedIn 的用户数量却从 28% 下滑到 25%。此前一些增长速度较快的网站现在也出现了增速下滑的现象。[①] 可见美国社交媒体繁荣的背后，市场饱和的疲态开始展现。

### （七）视频直播

从 2015 年 Meerkat 一夜蹿红以来，美国视频直播市场迅速爆发。2016年视频直播的发展方向则呈现为：在内容生产上正进入 PGC 和 UGC 直播齐头并进、社交网络与其结合拓展出新的社交模式。直播迅速成为继 Facebook式的社区式交友互动、Twitter 的简短文字式状态分享、Instagram 的图片式生活记录后的又一网络互动平台。

Meerkat 被视为美国直播市场的先行者，主要是借助 Twitter 的流量入口，在一个月内即获得了超过 30 万注册用户。但 Twitter 收购流媒体直播应用 Periscope 自主发展视频直播后，Meerkat 流量增长受限，于 2016 年 3 月关闭视频直播业务。

互联网公司 Facebook、Twitter、Google 等均已开始在直播领域的布局，凭借流量基础获得了用户的高度关注。Facebook 开发了 Facebook Live 功能，社交与直播相结合，充分体现扎克伯格对于 "Live 就像是在你的口袋放了台电视摄影机" 的定位。据视频信息软件公司 Tubular Labs 统计，自Facebook Live 推出以来，用户已经创作了 67.5 万段直播视频，观看次数超过 85 亿次，直播平台的评论数为普通视频的 10 倍。

---

① 199IT：《皮尤研究中心：社交网站对美国成人用户吸引力下降》，http://www.199it.com/archives/377945.html。

与上述三家公司海量 UGC 内容生产模式不同，Snapchat 则反其道而行之，与名人、专业化品牌等合作，开辟出一条精品化路线，通过制作标准化的内容用于直播。根据 comScore 的估计，2016 年 4 月 Snapchat 每日视频观看量达 100 亿次。相较于 2015 年 5 月的 20 亿次，其视频观看量不到一年实现了 5 倍增长，增速达到 400%。[①]

---

① 199IT：《美国直播这样玩：以 Facebook 和 Snapchat 为例》，http：//www.199it.com/archives/479056.html。

# B.4
# 加拿大传媒产业报告

吕玉洁　姬德强*

摘　要：　本报告着重介绍了加拿大传媒产业各部分在 2014 年的发展状况。整体而言，作为世界传媒产业重要组成部分的加拿大传媒产业发展平稳，收入增幅稳定，整个传媒市场在结构上表现出高度集中化的发展趋势。电信部门在整个传媒产业当中越来越占据主导地位，移动无线通信等新媒体的用户大大超过传统媒体的使用者，新媒体对传统广电部门业务造成了巨大冲击。加拿大的媒介产品仍然注重对本土内容的保护和开发，注重文化和语言的多样性。此外，加拿大在数字媒体行业表现突出，在全球数字媒体产品领域保持领先地位。凭借发达的信息和传播基础设施建设以及新媒体产业的活力和创造性，加拿大在未来全球新媒介发展中仍将扮演领导者角色。

关键词：　加拿大　传媒产业　新媒体　广电行业　捆绑业务

## 一　加拿大传媒产业总体发展状况

### （一）2014年加拿大传媒产业市场的五大变化

2014 年，传媒产业总收入从 2013 年的 619 亿美元上涨至 632 亿美元。

---

* 吕玉洁，中国传媒大学新闻传播学部传播研究院硕士研究生；姬德强，博士，中国传媒大学国家传播创新研究中心副研究员。

而2.1%的增长率低于近五年来平均2.4%的增幅。

电信部门的收入成为传媒产业总收入的主要部分。2014年，电信部门收入以2.4%的增幅上涨至459亿美元①，而广电部门收入则是以1.4%的增幅上涨至173亿美元。

2014年，五大传媒公司的收入占据传媒产业总收入的84%，较2013年增长1%。

加拿大家庭用于通信服务的支出从2013年的平均每月191美元增长至2014年的203美元，其中移动服务以10美元的增幅成为通信支出中增长最快的一项。大多数的加拿大家庭在通信方面的支出分配比大致是：无线移动互联服务（39%）、家庭电视（27%）、互联网（19%）、家庭电话服务（15%）。

通信服务的价格超过了总体消费价格。2013～2014年，总体消费价格上涨2%，而部分通信服务的费用则超过了这一数字，例如家庭电话增长3.4%，而互联网则增长8.0%。

### （二）2014年加拿大传媒产业发展趋势

**1. 趋势一：只订购移动无线通信服务的家庭（20.4%）首次高于只订购有线电话服务的家庭（14.4%）**

虽然许多加拿大人仍使用有线电话，但是数据显示无线电话的使用率正在缓慢而稳定地增长。现在加拿大家庭的无线电话使用率为84.9%，已经开始超出有线电话使用率（78.9%）。但在10年前，加拿大家庭有线电话使用率高达96.3%，远超出当时的无线电话使用率53.9%。

**2. 趋势二：虽然传统电视的收视总时间未发生显著变化，但其受众明显老龄化**

虽然总体的电视观看时间没有明显的变动，但是加拿大的年轻人观看传统电视的时间明显少于老年人。年轻人与老年人观看电视习惯的发展趋势截

---

① 电信部门收入为总收入（零售＋批发收入为459亿美元，其中零售总收入为421亿美元）。

然相反。在2009~2010年和2013~2014年，65岁以上加拿大人每周观看传统电视的时间上涨了3.5%，而在18~34岁年龄段的加拿大人中，此数据则减少了12.3%。这些数据表明，加拿大的电视观众以50岁为界分为两部分，老年受众仍然大量地观看电视，而年轻受众却不再如此。

对于数字媒体的使用，则是年轻人远高于老年人。58%的年轻人(18~34岁)订阅Netflix，相比之下，则只有14%的老年人（65岁以上）订阅Netflix。

**3. 趋势三：用于通信服务的家庭支出增加**

2014年，加拿大家庭每月为他们的通信服务平均支付203.04美元，相比2013年增加了11.92美元，约6%。

目前，加拿大家庭在无线和BDU服务方面的支出超过了因特网和有线电话服务。同时，不同收入的家庭在通信服务方面所支付的费用也不尽相同。高收入水平的家庭在移动无线方面的支出超过低收入水平家庭支出的两倍，这种状况也大致符合有线电视和DTH卫星电视及互联网等方面的支出。

**4. 趋势四：人均带宽5Mbps以上的获得率大幅提升，但订购率比较落后**

过去的五年里，能够使用5Mbps下载速度的宽带用户从86%上涨到96%，而实际订购这一速度的家庭比例只有77%。

## （三）加拿大传媒产业收入情况

加拿大传媒产业主要由广电部门和电信部门构成。其中广电部门主要包括广播、电视和广电节目分销商（Broadcasting Distribution Undertakings, BDU），以及新媒体广电行业等。电信部门主要包括有线通话、数据和专线服务、互联网、无线通信等（见图1）。

加拿大传媒产业是一个发展相当稳定的市场，近年来传媒通信业收入一直维持微幅增长。2013年加拿大传媒通信业总收入619亿美元，2014年收入632亿美元，增长率为2.1%。考察加拿大传媒市场2010~2014年收入情况，体现了相似的趋势。广电部门收入增速不断降低，增长率迅速从9.1%减少到1.4%；而电信部门收入的增速则较为稳定，从2010年的1.7%微幅增长到2.4%（见图2）。

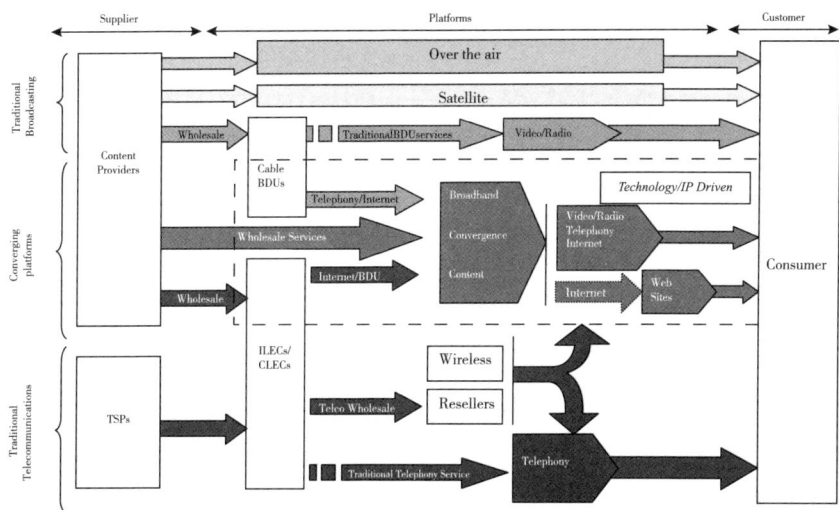

**图1 加拿大传媒产业运作平台**

资料来源：加拿大广播电视与电信委员会。

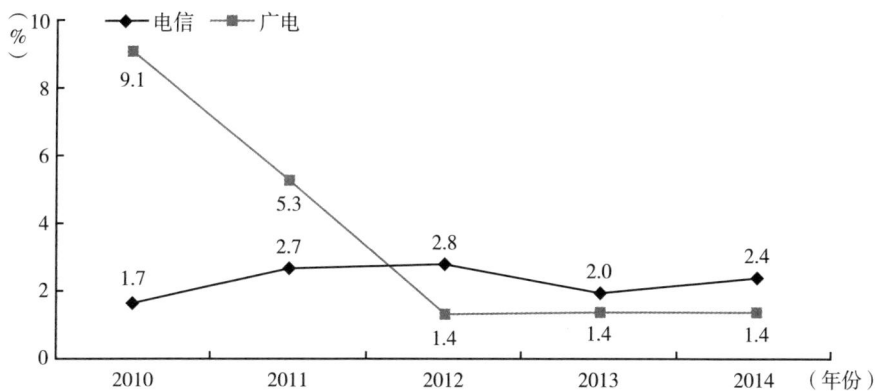

**图2 加拿大广电与电信业收入增长率（2010～2014年）**

资料来源：加拿大广播电视与电信委员会。

### 1. 电信部门收入占据主导地位

加拿大电信部门收入由2013年的448亿美元增长到2014年的459亿美元，增长2.4%，占据传媒通信产业总收入的73%。电信部门收入的增长主要来自新的非传统的数据服务，如宽带和无线服务等。广播电视收入由 2013 年的 170 亿美元增长到 173 亿美元，增长 1.4%，占传媒通信产业总收入的 27%。

在过去的 15 年里，无线通信市场成为传媒通信市场中最大的组成部门，2014 年其收入占据整个传媒通信市场收入的 35%，也占据电信部门收入的半数，仅此一项服务的收入就超越了整个广电部门的总收入。越来越多的加拿大用户选择移动互联服务来代替有线通话服务，因此无论是移动无线技术还是电信部门收入均在不断增长（见图 3）。

即使在一个整体呈现上升的业务中，有的项目发展较快而有的项目则开始缩水，例如，目前的有线电话服务、传统电视和电台等服务虽然仍被广泛使用，但是这些服务的收入并没有追赶上新服务的增速，许多情况下，它们的增速还下降了。

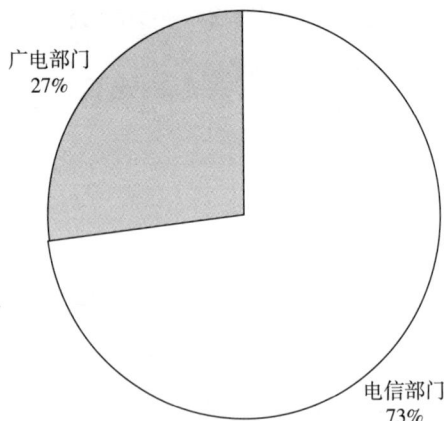

图 3　2014 年广电/电信部门收入比例

资料来源：加拿大广播电视与电信委员会。

广电部门收入增幅较小，总收入由 2013 年的 170 亿美元增长为 2014 年的 173 亿美元，增长了 1.4%，各广电部门收入不算乐观：广电节目分销收入由 89 亿美元增长到 91 亿美元，微增 1.4%；包括加拿大广播公司（Canadian Broadcasting Corporation，CBC）在内的传统电视，收入由 65 亿美元增长到 66 亿美元，增长了 1.5%；广播收入由 16 亿美元略微下降 0.5%（见表 1）。

表1　2013~2014年加拿大传媒业收入情况

单位：十亿美元，%

| 行业 | 2013 年 | 2014 年 | 增长率 |
|---|---|---|---|
| 广电部门 | 17.0 | 17.3 | 1.4 |
| 广播 | 1.6 | 1.6 | -0.5 |
| 电视 | 6.5 | 6.6 | 1.9 |
| 广电节目分销 | 8.9 | 9.1 | 1.4 |
| 电信部门 | 44.8 | 45.9 | 2.4 |
| 有线通话 | 10.6 | 10.1 | -4.7 |
| 互联网 | 8.2 | 8.9 | 8.8 |
| 数据和专线服务 | 4.8 | 4.8 | 0 |
| 无线通信 | 21.2 | 22.0 | 3.8 |
| 总　体 | 61.9 | 63.2 | 2.1 |

注：本表原始数据均由 CRTC 四舍五入处理后呈现，增长率等均按原始数据计算，因此会一定程度的不一致。

资料来源：加拿大广播电视与电信委员会。

### 2. 高度集中化的市场趋势

加拿大传媒市场呈现高度集中化的格局，这一竞争局面与 2013 年相比并未发生显著变化，均由横向和纵向的大型综合性传媒公司主导整个市场。2014 年，通信市场前五大公司的收入总和占据通信整体收入的 84%，相比 2013 年上涨 1%，随后的五家公司分享了市场份额的 8%，总共占到了整体市场份额的 92%，其余公司的收入仅占 8%（见图4）。这十家大型公司提供包括无线通信、互联网、广电节目分销等广泛的传媒服务。其他的公司经营范围则较窄，主营业务明确。

### 3. 捆绑业务

集中化的市场在捆绑业务的发展当中起到了重要的作用，大型公司有实力为它们的消费者在一定范围内提供捆绑业务的折扣服务，因此捆绑业务的订购数量一直在上升，而近几年由于当前市场对捆绑业务订购的饱和导致数据增长有所下降（见表2）。

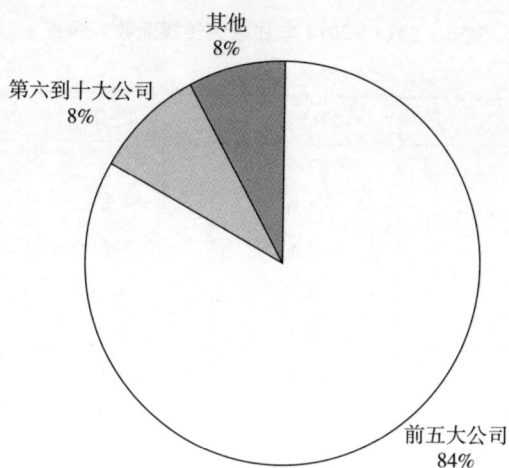

**图4　广播电视和电信行业市场份额**

注：子公司的收入计入母公司。

资料来源：加拿大广播电视与电信委员会。

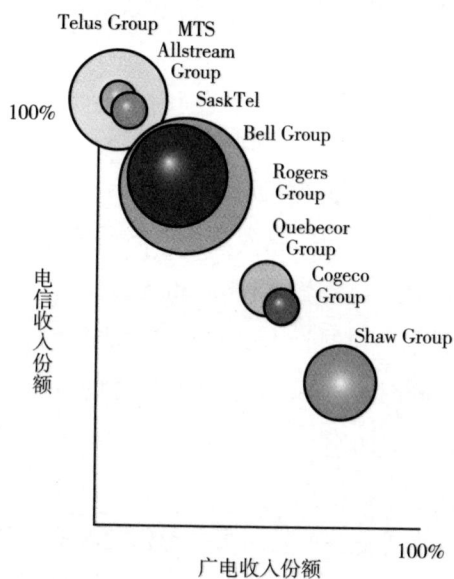

**图5　加拿大传媒通信产业收入构成（抽样数据）**

资料来源：加拿大广播电视与电信委员会。

表2  2010～2014 年捆绑业务的订户数

单位：百万户，%

| 年份 | 2010 | 2011 | 2012 | 2013 | 2014 | 2010－2014 |
|------|------|------|------|------|------|------------|
| 捆绑业务订户数 | 8.8 | 9.4 | 10.0 | 10.4 | 10.4 | 4.3 |
| 增长率 | 17.1 | 6.4 | 6.3 | 4.1 | 0.0 | — |

资料来源：加拿大广播电视与电信委员会。

### （四）通信的支出和定价

加拿大家庭用于媒介服务（即通信服务）方面的支出是推断媒介服务如何影响家庭预算的一项重要指标。

**1. 用于媒介服务的支出持续走高**

2014 年度，加拿大家庭每月平均花费 203.04 美元用于媒介使用，相比 2013 年增长 11.92 美元（6.2%）。其中某些固定的媒介服务项目的投入明显高于其他。

这种增长状况很大程度上是由于无线和因特网服务支出的变化导致的，二者分别增长 14.1% 和 10.0%。因特网服务费的增长可能是一部分加拿大人升级网速导致。与之形成鲜明对比的是，加拿大家庭用于固定电话服务的费用以每月 5.3% 的速度减少。

虽然在加拿大不同收入家庭用于媒介服务的费用存在巨大差异，但是总体趋势是各类家庭都愿意将他们的媒介服务预算用于移动无线、有线电视或者 DTH 卫星电视服务。2014 年，用于移动无线服务的支出是各个收入水平家庭中最多的部分，如表3 所示。

**2. 媒介服务的价位水平**

价格指数可以作为考察在一定范围内部分产品和服务价格变化的指标。

图6 比较了三个主要的通信服务，即电话（TPI），因特网，有线电视、卫星直播电视以及 IPTV 价格长期演化的过程。

表3 加拿大不同收入家庭每月媒介服务支出（按服务和家庭层级划分）

单位：美元，%

| 服务 | 年份 | 第一层级 | 第二层级 | 第三层级 | 第四层级 | 第五层级 | 全部层级家庭平均值 |
|---|---|---|---|---|---|---|---|
| 有线电话 | 2013 | 27.92 | 30.72 | 31.38 | 34.55 | 39.78 | 32.85 |
| | 2014 | 25.24 | 29.41 | 31.61 | 33.51 | 35.78 | 31.10 |
| | 增长率 | -9.6 | -4.2 | 0.7 | -3.0 | -10.1 | -5.3 |
| 移动无线 | 2013 | 34.92 | 50.33 | 68.67 | 83.33 | 109.50 | 69.33 |
| | 2014 | 43.17 | 56.17 | 77.58 | 91.75 | 126.50 | 79.08 |
| | 增长率 | 23.6 | 11.6 | 13.0 | 10.1 | 15.5 | 14.1 |
| 因特网 | 2013 | 21.48 | 30.53 | 39.33 | 40.95 | 44.74 | 35.41 |
| | 2014 | 24.74 | 33.82 | 40.34 | 45.75 | 50.05 | 38.91 |
| | 增长率 | 15.2 | 10.8 | 2.6 | 11.7 | 11.9 | 10.0 |
| 有线电视和DTH卫星电视 | 2013 | 37.45 | 46.77 | 51.98 | 60.20 | 71.58 | 53.56 |
| | 2014 | 35.20 | 46.88 | 55.14 | 61.66 | 70.79 | 53.95 |
| | 增长率 | -6.0 | 0.2 | 6.1 | 2.4 | -1.1 | 0.7 |
| 总计 | 2013 | 121.76 | 158.35 | 191.36 | 219.03 | 265.60 | 191.12 |
| | 2014 | 128.35 | 166.27 | 204.67 | 232.67 | 283.12 | 203.04 |
| | 增长率 | 5.4 | 5.0 | 7.0 | 6.2 | 6.6 | 6.2 |

资料来源：加拿大统计局及加拿大广播电视与电信委员会。

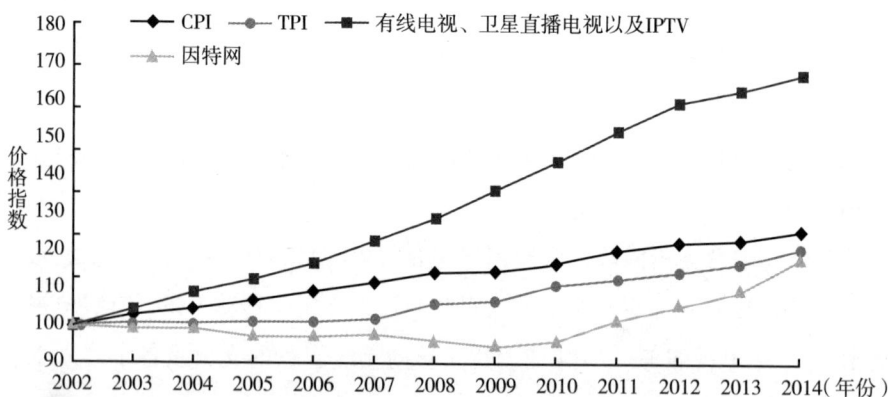

图6 2002～2014年加拿大传媒通信产业业务价格发展

资料来源：加拿大广播电视与电信委员会。

在加拿大年通货膨胀率为2.0%的前提下，从2013年到2014年，主要媒介服务的价格增长分别为：3.4%（电话）、2.3%（有线电视、卫星直播电视以及IPTV）、8.0%（因特网）。BDU服务的价格在过去十年一直保持平均每年4.4%

的增速增长。因特网服务价格自 2010 年开始增长，在过去的五年里，有线电视和卫星直播电视的使用率在逐渐降低，而因特网和 IPTV 的使用率稳步上升。

## （五）使用媒介服务的便利性

加拿大广播电视与电信委员会（CRTC）的一项重要目标就是确保加拿大人能够使用世界水平的媒介服务。为了达成这样的目标，就需要解决全国不同地区所面临的不同挑战的问题。

**1. 加拿大人通过多种不同的平台进行交流通信**

移动无线服务占据了所有家庭互联以及因特网互联近一半的数量，并且仍保持着扩张。固定通信服务（例如有线电话）以及 BDU（有线电视、卫星直播电视以及 IPTV）等互联方式相比之下虽然在减少，但仍占据了所有互联方式的 1/3 的数额（见图 7）。总体来讲，平均每个家庭拥有 4.5 个互联方式。虽然移动无线互联是目前最流行的媒介服务，但是加拿大人拥有多种通信方式可供选择。

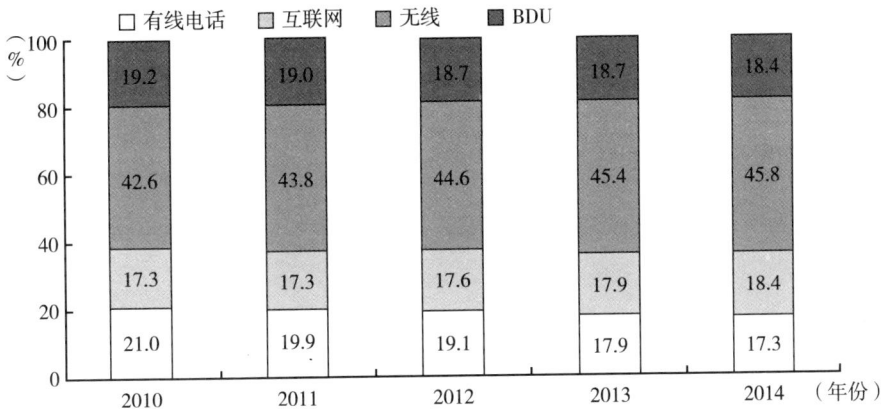

图 7　2010～2014 年加拿大家庭传媒通信支出概览

资料来源：加拿大广播电视与电信委员会。

**2. 无线通信兴起后的多手机家庭**

几乎所有的加拿大人会在移动电话和有线电话两种服务中选择其一，而不是订阅复合的电话服务（即既使用有线电话服务又使用移动电话服务），大多数人会选择移动电话服务。目前，手机的家庭持有率（20.4%）已经超过了有线电话的家庭持有率（14.4%），相较于十年前的数据是一个巨大的反转。2002~2013年，短短11年，加拿大人迅速接受了无线通信的新技术。

这些信息在不同的省份和不同收入家庭中也不尽相同。西部省份在家庭手机持有方面扮演了重要的角色。相比之下，东部各省继续保持着有线电话的家庭使用。从图8中可以看出，2010~2013年选择多种通信服务组合的家庭中开始减少他们有线电话服务的使用，同时加拿大移动电话持有数量急剧增长，平均一个家庭拥有两部以上的手机。

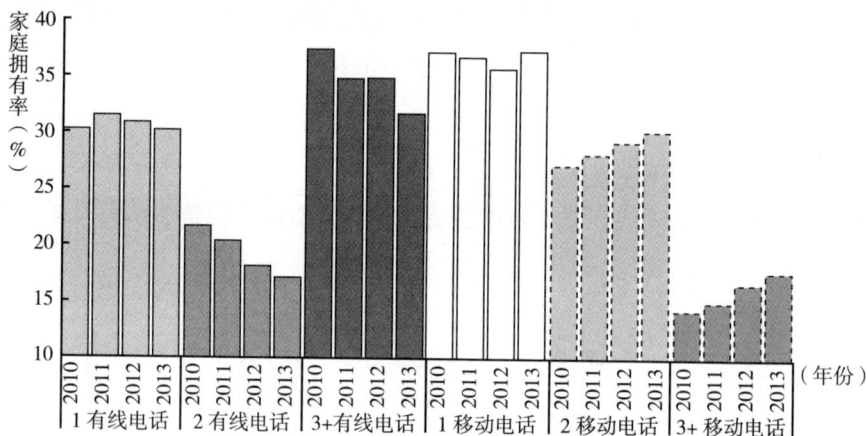

**图8　加拿大家庭电话持有量与业务订购**

资料来源：加拿大广播电视与电信委员会。

## 二　加拿大传媒产业表现分析

### （一）广电行业

根据CRTC的媒介监管报告，加拿大广电行业收入包括来自广播、电视和广电节目分销商的收入。广播收入主要包括来自AM和FM商业广播的收入；电视收入包括来自加拿大广播公司等传统电视台、付费电视、点播节目和专业节目的收入；广电节目分销商收入包括电缆、DTH/MDS服务、IPTV服务等。

### 1. 广播

加拿大有超过1100项广播或音频服务,其中英语节目占75%,法语节目占22%,剩余3%为其他语言。由加拿大公共广播电视台CBC运营的无线电台约为8%,私营商业广播节目约占加拿大无线电台总数的75%以上(见图9),剩余的17%由包括宗教、社区、校园、原住民等其他社会组织运营。

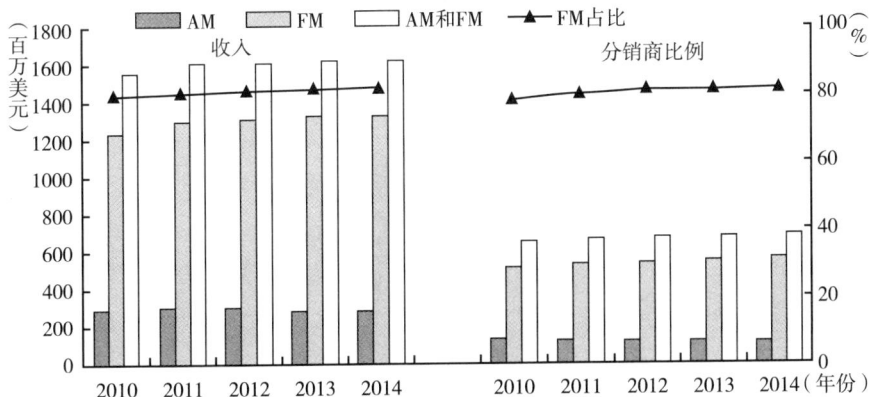

图9 加拿大私营商业广播收入(2010~2014年)

资料来源:加拿大广播电视与电信委员会。

### (1) 行业表现

2014年,加拿大广播行业收入为16.14亿美元,其中FM收入13.23亿美元,AM收入2.91亿美元。考察2010~2014年广播行业收入情况,变化不大,2014年出现0.5%的微幅降低,2010~2013年均呈现微幅增长(见表4)。

表4 加拿大广播行业收入(2010~2014年)

单位:百万美元,%

| 年份 | | 2010 | 2011 | 2012 | 2013 | 2014 | 复合增长率 (2010~2014年) |
|---|---|---|---|---|---|---|---|
| AM | 收入 | 307 | 311 | 306 | 295 | 291 | -1.0 |
| | 增长率 | 0.4 | 1.3 | -1.6 | -3.5 | -1.3 | |
| FM | 收入 | 1245 | 1301 | 1314 | 1328 | 1323 | -0.4 |
| | 增长率 | 3.6 | 4.5 | 1.0 | 1.1 | -0.4 | |
| 总计 | 收入 | 1552 | 1614 | 1620 | 1623 | 1614 | -0.5 |
| | 增长率 | 2.9 | 4.0 | 0.4 | 0.2 | -0.5 | |

资料来源:加拿大广播电视与电信委员会。

广播行业呈现集中化趋势，2014年，BCE、Cogeco、罗杰斯等五大公司囊括了广播市场65%的收入（见图10）。

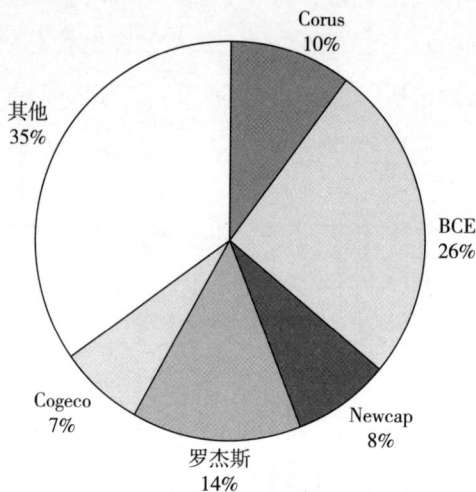

**图10  2014年商业广播市场份额**

资料来源：加拿大广播电视与电信委员会。

（2）受众行为

2014年，加拿大全国人均每周收听广播时间为17.7小时，相较于2013年有了微幅增长。2010年以来收听时间变化不大，略有降低。听众年龄与每周收听广播的时间呈正相关，这体现了广播行业的受众老龄化（见表5）。

**表5  2010～2014年加拿大各年龄层广播收听时间及增长情况**

单位：小时，%

| 年份 | 2010 | 2011 | 2012 | 2013 | 2014 |
|---|---|---|---|---|---|
| 12岁及以上 | 17.6 | 17.7 | 17.5 | 17.0 | 16.5 |
| 增长率 | — | 0.6 | -1.1 | -2.9 | -2.9 |
| 12~17岁 | 7.0 | 7.3 | 6.9 | 6.5 | 6.0 |
| 增长率 | — | 4.3 | -5.5 | -5.8 | -7.7 |
| 18~24岁 | 11.9 | 12.5 | 12.5 | 11.5 | 11.4 |
| 增长率 | — | 5.0 | 0.0 | -8.0 | -0.9 |

续表

| 年份 | 2010 | 2011 | 2012 | 2013 | 2014 |
|---|---|---|---|---|---|
| 25～34 岁 | 15.8 | 16.8 | 16.6 | 16.0 | 15.4 |
| 增长率 | — | 6.3 | -1.2 | -3.6 | -3.8 |
| 35～49 岁 | 19.1 | 19.8 | 19.3 | 18.7 | 18.0 |
| 增长率 | — | 3.7 | -2.5 | -3.1 | -3.7 |
| 50～54 岁 | 21.0 | 21.3 | 20.9 | 21.1 | 19.8 |
| 增长率 | — | 1.4 | -1.9 | 1.0 | -6.2 |
| 55～64 岁 | 20.8 | 20.0 | 19.9 | 19.4 | 18.9 |
| 增长率 | — | -3.8 | -0.5 | -2.5 | -2.6 |
| 65 岁及以上 | 20.7 | 19.4 | 19.1 | 18.8 | 18.4 |
| 增长率 | — | -6.3 | -1.5 | -1.6 | -2.1 |

资料来源：加拿大广播电视与电信委员会。

### 2. 电视

加拿大电视行业提供超过 600 个境内境外电视节目或服务。加拿大广播公司同时播送英语节目和法语节目，此外还有一些地区性的公共广播电视台提供服务。

加拿大电视行业超过 90% 的收入来自五大大型私营集团。私营传统电视英语节目市场主要包括三大集团公司：贝尔电信（BCE-CTV 和 A Channel）、肖恩集团（Shaw-Global）和罗杰斯公司（Rogers-CTV 和 Omni），它们的收入份额分别为 49%、27% 和 15%。私营传统电视法语节目市场主要包括两大集团公司：魁北克公司（Quebecor-TVA）和 Remstar 公司（V），它们的收入份额分别为 70% 和 20%。

（1）行业表现

2014 年，加拿大电视行业收入为 66.22 亿美元，较 2013 年增长 1.9%，其中加拿大广播公司等公共传统电视收入为 6.02 亿美元，私营传统电视收入为 18.04 亿美元，付费点播专业节目收入为 42.16 亿美元，增长率为 3.1%（见表 6）。考察 2011～2014 年电视行业收入情况，总体收入呈现相对稳定的增长趋势，私营传统电视的收入持续走低而付费、点播等节目收入逐年增加，反映了电视行业的发展趋势。总体来讲电视仍是加拿大的强势媒体。

表6 2011～2014年加拿大电视行业收入情况

单位：百万美元，%

| 项目 | | 2011年 | 2012年 | 2013年 | 2014年 | 复合增长率 (2011～2014年) |
|---|---|---|---|---|---|---|
| 公共传统电视 | 收入 | 500 | 508 | 464 | 602 | 6.4 |
| | 增长率 | 11.1 | 1.6 | -8.7 | 29.7 | |
| 私营传统电视 | 收入 | 2144 | 2038 | 1944 | 1804 | -5.6 |
| | 增长率 | 8.8 | -4.9 | -4.6 | -7.2 | |
| 付费点播专业节目 | 收入 | 3748 | 3968 | 4091 | 4216 | 4.0 |
| | 增长率 | 20.4 | 5.9 | 3.1 | 3.1 | |
| 总计 | 收入 | 6392 | 6513 | 6499 | 6622 | 1.2 |
| | 增长率 | 16.7 | 1.9 | -0.2 | 1.9 | |

资料来源：加拿大广播电视与电信委员会。

电视行业的集中化趋势更加明显（见图11），2014年贝尔电信、肖恩集团、罗杰斯公司等五大公司囊获了电视市场91%的收入（见图12和图13）。

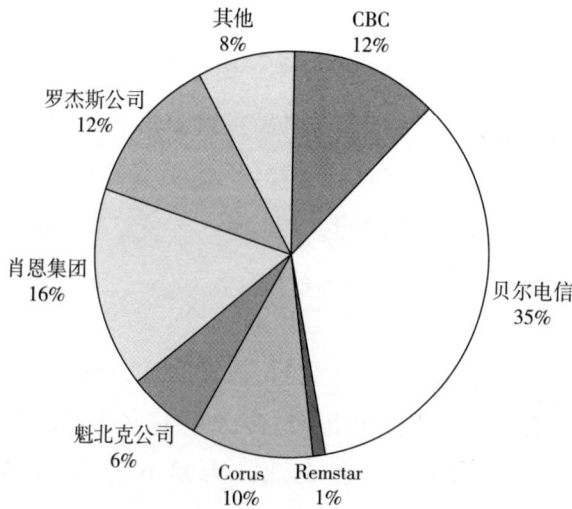

图11 2014年加拿大商业电视市场份额

资料来源：加拿大广播电视与电信委员会。

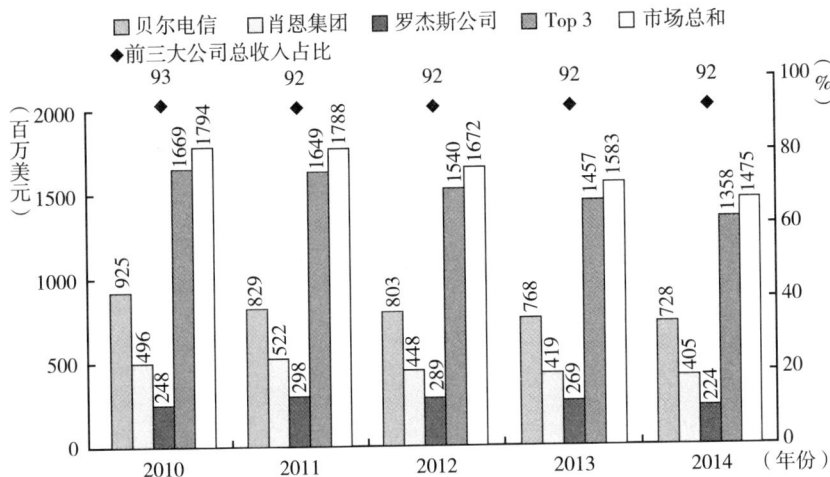

**图12 加拿大私营传统电视英语节目市场前三大公司收入**

资料来源：加拿大广播电视与电信委员会。

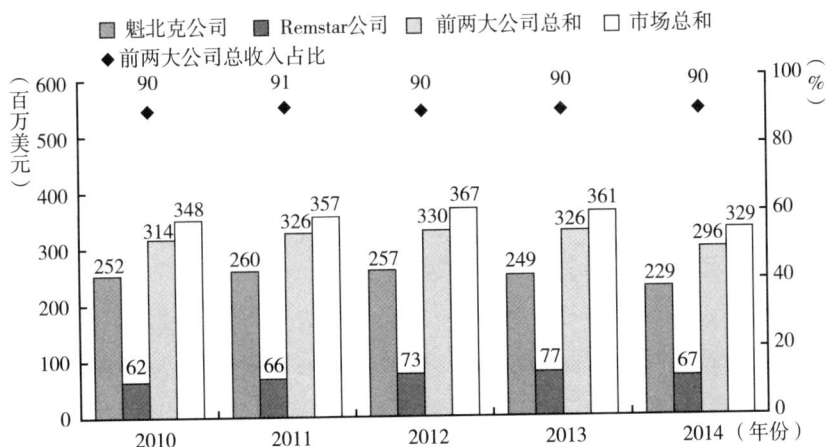

**图13 加拿大私营传统电视法语节目市场前两大公司收入**

资料来源：加拿大广播电视与电信委员会。

（2）受众行为

2014年，加拿大电视人均周收视时间为27.4小时，其中年轻人群相较于年长人群观看电视时间要少，全年龄段人均周收视时间总体趋向于逐年减少。

表7　加拿大各年龄层受众电视收视情况

单位：%

| 年份 | 2010 年 | 2011 年 | 2012 年 | 2013 年 | 2014 年 |
|---|---|---|---|---|---|
| 2 岁及以上 | 28.0 | 28.5 | 28.2 | 27.9 | 27.4 |
| 增长率 | — | 1.8 | -1.1 | -1.1 | -1.8 |
| 2~11 岁 | 22.4 | 22.7 | 22.2 | 21.6 | 20.6 |
| 增长率 | — | 1.3 | -2.2 | -2.7 | -4.6 |
| 12~17 岁 | 23.0 | 22.4 | 22.7 | 21.0 | 19.9 |
| 增长率 | — | -2.6 | 1.3 | -7.5 | -5.2 |
| 18~34 岁 | 23.5 | 23.0 | 22.8 | 21.9 | 20.6 |
| 增长率 | — | -2.1 | -0.9 | -3.9 | -5.9 |
| 35~49 岁 | 25.1 | 25.3 | 24.8 | 24.7 | 24.0 |
| 增长率 | — | 0.8 | -2.0 | -0.4 | -2.8 |
| 50~64 岁 | 32.5 | 33.6 | 33.1 | 33.2 | 33.4 |
| 增长率 | — | 3.4 | -1.5 | 0.3 | 0.6 |
| 65 岁及以上 | 40.4 | 42.2 | 41.9 | 41.5 | 41.8 |
| 增长率 | — | 4.5 | -0.7 | -1.0 | 0.7 |

资料来源：加拿大广播电视与电信委员会。

如前所述，加拿大传媒产业尤其是电视市场深受美国影响和渗透，不论是公共电视台还是私营电视台都有许多非加拿大节目播出。在这些非加拿大节目中，美国节目占据了绝大多数。非加拿大节目收视时间约占整体收视时间的1/5，2014年，非加拿大节目收视时间占12.5%，较前几年有所下降。值得注意的是，非加拿大节目在魁北克地区法语市场的收视比远小于其他地区，该地区非加拿大节目收视仅占总收视不到2%的份额，2014年为1.6%，且2010~2014年收视比一直在1.5%左右徘徊（见表8和表9）。

### 3. 广电节目分销商

广电节目分销包括对传统电视、广播、付费音频服务、付费电视、点播节目和专业节目等多种服务的传送销售。这个市场包括电缆广电节目分销商、IPTV 提供商、国家 DTH 分销商、MDS 运营商等。

**表8　加拿大节目与非加拿大节目收视情况对比（不包括魁北克法语市场）**

| 项目 | 2010 年 | 2011 年 | 2012 年 | 2013 年 | 2014 年 |
|---|---|---|---|---|---|
| 加拿大节目（%） | | | | | |
| 英语节目 | 84.5 | 83 | 82.8 | 83.4 | 84.5 |
| 法语节目 | 0.8 | 0.8 | 0.8 | 0.7 | 0.8 |
| 其他语言 | 2.4 | 2.6 | 2.3 | 2 | 1.8 |
| 加拿大节目合计 | 87.9 | 86.7 | 86.1 | 86.4 | 87.4 |
| 增长率 | — | -1.4 | -0.7 | 0.3 | 1.2 |
| 非加拿大节目（%） | | | | | |
| 美国传统节目 | 4.7 | 5.3 | 5.4 | 5 | 4.5 |
| 美国专业节目 | 7.3 | 8 | 8.5 | 8.8 | 8 |
| 国际节目 | 0 | 0 | 0 | 0 | 0 |
| 非加拿大节目合计 | 12.1 | 13.3 | 13.9 | 13.7 | 12.5 |
| 增长率 | — | 9.9 | 4.5 | -1.4 | -8.8 |
| 总体收视时间（百万小时） | 709.3 | 713.2 | 720 | 712 | 710.7 |
| 增长率（%） | — | 0.5 | 1 | -1.1 | -0.2 |

资料来源：加拿大广播电视与电信委员会。

**表9　加拿大节目与非加拿大节目收视情况对比——魁北克法语市场**

| 项目 | 2010 年 | 2011 年 | 2012 年 | 2013 年 | 2014 年 |
|---|---|---|---|---|---|
| 加拿大节目（%） | | | | | |
| 加拿大节目合计 | 98.4 | 98.5 | 98.6 | 98.8 | 98.3 |
| 增长率 | — | 0.1 | 0.1 | 0.2 | -0.5 |
| 非加拿大节目（%） | | | | | |
| 美国传统节目 | 1.0 | 1.0 | 0.8 | 0.8 | 1.0 |
| 美国专业节目 | 0.6 | 0.5 | 0.6 | 0.5 | 0.5 |
| 国际节目 | 0.0 | 0.0 | 0.1 | 0.1 | 0.1 |
| 非加拿大节目合计 | 1.6 | 1.5 | 1.5 | 1.4 | 1.6 |
| 增长率 | — | -6.2 | 0 | -6.7 | 14.3 |
| 总体收视时间（百万小时） | 217.9 | 219.5 | 211.3 | 216.5 | 220.3 |
| 增长率（%） | — | 0.7 | -3.7 | 2.5 | 1.8 |

资料来源：加拿大广播电视与电信委员会。

（1）行业表现

加拿大广电节目分销市场被电缆和 DTH（direct-to-home）卫星服务等 BDU 服务所主导。2014 年广电节目分销市场总收入约 91 亿美元，相比 2013 年增长 1.4%，占据广电总收入的 52%。付费用户 1160 万，相比 2013 年减少 1.0%。前五大 BDU 供应商的收益仍占据整个广电节目分销市场总收入的 87%。值得一提的是，IPTV 服务供应商在最近扩展了它们的网络分销的业务，2010～2014 年收入复合增长率高达 57.7%，收入增幅明显（见表 10）。

表 10    2010～2014 年加拿大广电节目分销收入

单位：百万美元，%

| 项目 | | 2010 年 | 2011 年 | 2012 年 | 2013 年 | 2014 年 | 复合年增长率 (2010～2014 年) |
|---|---|---|---|---|---|---|---|
| 电缆 | 收入 | 5402.2 | 5604.7 | 5482.9 | 5397.1 | 5224.4 | -0.8 |
| | 年增长率 | — | 3.7 | -2.2 | -1.6 | -3.2 | |
| DTH/MDS | 收入 | 2385.3 | 2532.1 | 2492.4 | 2472.2 | 2413.8 | 0.3 |
| | 年增长率 | — | 6.2 | -1.6 | -0.8 | -2.4 | |
| IPTV | 收入 | 207.8 | 322.3 | 585.4 | 924.7 | 1284.2 | 57.7 |
| | 年增长率 | — | 55.1 | 81.6 | 58.0 | 38.9 | |
| 其他 | 收入 | 134.5 | 111.8 | 113.2 | 132.0 | 132.0 | -0.5 |
| | 年增长率 | — | -16.9 | 1.3 | 16.6 | 0.0 | |
| 总计 | 收入 | 8129.9 | 8570.8 | 8673.9 | 8925.9 | 9054.4 | 2.7 |
| | 年增长率 | — | 5.4 | 1.2 | 2.9 | 1.4 | |

资料来源：加拿大广播电视与电信委员会。

广电节目分销市场继续呈现集中化趋势，但相较于五大公司 2010 年 92% 的市场占有率，集中化趋势有所缓解，但市场由仍由贝尔电信（BCE）、Cogeco、罗杰斯、肖恩集团等五大公司主导，它们获得了这个市场高达 87% 的市场份额，五大集团的订户数持续走高的是贝尔电信，2011～2015 年复合增长率高达 6.8%，其他公司则缓慢减少（见图 14 和表 11）。

（2）受众行为

自 2010 年起，超过 80% 的加拿大家庭订阅了付费电视服务，而在 2014 年约 1160 万加拿大家庭订阅了广电节目分销服务，与 2013 年相比减少 1.0%。

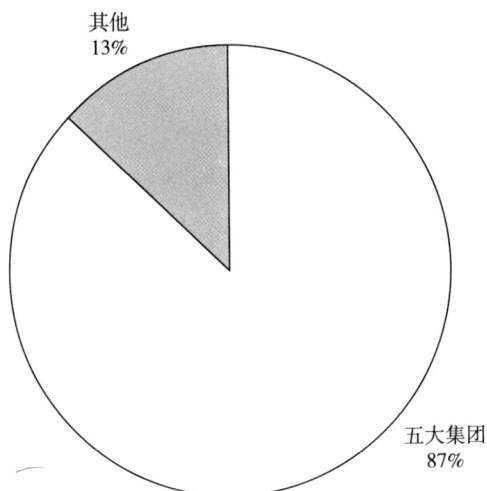

**图 14　2014 加拿大广电节目分销市场份额**

资料来源：加拿大广播电视与电信委员会。

IPTV 服务的订户数也由 2013 年的 12% 上涨到 15%，展现出良好的发展势头（见表 12）。

**表 11　加拿大广电节目分销市场前五大公司订户数及增速（2011～2015 年）**

单位：千户，%

| 项目 | | 2011 年 | 2012 年 | 2013 年 | 2014 年 | 2015 年 | 复合均增长率（2011～2015 年） |
|---|---|---|---|---|---|---|---|
| Rogers | 订户数 | 2303 | 2276 | 2189 | 2107 | 1983 | -3.7 |
| | 增长率 | — | -1.2 | -3.8 | -3.7 | -5.9 | |
| Shaw | 订户数 | 2219 | 3168 | 3044 | 2883 | 2760 | 5.6 |
| | 增长率 | — | 42.8 | -3.9 | -5.3 | -4.3 | |
| Videotron | 订户数 | 1809 | 1854 | 1849 | 1811 | 1771 | -0.5 |
| | 增长率 | — | 2.5 | -0.3 | -2.1 | -2.2 | |
| Cogeco | 订户数 | 881 | 873 | 853 | 816 | 780 | -3.0 |
| | 增长率 | — | -0.8 | -2.4 | -4.3 | -4.3 | |
| BCE | 订户数 | 2043 | 2112 | 2170 | 2307 | 2658 | 6.8 |
| | 增长率 | — | 3.3 | 2.8 | 6.3 | 15.2 | |
| 总计 | 订户数 | 10255 | 10283 | 10105 | 9924 | 9953 | -0.7 |
| | 增长率 | | 0.3 | -1.7 | -1.8 | 0.3 | |

资料来源：公司季度报告。

**表 12  加拿大广电节目分销业务订户数及增速（2010～2014 年）**

单位：千户，%

| 项目 | | 2010 年 | 2011 年 | 2012 年 | 2013 年 | 2014 年 | 复合增长率<br>（2010～2014 年） |
|---|---|---|---|---|---|---|---|
| 电缆 | 订户数 | 7874.4 | 7862.3 | 7700.6 | 7434.1 | 7049.5 | -2.7 |
| | 增长率 | 1.2 | -0.2 | -2.1 | -3.5 | -5.2 | |
| IPTV | 订户数 | 419.6 | 657.3 | 1002.5 | 1381.5 | 1784.0 | 43.6 |
| | 增长率 | 34.7 | 56.6 | 52.5 | 37.8 | 29.1 | |
| DTH/MDS | 订户数 | 2862.1 | 2877.4 | 2825.7 | 2691.2 | 2559.0 | -2.8 |
| | 增长率 | 3.7 | 0.5 | -1.8 | -4.8 | -4.9 | |
| 其他 | 订户数 | 363.7 | 351.8 | 204.0 | 253.7 | 253.7 | -8.6 |
| | 增长率 | 5.4 | -3.3 | -42.0 | 24.4 | 0 | |
| 总计 | 订户数 | 11519.8 | 11748.8 | 11732.9 | 11760.6 | 11646.1 | 0.3 |
| | 增长率 | 2.9 | 2.0 | -0.2 | 0.2 | -1.0 | |

资料来源：加拿大广播电视与电信委员会。

## （二）电信行业

按照加拿大广播电视与电信委员会的定义，加拿大的电信产业包括六部分：本地电话、长距离通信、因特网、无线、数据和专线。电信相对于其他行业更能够适应外部经济环境，在经济复苏的过去五年，电信行业收入保持每年 2.5% 的增速。电信服务提供商提供多样化的信息和通信技术（ICT）服务，从语音和数据通信服务，到数据存储和云计算等服务。2014 年，59% 的收入来自电信服务提供商，剩下的 41% 来自其他 ICT 服务、广播分销服务和非电信服务等。2014 年，电信部门收入高达 459 亿美元，其中 92% 的收入来源于零售服务，只有 8% 来自批发部分（见表 13）。

加拿大电信运营商主要分为两类：传统电信服务运营商和竞争性电信服务运营商。传统电信服务运营商指的是在引入电信竞争法前以垄断方式经营的公司。包括大型公司和小型公司。

大型公司业务涵盖城市和农村，业务几乎涉及所有领域。这类公司如

Bell Aliant，Bell Canada，MTS Allstream，Northwestel，SaskTel. Telebec 和 TCC 等；小型公司提供的业务范围小，地域小，包括 NorthernTel 和 TBayTel 等。

表 13　加拿大电信总收入发展情况（2010～2014 年）

单位：十亿美元，%

| 项目 | | 2010 年 | 2011 年 | 2012 年 | 2013 年 | 2014 年 | 复合增长率（2010～2014 年） |
|---|---|---|---|---|---|---|---|
| 有线 | 零售 | 20.6 | 20.6 | 20.7 | 20.9 | 21.2 | 0.7 |
| | 年增长率 | — | 0.0 | 0.5 | 1.0 | 1.4 | |
| | 批发 | 3.1 | 3.0 | 2.9 | 2.8 | 2.7 | -2.6 |
| | 年增长率 | — | -3.2 | -3.3 | -3.5 | -3.6 | |
| | 总数 | 23.6 | 23.6 | 23.6 | 23.7 | 23.9 | 0.3 |
| | 年增长率 | — | 0.0 | 0.0 | 0.4 | 0.8 | |
| 无线 | 零售 | 17.5 | 18.4 | 19.5 | 20.2 | 20.9 | 4.6 |
| | 年增长率 | — | 5.1 | 6.0 | 3.6 | 3.5 | |
| | 批发 | 0.5 | 0.7 | 0.8 | 1.0 | 1.0 | 21.6 |
| | 年增长率 | — | 40.0 | 14.3 | 25.0 | 0.0 | |
| | 总数 | 18.0 | 19.1 | 20.4 | 21.2 | 22.0 | 5.1 |
| | 年增长率 | — | 6.1 | 6.8 | 3.4 | 3.8 | |
| 零售总数 | | 38.1 | 39.0 | 40.2 | 41.1 | 42.1 | 2.5 |
| 年增长率 | | — | 2.4 | 3.1 | 2.2 | 2.4 | |
| 批发总数 | | 3.5 | 3.7 | 3.7 | 3.7 | 3.8 | 1.8 |
| 年增长率 | | — | 5.7 | 0.0 | 0.0 | 2.7 | |
| 总计 | | 41.6 | 42.8 | 43.9 | 44.8 | 45.9 | 2.5 |
| 年增长率 | | — | 2.9 | 2.6 | 2.0 | 2.5 | |

资料来源：加拿大广播电视与电信委员会。

其他公司则被划为竞争性电信服务运营商，主要包括两类：

一是利用自有通信设施设备提供服务的公司，包括电缆服务商（如 Bragg、Cogeco、罗杰斯、肖恩集团、Videotron 等）、公用事业电信公司等；

二是自身不拥有相关通信设备设施的二级销售商，如 Distributel、Primus、YAK 等。

2010～2014 年，传统电信服务运营商收入每年上涨 1.3%，竞争性电信服务运营商则每年上涨 3.9%。

　　加拿大电信市场集中化程度仍然明显，行业被十大公司主导，2014年，这十大公司连同它们的子公司一起贡献了电信业收入的93%。电信市场其余的小公司大多年收入不足33亿美元。2010年，前五大电信公司收入占到了行业总收入的87%，而在2014年，这一数字略有下降为84%，由此可以看出，加拿大电信市场虽仍保持高度集中化，但集中的趋势有所缓解（见图15和图16）。

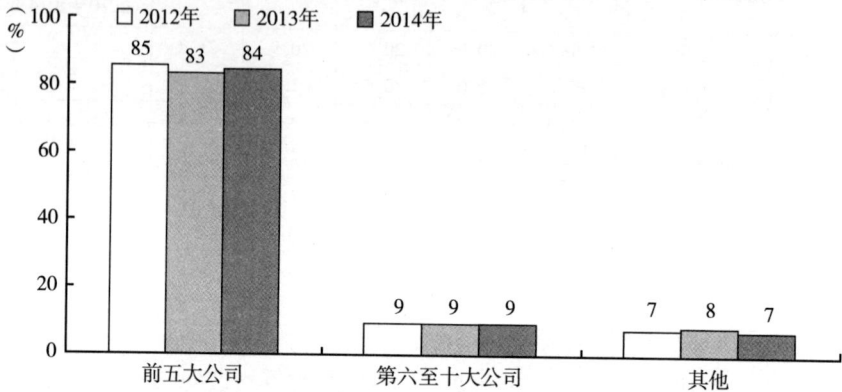

**图15　2012～2014年加拿大电信服务商收入份额**

资料来源：加拿大广播电视与电信委员会。

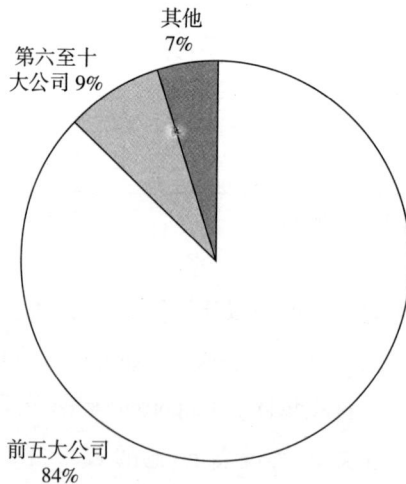

**图16　2014年加拿大各大公司电信部门收入份额**

注：子公司收入计入母公司。

资料来源：加拿大广播电视与电信委员会。

2014 年，以基础设施为主的电信服务商的收入占零售电信收入的 97%。以电缆为介质和其他基础设施竞争服务商是传统电信服务商最大的竞争对手。

2014 年，加拿大传统电信服务商仍占据主要优势，其收入占电信总收入的 51%，各类竞争性服务商收入占剩余的 49%（见图 17）。

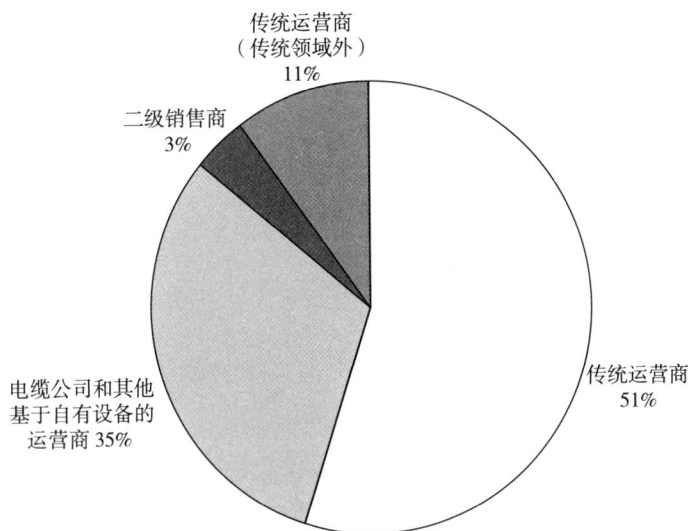

**图 17　2014 年加拿大电信收入份额——按运营商类型**

资料来源：加拿大广播电视与电信委员会。

新的技术改变了加拿大电信服务的方式，通过图 18 可以直观地看出，加拿大电信行业收入的增长主要来源依然还是无线、因特网等新兴服务。本地电话、长距离通信等传统服务收入则呈现持续降低的趋势，但降低速度开始放缓。本地电话服务收入占总收入的比重由 2010 年的 22% 降低为 2014 年的 18%，而无线服务收入占总收入的比重则由 2010 年的 46% 增长为 2010 年的 50%。

技术已成为电信行业经济增长的一个关键推动力，它提升了网络效率、服务和产品创新，也促进了行业内部的竞争。因为消费者普遍转向使用能提供更强大功能和更具灵活性的新兴服务，因此传统服务收入明显下降（见图 19）。

**1. 有线通话**

有线通话服务主要包括本地通话服务和长途电话服务。有线通话服务商主

本地电话
22%

长距离通信
7%

因特网
17%

数据和专线
8%

无线
46%

a.2010年

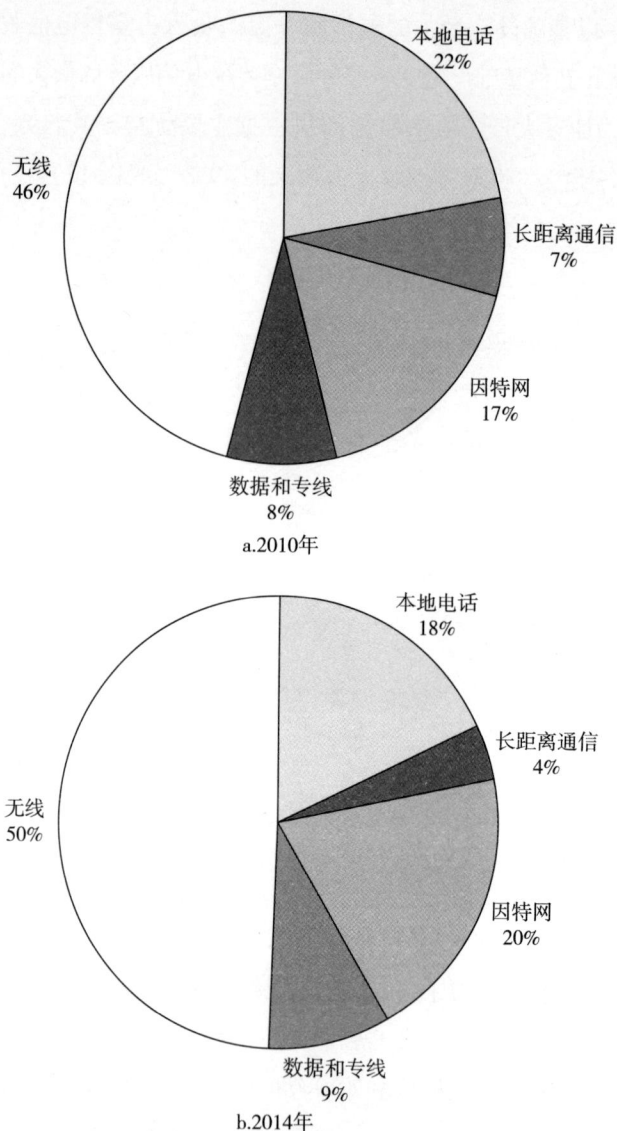

本地电话
18%

长距离通信
4%

因特网
20%

数据和专线
9%

无线
50%

b.2014年

**图18 2010～2014年加拿大电信零售收入分布**

资料来源：加拿大广播电视与电信委员会。

要包括大型传统电信服务商、小型传统电信服务商、电缆服务商和二级销售商。

2014年，加拿大有超过150家服务商提供本地和长途电话服务，但有线通话服务和本地电话线路数量均在不断下降，有线通话服务的收入也在逐

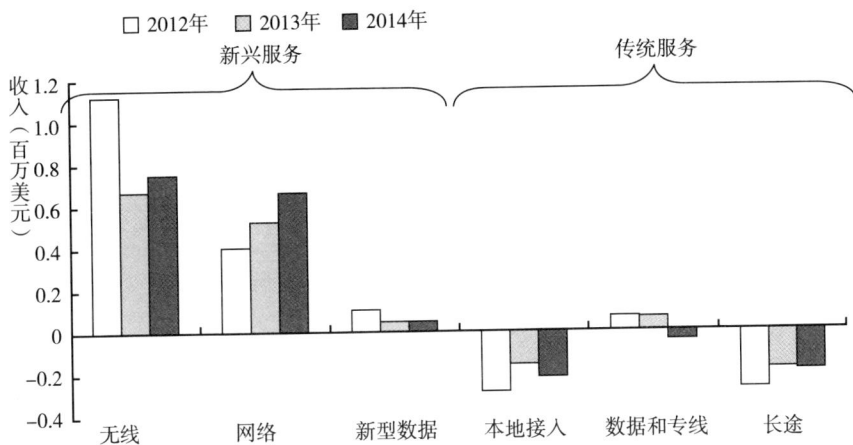

**图 19　2012～2014 年传统与新兴电信服务发展情况对比**

资料来源：加拿大广播电视与电信委员会。

年减少。2014 年，有线通话服务收入仅占电信收入的 22%（见图 20）。

2014 年，有线通话服务年收入约 91 亿美元，其中本地服务收入占 81%，长途服务仅占 19%，有线通话服务收入相比 2013 年减少了 4 亿美元，约合 4.3%，减少的收入中 52% 来自于本地服务，48% 来自长途服务（见表 14）。

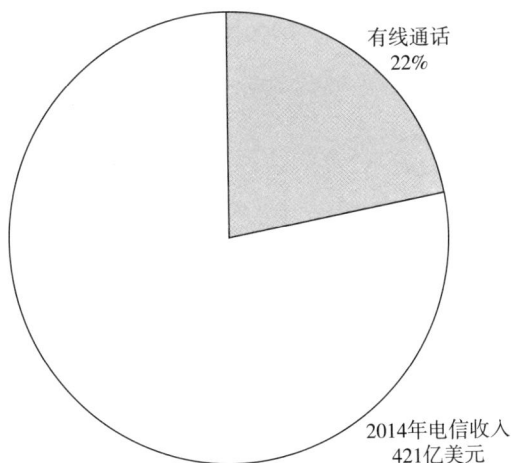

**图 20　2014 年加拿大有线通话服务收入占电信总收入比重**

资料来源：加拿大广播电视与电信委员会。

注：此处电信收入为电信零售收入（其中，电信零售＋批发收入为 459 亿美元，电信零售总收入 421 亿美元），后同。

表14　2010～2014年加拿大有线通话服务收入情况

单位：百万美元，%

| 项目 | 2010年 | 2011年 | 2012年 | 2013年 | 2014年 | 复合增长率<br>（2010～2014年） |
|---|---|---|---|---|---|---|
| 当地服务收入 | 8308 | 8106 | 7821 | 7661 | 7441 | -2.7 |
| 年增长率 | -2.6 | -2.4 | -3.5 | -2.0 | -2.9 | |
| 补贴 | 165 | 157 | 132.0 | 118 | 108.0 | -10.1 |
| 年增长率 | -18.7 | -4.8 | -16.2 | -10.6 | -8.2 | |
| 本地服务收入 | 8143 | 7949 | 7690 | 7544 | 7333 | -2.6 |
| 年增长率 | -2.2 | -2.4 | -3.3 | -1.9 | -2.8 | |
| 长途服务收入 | 2634 | 2408 | 2134 | 1949 | 1755 | -9.7 |
| 年增长率 | -14.4 | -8.6 | -11.4 | -8.7 | -10.0 | |
| 本地和长途总收入 | 10777 | 10357 | 9824 | 9493 | 9088 | -4.2 |
| 年增长率 | -5.5 | -3.9 | -5.1 | -3.4 | -4.3 | |

资料来源：加拿大广播电视与电信委员会。

加拿大统计局的家庭支出调查表明加拿大家庭订阅有线通话服务的比例，已经从2010年的89.1%下降到2013年的79.9%，减少约380000户家庭，有两个或两个以上的线路的家庭数量一直在下降。有两个基本趋势减少了加拿大人对传统的有线通话服务的依赖。首先，一些加拿大人放弃有线通话服务支持无线服务。其次，可以通过互联网进行的本地通话服务，其花销远低于传统的有线通话服务。

**2. 数据和专线服务**

数据和专线服务，是指为商业客户提供数据、视频和/或语音流量传输的电信服务。数据服务是基于分组服务，通过运营商网络进行智能数据交换。专线业务提供两个或多个点之间的非交换专用通信连接来传输数据、视频和/或语音通信。这些服务包括高容量的数字传输服务和数字数据的系统，以及语音等模拟系统。这些通信通道为客户提供私人的、高度安全的位置间通信。2014年，约有191家公司提供数据和专线服务。其中，传统电信服务商的数量有所下降，约占15%，电缆服务商、公共事业服务商、二级销售商等竞争性服务商数量提升，约占85%。

2014 年，加拿大数据和专线服务收入为 36 亿美元，较 2013 年增加 0.3%，占电信总收入的 9%（见图 21）。

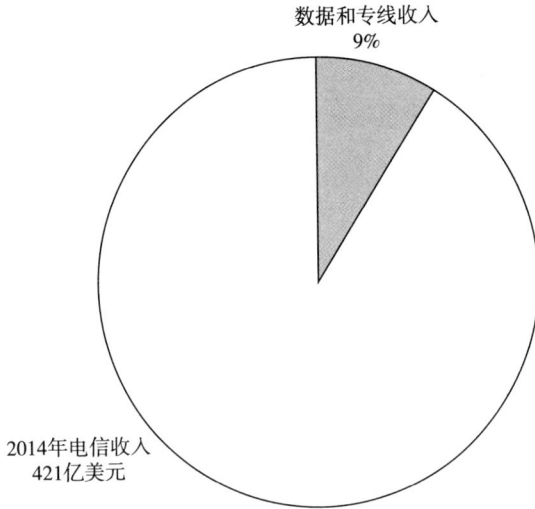

图 21　2014 年加拿大数据和专线服务收入占电信总收入比重

资料来源：加拿大广播电视与电信委员会。

2010~2014 年，加拿大数据和专线服务收入总体稳定，专线服务收入有略微下降，总体仍呈稳步上升态势（见表 15）。

表 15　2010~2014 年加拿大数据和专线服务收入情况

单位：百万美元，%

| 项目 | 2010 年 | 2011 年 | 2012 年 | 2013 年 | 2014 年 | 复合增长率（2010~2014 年） |
|---|---|---|---|---|---|---|
| 数据（数据协议） | 1740 | 1833 | 1893 | 1917 | 1952 | 2.9 |
| 年增长率 | -0.2 | 5.3 | 3.3 | 1.2 | 1.8 | |
| 其他 | 654 | 732 | 796 | 832 | 857 | 7.0 |
| 年增长率 | 5.1 | 11.9 | 8.7 | 4.6 | 3.0 | |
| 数据业务总计 | 2394 | 2565 | 2689 | 2749 | 2809 | 4.1 |
| 年增长率 | 1.2 | 7.1 | 4.9 | 2.2 | 2.2 | |
| 专线 | 807 | 751 | 793 | 834 | 784 | -0.7 |
| 年增长率 | -4.2 | -7.0 | 5.6 | 5.2 | -6.0 | |
| 数据和专线总计 | 3201 | 3316 | 3482 | 3583 | 3593 | 2.9 |
| 年增长率 | -0.2 | 3.6 | 5.0 | 2.9 | 0.3 | |

资料来源：加拿大广播电视与电信委员会。

### 3. 互联网与宽带业务

加拿大通信市场约有 525 家企业提供网络接入服务，包括传统电信服务商、电缆公司、固定无线服务供应商和经销商。

2014 年，加拿大网络收入达到 84 亿美元，比 2013 年增长 8.6%；2014 年，加拿大全国民用宽带覆盖率达到了 96%，其中城市地区达 100%，农村地区达 87%；民用宽带渗透率达 77%，其中高速宽带渗透率达 74%（见表 16）。

表 16 2010～2014 年加拿大网络服务收入

单位：百万美元，%

| 项目 | 2010 年 | 2011 年 | 2012 年 | 2013 年 | 2014 年 | 复合增长率（2010～2014 年） |
|---|---|---|---|---|---|---|
| 民用 | | | | | | |
| 拨号接入 | 96 | 69 | 43 | 32 | 22 | −30.7 |
| 高速接入 | 4442 | 4853 | 5325 | 5906 | 6508 | 10.0 |
| 民用总计 | 4538 | 4923 | 5369 | 5938 | 6530 | 9.5 |
| 年增长率 | 5.9 | 8.5 | 9.1 | 10.6 | 10.0 | — |
| 商用 | | | | | | |
| 接入 | 1125 | 1142 | 1138 | 1171 | 1248 | 2.6 |
| 传输 | 77 | 52 | 65 | 71 | 72 | −1.4 |
| 商用总计 | 1202 | 1194 | 1202 | 1243 | 1320 | 2.4 |
| 年增长率 | 10.7 | −0.6 | 0.7 | 3.4 | 6.2 | — |
| 应用、设备等其他互联网相关服务 | 686 | 674 | 625 | 544 | 540 | −5.8 |
| 年增长率 | −11.0 | −1.8 | −7.3 | −13.0 | −0.8 | — |
| 总计 | 6426 | 6791 | 7196 | 7724 | 8390 | 6.9 |
| 年增长率 | 4.6 | 5.7 | 6.0 | 7.3 | 8.6 | — |

资料来源：加拿大广播电视与电信委员会。

（1）宽带覆盖率

2010～2014 年，加拿大宽带订户数持续增长。电缆运营商宽带订户数一直高于传统运营商，2013 年后两者差距逐渐减少。

加拿大宽带覆盖率在城市和农村地区存在着差异，低速宽带覆盖率大中

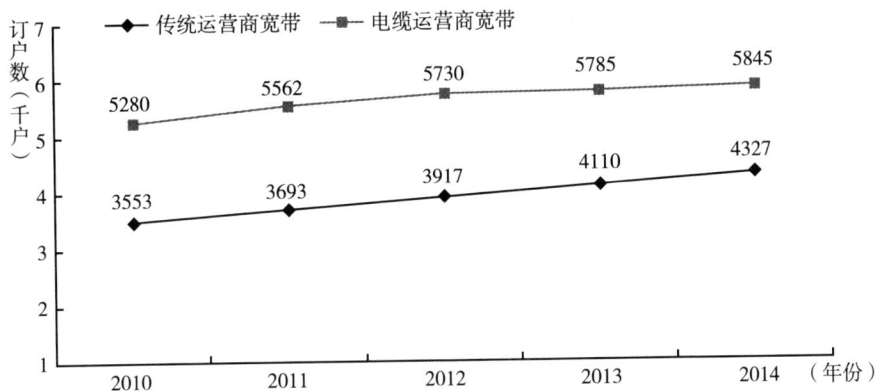

**图 22  2010～2014 年加拿大传统运营商与电缆运营商的宽带订户数**

资料来源：加拿大广播电视与电信委员会。

小城市都达到或近似达到 100%，但是高速宽带差异明显。但整体而言农村
地区宽带覆盖率也已达到 87%（见图 23）。

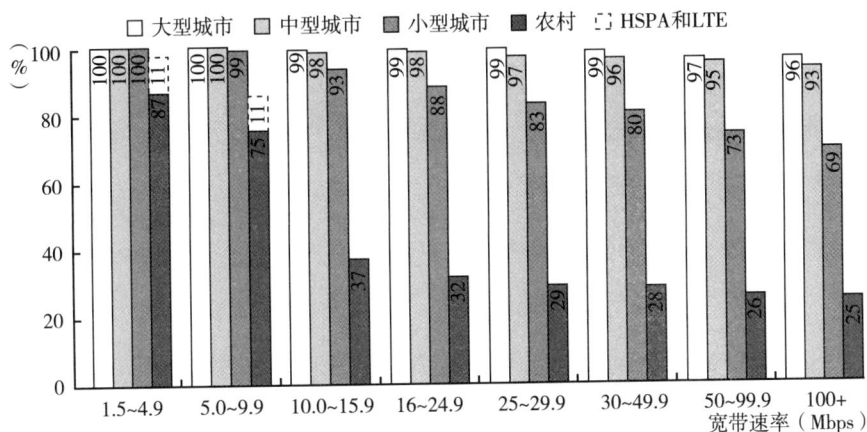

**图 23  加拿大各类型城市与乡村地区宽带覆盖率对比**

资料来源：加拿大广播电视与电信委员会。

（2）用户行为

在智能手机上最受加拿大网民喜爱的网络活动依次为：宽带接入、收发
邮件、社交网络。而在平面设备中最受加拿大网民喜爱的网络活动同样也是
宽带接入、社交网络、收发邮件等（见图 24 和图 25）。

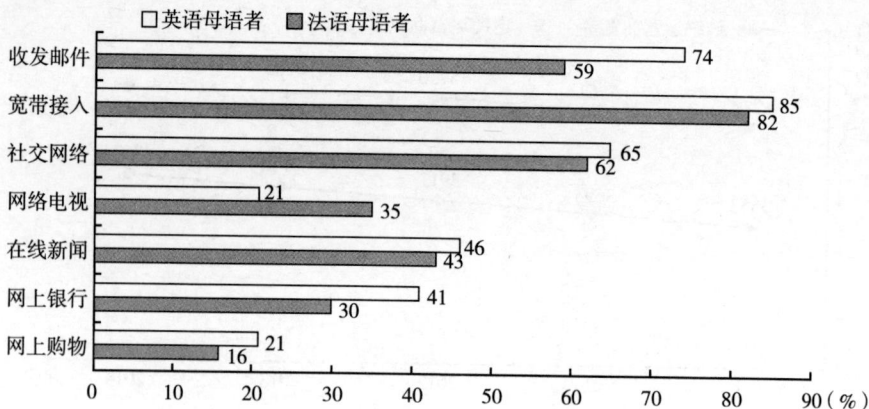

**图24 智能手机上最受加拿大网民欢迎的网络活动**

资料来源：MTM，2014～2015 年。

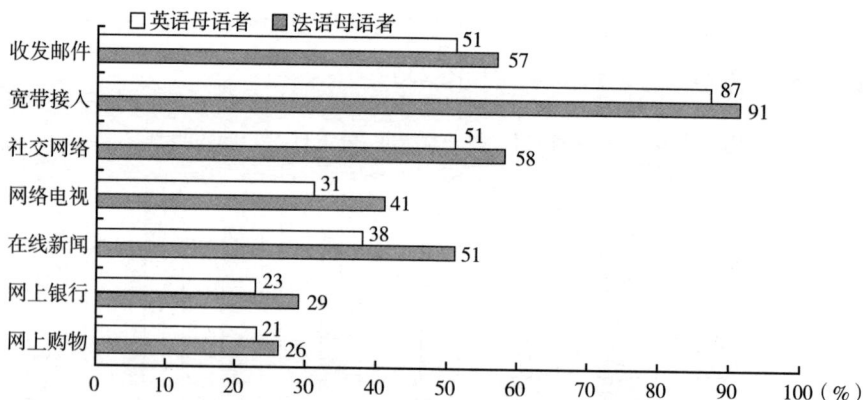

**图25 平面设备上最受加拿大网民欢迎的网络活动**

资料来源：MTM，2014～2015 年。

### 4. 无线网络

无线网络可以提供语音、数据、因特网和视频服务。这些服务的分化因子往往是流动性和价格。加拿大无线网络覆盖加拿大约20%的地区及99%的人口。2014 年，加拿大无线网络收入（包括寻呼业务收入）达209.45 亿美元，较2013 年上涨3.7%，占电信总收入的50%，是电信行业收入比重最高的部门（见图26）。

2010～2014 年，无线业务发展迅速，2014 年无线业务收入达209.28 亿美

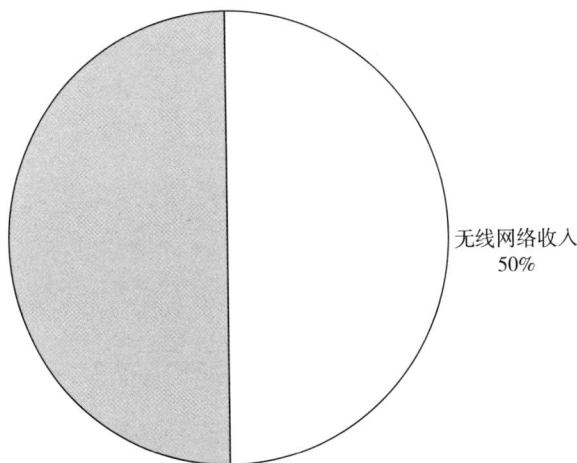

无线网络收入
50%

**图 26 2014 年加拿大无线网络收入占电信总收入比重**

资料来源：加拿大广播电视与电信委员会。

元（不包括寻呼业务），比 2010 年增长了 19.7%。2014 年无线业务订户达 2879 万，比 2010 年增长了 13.6%。2010 年以来，无线网络收入增长速度放缓，增长率呈现逐年降低的态势。订购无线服务的用户比例从 79% 微升至 80%，但是，用户增长速度也已经从 7.9% 下降到 1.5%（见表 17 和图 27）。

**表 17 无线网络收入和订户数（2010～2014 年）**

| 项目 | 2010 年 | 2011 年 | 2012 年 | 2013 年 | 2014 年 | 复合增长率<br>（2010～2014 年）(%) |
|---|---|---|---|---|---|---|
| 收入（百万美元） | | | | | | |
| 无线 | 17487.4 | 18368.6 | 19504.8 | 20179.3 | 20927.9 | 4.6 |
| 增长率(%) | 7.3 | 5.0 | 6.2 | 3.5 | 3.7 | |
| 寻呼 | 41.9 | 38.2 | 21.8 | 18.4 | 17.3 | -19.9 |
| 增长率(%) | -13.0 | -9.0 | -42.8 | -15.6 | -6.3 | |
| 合计 | 17529.3 | 18406.7 | 19526.6 | 20197.7 | 20945.2 | 4.6 |
| 增长率(%) | 7.2 | 5.0 | 6.1 | 3.4 | 3.7 | |
| 订户数（千户） | | | | | | |
| 无线 | 25344.6 | 26844.3 | 27720.6 | 28363.8 | 28788.9 | 3.2 |
| 增长率(%) | 7.9 | 5.9 | 3.3 | 2.3 | 1.5 | |
| 寻呼 | 240.8 | 219.0 | 186.3 | 161.5 | 146.7 | -11.6 |
| 增长率(%) | -18.2 | -9.1 | -14.9 | -13.3 | -9.2 | |

资料来源：加拿大广播电视与电信委员会。

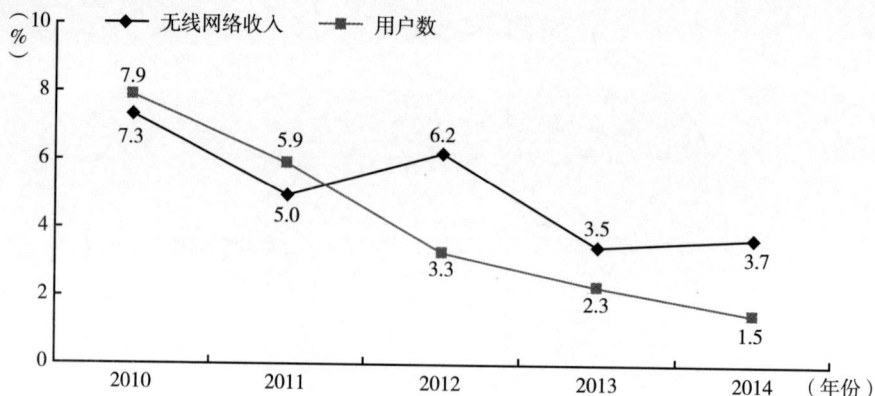

图 27　无线网络收入和用户数增长率（2010～2014 年）

资料来源：加拿大广播电视与电信委员会。

无线网络服务的主要服务商为罗杰斯公司、贝尔集团和 Telus 公司。2013～2014 年，无线通信市场份额变化不大。这三家公司占据了市场 90% 左右的订户数，2013 年和 2014 年均仅有 5% 的订户选择其他服务商，2013 年，新进入市场的服务商占据 5% 的份额，2014 年则有 6% 的用户选择新进入市场的服务商。无线网络市场的收入格局与用户格局大同小异，且两年间基本未发生变化，罗杰斯、贝尔和 Telus 这三家公司约占绝对总收入的 92%（见图 28 和图 29）。

## （三）数字媒体

### 1. 加拿大数字媒体行业发展概况

加拿大在数字媒体领域发展繁荣，特别是在视频游戏领域更是被誉为全球领袖。加拿大的数字媒体专业领域还包括网页设计、社交网络、教育、健康、广告等诸多方面。加拿大的交互式数字媒体产业拥有超过 50000 人次的雇员，创造了超过 75 亿美元的年收入，因此它成为全球数字媒体公司最重要的投资对象。[①]

---

① 加拿大投资局、加拿大外交和国际贸易部：《投资加拿大——数字媒体：视频游戏、动画以及视觉特效》。

其他 5%
新进入市场的服务商 5%
罗杰斯公司 34%
贝尔集团 28%
Telus公司 28%

a.2013年

其他 5%
新进入市场的服务商 6%
罗杰斯公司 33%
贝尔集团 28%
Telus公司 28%

b.2014年

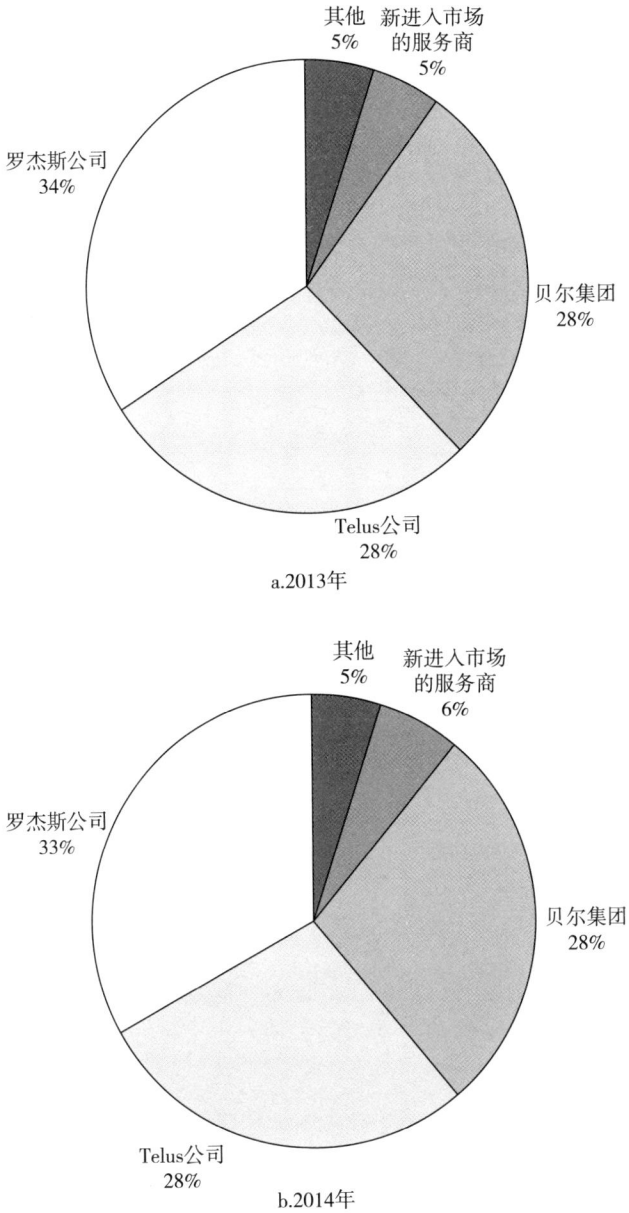

图28　无线服务商订户数市场份额

资料来源：加拿大广播电视与电信委员会。

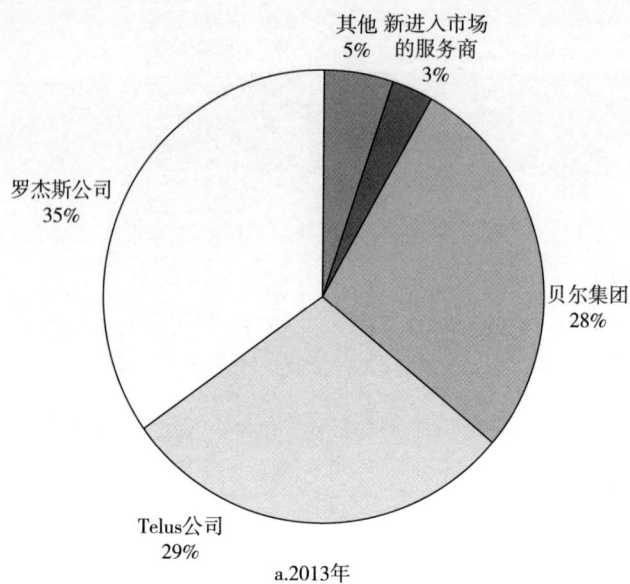

a.2013年

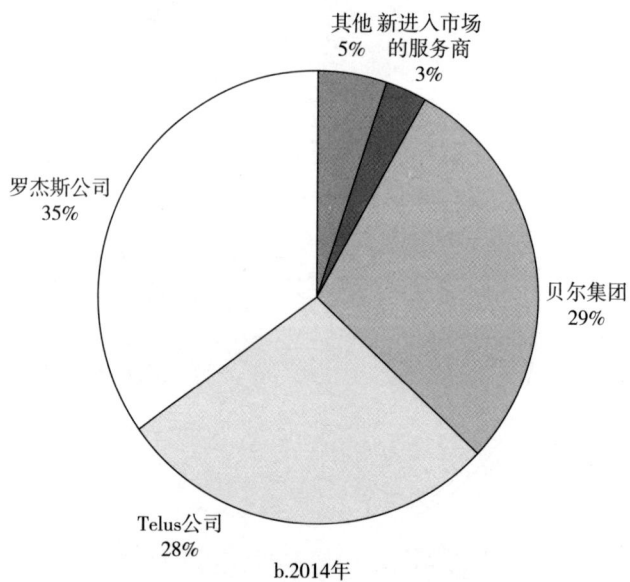

b.2014年

**图29　无线服务商收入市场份额**

资料来源：加拿大广播电视与电信委员会。

（1）数字游戏

加拿大无论是在人才和资源的规模上还是质量上，都成为全球数字游戏产业中重要的一部分。2012 年，加拿大 329 家视频游戏工作室为国家创造了超过 23 亿美元的 GDP。[①] 加拿大数字游戏行业拥有 16500 位全职雇员，成为全球第三大游戏工业国。

（2）动画与数字特效

动画和数字特效正在推动世界电影工业的发展，最卖座的 20 部电影都是由高端视觉效果和电脑合成的动画特效所驱动。当今，视觉特效在一部电影的制作预算中超过 30%，或是在大型电影制作当中超过 6500 万美元。加拿大的动画与数字特效是其整个数字经济中相当重要的组成部分，并且以创新性和创造力闻名。加拿大数字媒体公司担纲了众多影视作品的特效制作，例如《少年派的奇幻漂流》《环太平洋》等著名电影，《权力的游戏》《行尸走肉》等热门电视剧等。

**2. 数字媒体产业群**

加拿大在蒙特利尔、多伦多、温哥华拥有着世界级的数字媒体产业群，以及其他地区充满活力的数字媒体产业中心。这些产业群集有全方位先进的开发工作室以及各类服务支持。

其中以温哥华为中心的西部数字媒体产业中心汇集了 BioWare 公司（EA）、Capcom 公司、DeNA、迪士尼互动、电子艺界（EA）、微软游戏工作室等一众世界著名数字媒体公司，而以魁北克为中心的加拿大大西洋省份产业中心则有弧制作、Beenox（动视暴雪）、行为互动、福瑞码工作室、Rockstar 游戏、华纳兄弟互动娱乐等大型数字媒体公司。2012 年，Rockstar 游戏公司扩展了其在多伦多的业务，并为升级后的团队新增了 50 多个岗位，而日本大型社交游戏开发和发行公司 DeNA 为扩充人才库，在温哥华建立了一个游戏开发工作室。2013 年，Moving Picture 公司在蒙特利尔开设了一个 25000 平方英尺的新工作室，该工作室拥有超过 200 名艺术家为例如《X 战警》等项目工作。

---

[①] "Entertainment Software Association of Canada", *Essential Facts*, 2013.

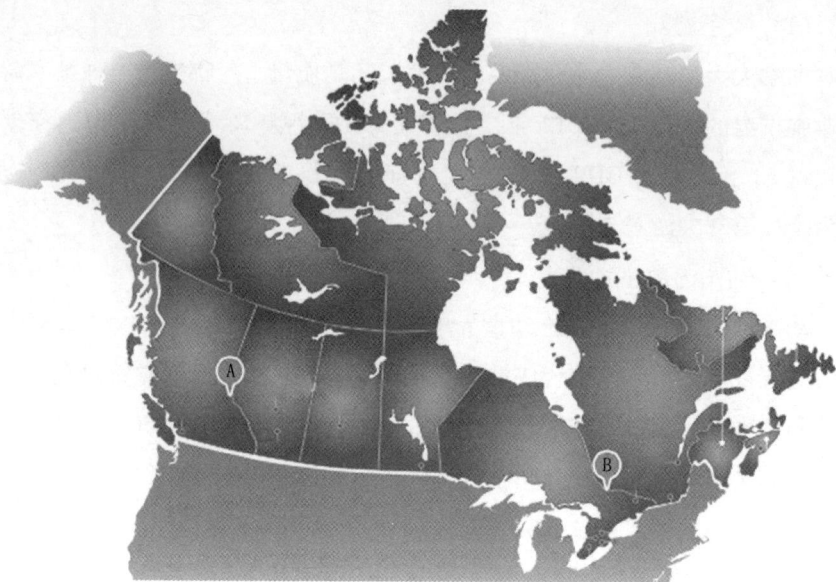

**图30　加拿大主要数字媒体产业群集地图**

注：A处为不列颠哥伦比亚以及其他西部省份的数字媒体产业中心，B处为安大略、魁北克以及加拿大大西洋省份数字媒体产业中心。

资料来源：加拿大外交和国际贸易部。

### 3. 数字媒体产业支持

（1）加拿大数字媒体网络

加拿大数字媒体网络（CDMN）成立于2009年，覆盖全国28个数字媒体地区的中心，汇集数字媒体产业，政府和学术界资源，成为加拿大数字媒体领域商业化的催化剂。该网络的研究设施为新公司的创建提供支持，并帮助初创企业和中小型企业（SMEs）进行新技术开发及其商业化。CDMN也面向打算在加拿大做生意的国际公司提供入站软着陆方案和研究方向。[1]

（2）顶尖人才和领先的学术机构

加拿大在数字媒体设计、动画、视频游戏以及视觉特效等领域拥有一套

---

[1]　加拿大投资局、加拿大外交和国际贸易部：《投资加拿大——数字媒体：视频游戏、动画以及视觉特效》。

世界级高水平的教育体系，蒙特利尔、多伦多和温哥华等重要城市的艺术院校在数字媒体领域提供着最先进的训练和研究项目。每年成千上万的人才从这些院校毕业，成为富有经验的劳动力并活跃在加拿大数字媒体产业当中。

（3）产业成本的竞争力

加拿大在七大数字娱乐产业国中提供了最低的商业成本。据毕马威统计，位于加拿大的视频游戏开发工作室与位于美国的竞争者相比，通常能够拥有 23.8% 的成本优势。[①] 因此位于加拿大的视频游戏开发将大大受益于加拿大在七大数字娱乐产业国中最具竞争力的税收环境。加拿大的成本优势在一定程度上源于政府提供给符合条件的数字媒体公司的财政奖励。例如，科学研究与实验发展（SR&ED）计划提供了工资所得税抵免和 R&D 活动退税资格等。

---

① KPMG，*Competitive Alternatives 2014*.

# B.5

# 法国传媒业发展报告

甘　露*

摘　要：　近年来，法国传媒产业发展状况持续走低，受到法国政府的
关注。尤其在 2015 年发生连续恐怖袭击事件之后，法国政府
更加重视媒体发展，从而促进文化发展和传播、保障社会和
谐。本文以广告收入和政府预算两个维度对法国传媒产业总
体发展状况进行分析，选取法国报刊、广播、电视、互联网、
电影，以及图书和音像制品等为代表分析其传媒行业和市场
现状，通过对法国维旺迪集团和拉加代尔集团的个案研究，
对法国传媒市场的主体进行分析，并总结归纳法国政府为促
进传媒产业发展而出台的相关政策，以期描述法国传媒产业
发展现况和未来趋势，并为我国传媒行业发展提供参考。

关键词：　法国　传媒产业　媒体多元化　市场主体　传媒政策

2015 年 1 月以来，法国连续遭遇恐怖事件，在"文化例外"的法国，政
府认为文化是促进社会凝聚力、促进身份认同的根本之道，媒体是发展和传
播文化的重要平台。鉴于近年来传媒产业持续走低的状况，法国政府尽可能
地提高相关预算以支持各类媒体恢复往昔生机或谋求新的发展道路，多元化
和数字化则成为核心手段。然而，法国政府的这一努力收效并不明显，一方
面，传统媒体的新媒体业务虽然有较大幅度的发展，但由于其份额低，仍无
法改变母媒体的衰退趋势，媒体的种数仍在减少，各类报告反复强调的是多

* 甘露，中国传媒大学欧洲传媒研究中心助理研究员。

元发展，但反复重复的却是越来越集中的现实；另一方面，新媒体的发展似乎已经历过了高速发展的时期，虽然仍在增长，但增幅已明显减小，趋于稳定。

# 一 总体发展状况分析

因法国文化部年度报告的发布方式发生变化，不再提供文化与传媒进出口相关数据，因而，法国传媒产业总体发展状况将沿袭上年做法，仅从广告收入和政府预算两个维度进行描述和分析。

## （一）广告收入：新媒体首超报刊，市场份额仅次于电视

2015 年，法国 GDP 增长 1.1%，居民消费增长 1.8%，失业率较上年继续减少 0.1 个百分点，至 10.0%①。经济形势的利好或多或少对广告市场产生正面影响，正如法国广告研究院（IREP）所言，法国广告市场虽然仍在负增长，但已趋近平稳。

根据 IREP 的最新数据，2015 年，法国媒体广告收入 128.27 亿欧元，较上年减少 1.35 亿欧元，降幅 1.0%，这一数值在 2014 年为 2.4%，2013 年为 3.6%；广告商投资 293.8 亿欧元，较上年减少 2.4 亿欧元，降幅 0.8%，这一数值在 2014 年为 1.6%，在 2013 年为 3.0%。

传统媒体的广告收入总体呈下降趋势，但降幅正逐年缩减②。这得益于：①2014 年增长的项目在 2015 年继续增长，且幅度有所增大，如橱窗广告增长 14.0%，增幅较上年增加 10.2 个百分点，车身广告增长 4.7%，增幅较上年增加 2.1 个百分点，电视广告增长 0.28%，增幅较上年增加 0.15 个百分点；②电影广告的增长扭负为正，2015 年，该项目增长 1.2%，较 2014 年 11.0% 和 2013 年 13.3% 的跌幅，变化显著；③上年降幅超过 5% 的项目，除电影广告外，其余仍以 5% 以上的降幅下跌，除年鉴广告外，其余项目的降幅较上年有所减小，如邮件广告下降 6.4%，较上年降幅减少 2.8 个百分

① 法国国家统计局（INSEE），www.insee.fr。
② 2013 年的降幅为 4.9%，2014 年为 2.2%，2015 年为 1.9%。

点；（2014 年降幅为 9.2%）；报刊广告下降 5.9%，较上年降幅减少 2.8 个百分点。年鉴广告下降 7.0%，较上年降幅增加 1.6 个百分点（见表 1 和图 1）。

表 1　2010～2015 年法国各类媒体广告收入情况

单位：亿欧元

| 类别 | 2010 年 | 2011 年 | 2012 年 | 2013 年 | 2014 年 | 2015 年 |
|---|---|---|---|---|---|---|
| 报刊广告 | 36.12 | 34.95 | 32.09 | 29.39 | 26.83 | 25.25 |
| 广播广告 | 7.44 | 7.48 | 7.39 | 7.36 | 7.26 | 7.20 |
| 电视广告 | 34.41 | 34.96 | 33.37 | 32.19 | 32.33 | 32.42 |
| 电影广告 | 0.90 | 1.05 | 1.05 | 0.91 | 0.81 | 0.82 |
| 网页广告 | 5.40 | 6.16 | 6.46 | 6.40 | 6.52 | 7.04 |
| 搜索广告 | 9.43 | 15.20 | 15.96 | 16.71 | 17.45 | 18.15 |
| 移动终端广告 | 0.24 | 0.33 | 0.44 | 0.68 | 0.92 | 1.18 |
| 户外广告 | 11.88 | 11.91 | 11.71 | 11.52 | 11.74 | 11.68 |
| 年鉴广告 | 10.33 | 9.95 | 9.46 | 8.91 | 8.43 | 7.84 |
| 街头发放广告 | 5.98 | 6.29 | 6.35 | 6.23 | 6.08 | 6.05 |
| 邮件广告 | 14.35 | 14.26 | 13.54 | 12.52 | 11.37 | 10.64 |
| 总计 | 136.50 | 142.52 | 137.81 | 132.82 | 129.74 | 128.27 |

资料来源：法国广告研究院（IREP），www.irep.asso.fr。

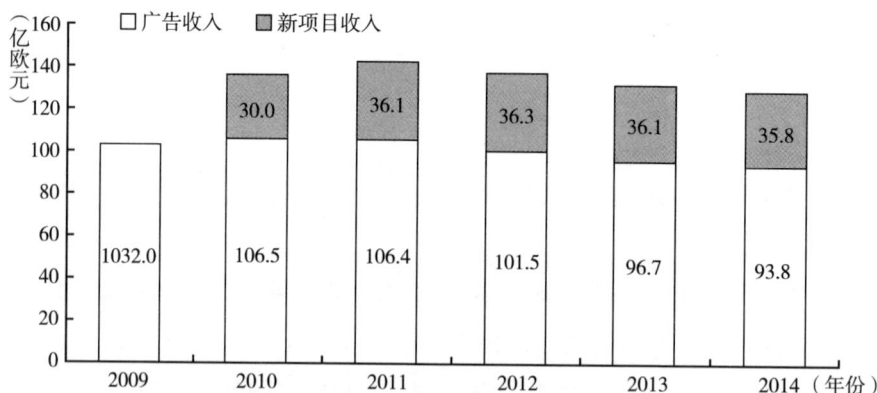

图 1　2009～2014 年法国广告市场收入情况

注："新项目"指 2012 年以来进入统计范畴的那些项目，包括"搜索广告"、"移动终端广告"、"街头发放广告"和"邮件广告"。

资料来源：法国广告研究院（IREP），www.irep.asso.fr。

新媒体部门的表现较上年均有较大幅度增长。网页广告在 2013 年曾出现小幅负增长，2014 年旋即转负为正，2015 年更是增长 8.0%，是近 6 年来增长最快的一年。搜索广告和移动终端广告则继续保持4%和28%的稳定增长。总体来看，互联网广告收入总计26.4亿欧元，较上年增长5.9%，份额上升至20.6%，较上年增加1.4个百分点，仅次于电视，已超过报刊，成为法国广告市场上的第二大部门，同时也是增长幅度最大的部门。户外广告中的数字展示收入9500万欧元，较上年增加15.5%，在阻止户外广告持续收入下滑方面发挥了积极作用。

若将各部门广告收入与GDP的发展趋势相比较，除互联网广告收入增幅能始终高于GDP的增幅、2015年电影的广告收入增幅5年来首次略超GDP的增幅外，其余部门2011~2015年的广告收入的增长幅度均低于GDP的增幅。

从广告市场的收入结构来看，电视广告份额仍然最大，较上年略增加0.4个百分点。报刊广告份额继续减少，首次跌破20%，至19.7%，而新媒体广告份额继续增加，首次突破20%，达20.6%（见图2）。

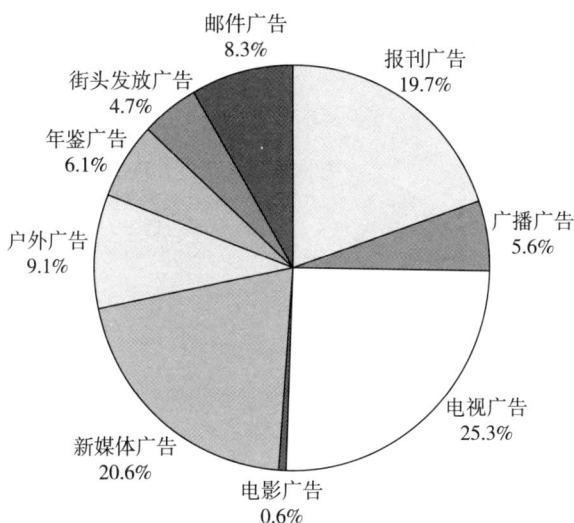

**图2 2015年法国广告市场收入结构**

资料来源：依据法国广告研究院（IREP）2015年年报计算的结果，www.irep.asso.fr。

2015年，法国广告商继续大幅缩减对报刊和年鉴的投资，降幅分别为5.9%和7.0%，对直销和非基金文化赞助的投资也分别减少了3.6%和

4.0%。在增加投资的项目上,有三点值得注意:一是对新媒体的投资继续增长5.3%,在上年基础上增加0.8个百分点;二是对电影的投资由上年的减少11.0%逆转为增加1.2%;三是电视获得的广告投资仍保持较缓慢的增长,增幅0.28%,较上年增加0.15个百分点。

2015年,法国广告研究院引入一个新的统计指标,即对媒体发展的支持,包括投资网站和APP创建、各类数据库管理、运营和分析,以及内容创作和社交网络动漫,等等。该项投资约21亿欧元,使广告商投资总额达到314.8亿欧元。

据法国广告研究院预测,2016年在法国主办的欧洲杯足球赛和在巴西主办的奥运会将推动广告收入进一步稳定发展。同时,由于法国商业投资逐渐增加利润存留,居民消费能力也有望与2015年的1.8%保持同幅的增长水平,法国广告商投资将增加0.1%,新媒体将获得更多投资,而电视、促销等所能获得的投资则会越来越少。

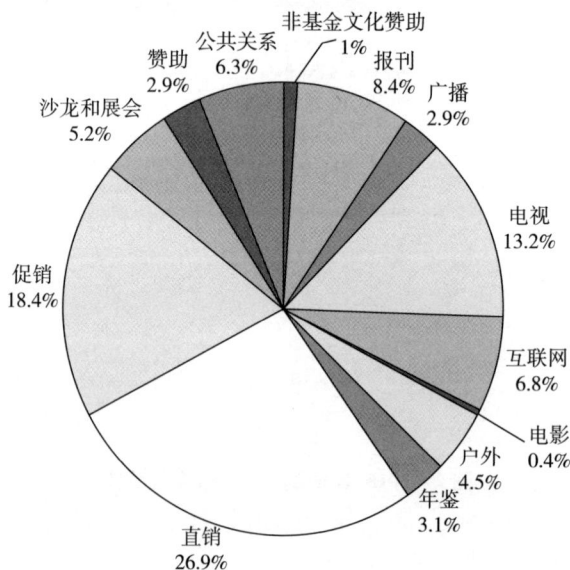

图3　2015年法国广告商投资结构

资料来源:法国广告研究院(IREP),www.irep.asso.fr。

## （二）政府预算：以文化认同、社会凝聚和多元化为核心价值

2016 年，法国文化部预算 72.74 亿欧元，较上年增加 1.91 亿欧元，增幅 2.7%。其中，44.03 亿欧元用于报刊、图书和文化产业、视听产业，较上年增加 0.22 亿欧元，增幅 0.5%；28.71 亿欧元用于文化使命、研究和教育，较上年增加 1.69 亿欧元，增幅 6.3%。

从预算在各文化部门的分配情况来看，报刊预算 2.56 亿欧元，与上年基本持平，略低 60 万欧元，降幅 0.2%；图书和文化产业预算 2.75 亿欧元，较上年增加 620 万欧元，增幅 2.3%；视听产业预算 38.72 亿欧元，较上年增加 1590 万欧元，增幅 0.4%（见表 2）。

**表 2　2011~2016 年法国文化部预算**

单位：亿欧元

| 项目 | 2011 年 | 2012 年 | 2013 年 | 2014 年 | 2015 年 | 2016 年 |
|---|---|---|---|---|---|---|
| 文化 | 27.89 | 28.56 | 27.47 | 26.95 | 27.02 | 28.71 |
| 　文化使命 | 26.64 | 27.32 | 26.28 | 25.80 | 25.85 | 27.48 |
| 　研究和教育 | 1.25 | 1.24 | 1.19 | 1.14 | 1.17 | 1.23 |
| 文化与传媒 | 45.79 | 45.79 | 46.62 | 43.62 | 43.81 | 44.03 |
| 　报刊 | 4.20 | 3.90 | 5.14 | 2.57 | 2.56 | 2.56 |
| 　图书和文化产业 | 3.00 | 2.75 | 2.67 | 2.62 | 2.69 | 2.75 |
| 　视听产业 | 38.58 | 39.13 | 38.81 | 38.43 | 38.56 | 38.72 |
| 预算总额 | 73.68 | 74.35 | 74.10 | 70.57 | 70.83 | 72.74 |

资料来源：法国文化部（Ministère de la Culture et de la Communication）发布的 2011~2016 年年度预算报告，www.culture.gouv.fr。

2015 年，法国连续遭遇恐怖事件，因此，促进社会凝聚力和公民身份认同成为 2016 年法国文化预算的主要目标，数字化、平等发展和多元化成为实现这一目标的重要途径，反复体现于每个项目的预算说明中。如为促进媒体的多元化发展，多个社区广播电台获批创立，这类电台共获得 2900 万欧元的预算；进一步加大广告对低收入报纸的资助力度，不仅降低了申请资助的门槛、拓宽了申请受理范围，还增加了 400 万欧元的经费，使该项预算达到 1548 万欧元，较上年提高 34.9%；图书预算优先公共阅读，加强地方

图书馆的服务能力，以推动文化和艺术在边远地区的推广和地区之间的交流，相关经费共计 225 万欧元，是 2015 年的两倍；在民族语言方面，特别鼓励数字工具的开发，以确保法语在信息社会中的地位；等等。

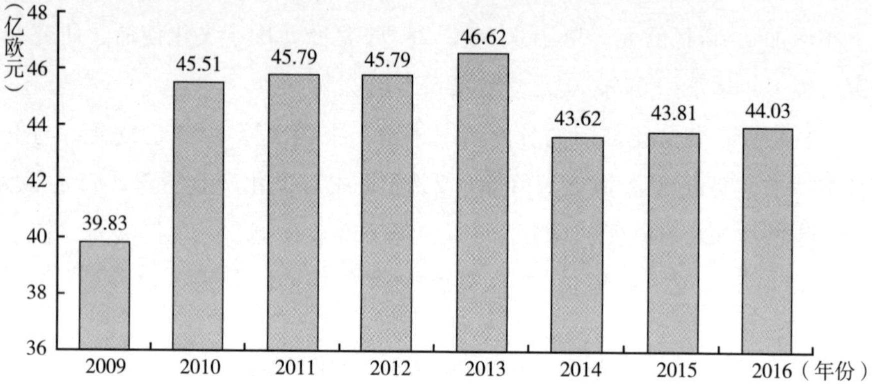

**图 4　2009～2016 年法国政府文化和传媒预算**

资料来源：法国文化部（Ministère de la Culture et de la Communication）发布的 2009～2016 年年度预算报告，www. culture. gouv. fr。

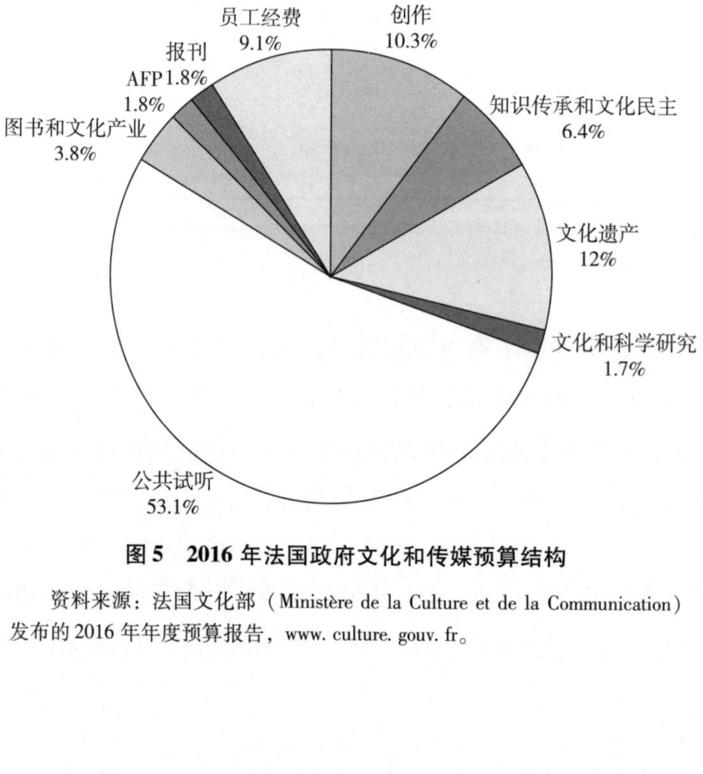

**图 5　2016 年法国政府文化和传媒预算结构**

资料来源：法国文化部（Ministère de la Culture et de la Communication）发布的 2016 年年度预算报告，www. culture. gouv. fr。

## 二　行业与市场分析

### （一）报刊

#### 1. 出版与发行：种数止涨回跌，发行量继续下落

在法国文化部发布的最新数据中，未更新报刊种数，因而只能简单回顾上个报告中的"最新"数据（截至 2013 年）。

经历了近年来最大幅度的增长（8.2%）之后，法国报刊种数 2013 年回落到 4351 种，较上年减少 7.9%，甚至低于 2011 年（4367 种）的水平。经历大起大落之后，无论是免费新闻报刊还是免费广告报刊都出现稳定之势，在种数方面均略有增长。付费报刊的种数，除全国性时政报刊外，均大幅减少。其中，地方性时政报刊和科技专业报刊几乎跌至近年来最低，大众专业报刊虽未跌至最低值，但较上年也减少了 329 种，降幅达到 13.5%，份额降至 48.4%（见表 3 和图 6）。

从报刊发行周期来看，2013 年以前，日刊的种数最为稳定，自 2006 年以来年度变化量仅为 0 或 1 种，但该数值的减少量在 2013 年达到 4 种，不但是近年来变化幅度最大的一次，也是数值最低的一次；周刊种数虽然仍在减少，但经历 2011 年断崖式下跌之后，这一数值已趋于稳定，2013 年仅较上年减少 3 种，是各类报刊中变化量最小的一类报刊；月刊的种数在 2006 年达到历史最高值 1501 种，此后持续减少，至 2013 年，该值已减至 1188 种，回落到 1994 年的水平（1180 种）；季刊是唯一一类自 1985 年以来始终保持增长态势的报刊，2013 年增至 2271 种，再创历史最高水平，较上年增加了 44 种，增幅 2.0%，份额上也达到 52.2%（见表 4 和图 7）。

2013 年，法国报刊发行量在上年基础上继续减少 2.66 亿份，至 46.03 亿份，降幅 5.5%，再创历史新低，与 2007 年的历史最高值 71.15 亿份相差 25.12 亿份，降幅高达 35.3%。2007～2013 年，年均降幅为 7.0%，其中 2011 年降幅高达 14.7%，2012 年报刊种数虽增加了 359 种，但发行量仍下

表3 2006～2013年法国各类报刊的种数

单位：种

| 类别 | 2006年 | 2007年 | 2008年 | 2009年 | 2010年 | 2011年 | 2012年 | 2013年 |
|---|---|---|---|---|---|---|---|---|
| 全国性时政报刊 | 80 | 80 | 83 | 85 | 88 | 95 | 112 | 107 |
| 地方性时政报刊 | 468 | 461 | 455 | 444 | 451 | 448 | 453 | 446 |
| 免费新闻报刊 | 74 | 90 | 108 | 125 | 138 | 144 | 170 | 179 |
| 大众专业报刊 | 2013 | 1834 | 1938 | 1960 | 2019 | 2158 | 2437 | 2108 |
| 科技专业报刊 | 1499 | 1456 | 1413 | 1385 | 1364 | 1375 | 1410 | 1361 |
| 免费广告报刊 | 620 | 623 | 591 | 560 | 470 | 147 | 144 | 150 |
| 总　计 | 4754 | 4544 | 4588 | 4559 | 4530 | 4367 | 4726 | 4351 |

资料来源：法国文化部（Ministère de la Culture et de la Communication）发布的2008～2015年年报，www. culture. gouv. fr。

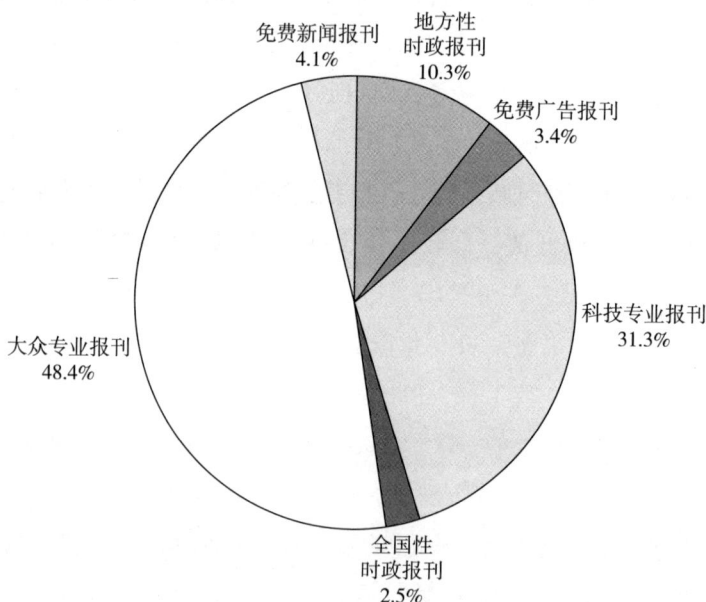

图6　2013年法国报刊结构

资料来源：法国文化部（Ministère de la Culture et de la Communication）发布的2015年年报，www. culture. gouv. fr。

跌了4.4%。从近年来的趋势及新数据中收入的情况来看，2014年，法国报刊发行量还将继续下跌（见表5）。

付费报刊发行量的最高值出现在1986年，为53.52亿份，至2001年首次跌破50亿份之后，以年均2.4%的幅度持续下跌，至2013年已减少至37.73

表4　2006～2013年法国各类报刊的种数

| 类别 | 2006 年 | 2007 年 | 2008 年 | 2009 年 | 2010 年 | 2011 年 | 2012 年 | 2013 年 |
|---|---|---|---|---|---|---|---|---|
| 日刊 | 105 | 106 | 106 | 107 | 107 | 107 | 107 | 103 |
| 周刊 | 1124 | 1116 | 1094 | 1057 | 993 | 705 | 694 | 691 |
| 月刊 | 1501 | 1432 | 1328 | 1340 | 1279 | 1252 | 1232 | 1188 |
| 季刊 | 1962 | 1826 | 2001 | 1988 | 2080 | 2227 | 2227 | 2271 |
| 其他 | 62 | 64 | 59 | 67 | 71 | 76 | 466 | 98 |
| 总计 | 4754 | 4544 | 4588 | 4559 | 4530 | 4367 | 4726 | 4351 |

资料来源：法国文化部（Ministère de la Culture et de la Communication）发布的 2008～2015 年年报，www. culture. gouv. fr。

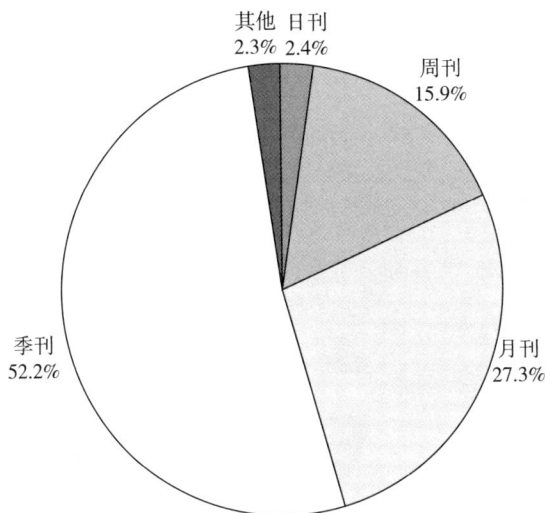

图7　2013 年法国各出版周期报刊份额

资料来源：法国文化部（Ministère de la Culture et de la Communication）发布的 2015 年年报，www. culture. gouv. fr。

亿份，较 2012 年减少 1.96 亿份，降幅 4.9%，较 2001 年减少 15.79 亿份，降幅高达 29.5%。但从份额来看，却在 2007 年达到最低点 64.4% 之后持续增加，2013 年达到自 1985 年以来的最高值 82.0%。

免费报刊发行量 2007 年达到最高值 25.33 亿份，份额也达到最高值 35.6%。此后以年均 15.6% 的速度下跌，至 2013 年已减少至 8.3 亿份，较上年减少 7.8%，较 2007 年减少 17.03 亿份，降幅达到 67.2%，份额也降至 18.0%。其中，免费广告报刊自 2011 年以 76.1% 速度从 2010 年的 10.93 亿份跌至 2.61 亿份后，持续下跌，至 2013 年已降至 1.85 亿份；而被看好的免费新闻报刊也在 2008 年以后忽涨忽跌，虽然变动幅度小，但也由此而无法判定其未来发展是否值得期待。

#### 表5  2006～2013 年法国各类报刊发行量

单位：亿份

| 种类 | 2006 年 | 2007 年 | 2008 年 | 2009 年 | 2010 年 | 2011 年 | 2012 年 | 2013 年 |
|---|---|---|---|---|---|---|---|---|
| 全国性时政报刊 | 6.58 | 6.72 | 6.70 | 6.33 | 6.10 | 6.02 | 5.79 | 5.45 |
| 地方性时政报刊 | 20.55 | 20.55 | 20.34 | 20.13 | 19.66 | 19.22 | 18.77 | 17.94 |
| 免费新闻报刊 | 5.21 | 6.30 | 6.81 | 6.03 | 6.39 | 6.88 | 6.76 | 6.45 |
| 大众专业报刊 | 17.34 | 16.78 | 16.44 | 15.66 | 15.13 | 14.75 | 13.79 | 13.20 |
| 科技专业报刊 | 1.93 | 1.77 | 1.71 | 1.68 | 1.50 | 1.44 | 1.33 | 1.14 |
| 免费广告报刊 | 19.11 | 19.03 | 17.40 | 14.52 | 10.93 | 2.61 | 2.24 | 1.85 |
| 总　计 | 70.72 | 71.15 | 69.40 | 64.35 | 59.70 | 50.92 | 48.69 | 46.03 |

注：最新报告中对 2012 年的发行情况进行了数据调整，本报告采用了最新数据，与之前报告略有不同。

资料来源：法国文化部（Ministère de la Culture et de la Communication）发布的 2007～2015 年年报，www.culture.gouv.fr。

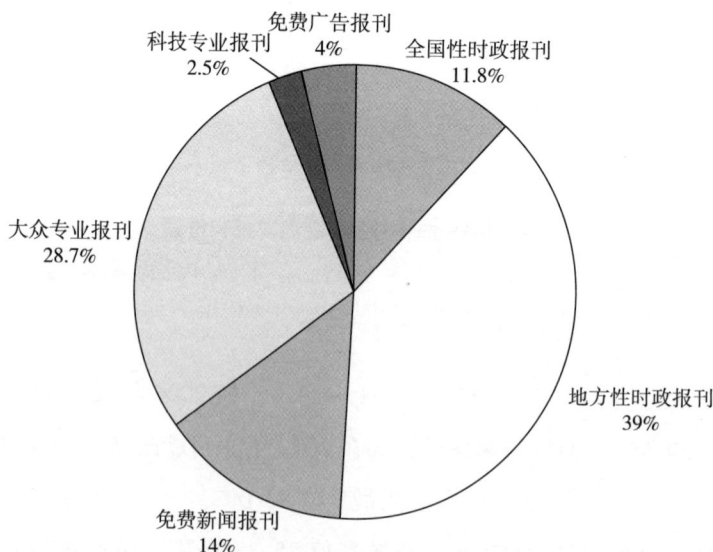

#### 图8  2013 年法国报刊发行量结构

资料来源：法国文化部（Ministère de la Culture et de la Communication）发布的 2007～2015 年年报，www.culture.gouv.fr。

表6　2008~2014年法国各类报刊前三位发行量

单位：万份

| 种类 | 2008年 | 2009年 | 2010年 | 2011年 | 2012年 | 2013年 | 2014年 |
|---|---|---|---|---|---|---|---|
| 全国性日报 | | | | | | | |
| 《费加罗报》 | 33.7 | 33.1 | 33.0 | 33.4 | 33.6 | 32.9 | 32.5 |
| 《世界报》 | 34.0 | 32.3 | 31.9 | 32.5 | 31.8 | 30.3 | 29.9 |
| 《队报》 | 32.4 | 31.5 | 31.5 | 29.6 | 28.5 | 25.2 | 22.7 |
| 地方性日报 | | | | | | | |
| 《法国西部报》 | 79.6 | 78.6 | 78.1 | 76.7 | 76.7 | 7.51 | 7.32 |
| 《西南报》 | 31.5 | 31.5 | 29.9 | 29.4 | 28.5 | 2.69 | 2.65 |
| 《北方之声报》 | 28.9 | 28.2 | 27.3 | 26.6 | 25.7 | 2.43 | 2.36 |
| 周报/刊 | | | | | | | |
| 《巴黎竞赛报》 | 71.6 | 68.8 | 68.4 | 69.1 | 67.1 | 63.1 | 63.0 |
| 《新观察者》 | 54.3 | 53.1 | 53.0 | 53.1 | 52.7 | 51.9 | 47.8 |
| 《快报》 | 56.8 | 54.6 | 53.5 | 53.0 | 52.2 | 50.5 | 48.8 |

注：2014年，数据选自法国报刊与媒体数据联盟（ACPM），www.acpm.fr。该联盟成立于2015年12月，由发行公证办（Office de justification de la diffusion，OJD）和传媒监测股份有限公司（SAS AudiPresse）合并而成。2008~2013年数据仍沿用法国文化部的年报，www.culture.gouv.fr。

**2. 收入：订阅收入2007年以来首次有所下跌**

2012年法国报刊种数有较大幅度增加，被视为困境下寻求出路的一种探索，但事实证明，这些新创办的报刊生命周期都很短暂，不但无法改变报业的结构性衰退，反而加剧了这一进程。

2014年，法国报刊业收入在上年基础上继续减少3.6亿欧元，至78.0亿欧元，降幅4.4%。这已是法国报刊业收入连续下跌的第7年，与2007年的收入相比，已减少了28.2%（见图9）。

从收入结构看，2014年法国报刊发行收入52.0亿欧元，较上年减少1.0亿欧元，降幅1.9%，在总收入中的份额增至66.7%，较上年增加1.7个百分点（见表7）。自2007年以来，订阅是报刊业唯一一项有所增长的收入来源，不过2014年出现了少许下降，较上年减少0.17亿欧元，降幅0.6%；但在发行总收入中的份额上首次超过零售，占50.4%，较上年增加

0.6 个百分点。

　　法国报刊业 2014 年广告收入 26.0 亿欧元①，较上年减少 2.6 亿欧元，降幅 9.1%，在总收入中的份额也减至 33.3%。至此，法国报刊业广告收入已较出现在 2007 年的最高值减少了 22.28 亿欧元，降幅 46.1%（见表 9）。

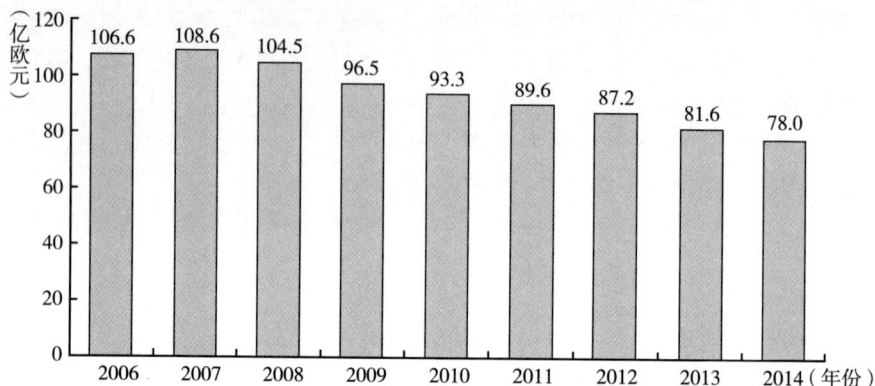

**图 9　2006～2014 年法国报刊业收入情况**

资料来源：法国文化部传媒与文化产业总司（DGMIC），*La presse écrite en 2014*，www.dgmic.culture.gouv.fr。

**表 7　2008～2014 年法国报刊业收入结构**

单位：亿欧元

| 收入结构 | 2008 年 | 2009 年 | 2010 年 | 2011 年 | 2012 年 | 2013 年 | 2014 年 |
|---|---|---|---|---|---|---|---|
| 发行收入 | 58.9 | 57.9 | 56.7 | 54.8 | 54.8 | 53.0 | 52.0 |
| 广告收入 | 45.6 | 38.6 | 36.6 | 34.8 | 32.4 | 28.6 | 26.0 |
| 总计 | 104.5 | 96.5 | 93.3 | 89.6 | 87.2 | 81.6 | 78.0 |

　　注：为保持数据的一贯性，此部分的广告收入采用法国文化部传媒与文化产业总司的数据，与法国广告研究院提供的数据有所出入。

　　资料来源：法国文化部传媒与文化产业总司（DGMIC），*La presse écrite en 2014*，www.dgmic.culture.gouv.fr。

---

① 此处数据与法国广告研究院（IREP）的数据存在冲突。按 IREP 的报告，法国 2014 年报刊广告收入为 26.83 亿欧元，较上年减少 8.7%。本部分的分析将以法国文化部提供的数据为基础。

　　法国付费报刊收入 75.3 亿欧元，在上年基础上继续减少 3.1 亿欧元，降幅 4.0%，所占份额 96.5%，较上年增加 0.4 个百分点。免费报刊收入2.7 亿欧元，在上年基础上继续减少 0.5 亿欧元，降幅 15.6%。免费新闻报刊的收入 2013 年首次出现下跌，2014 年继续这一下跌势头，较上年减少0.2 亿欧元，至 2.3 亿欧元，降幅 8.0%（见图 10 和图 11）。

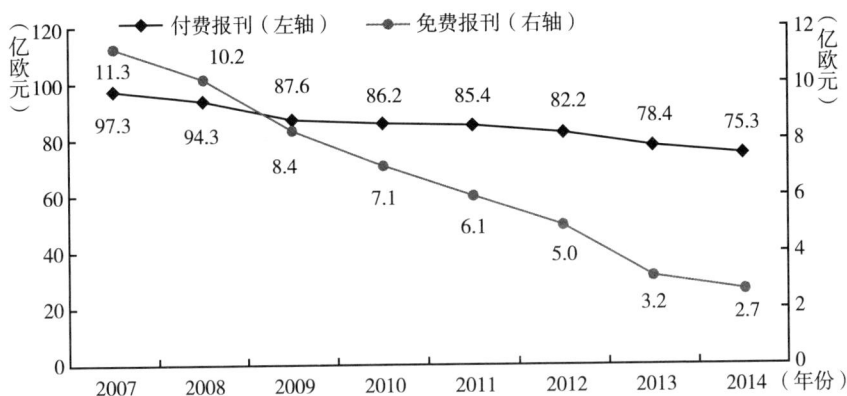

**图 10　2007～2014 年法国付费报刊与免费报刊收入趋势**

资料来源：法国文化部传媒与文化产业总司（DGMIC），*La presse écrite en 2014*，www. dgmic. culture. gouv. fr。

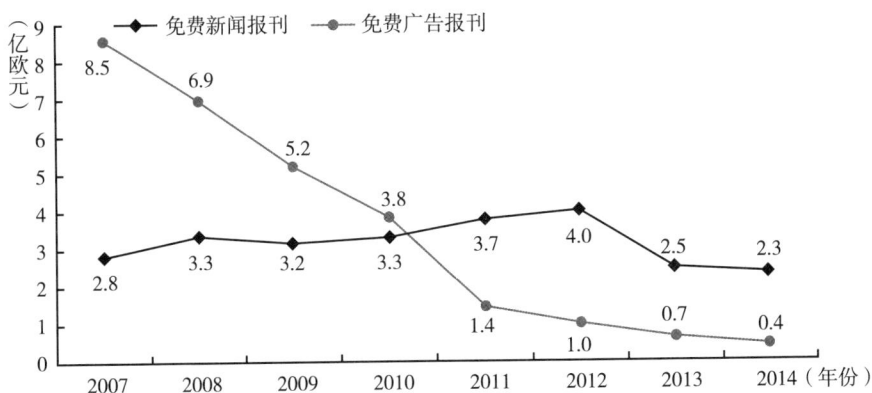

**图 11　2007～2014 年法国免费新闻报刊与免费广告报刊收入趋势**

资料来源：法国文化部传媒与文化产业总司（DGMIC），*La presse écrite en 2014*，www. dgmic. culture. gouv. fr。

表8 2009～2014年法国各类报刊收入情况

单位：亿欧元，%

| 类别 | 2009 年 | 2010 年 | 2011 年 | 2012 年 | 2013 年 | 2014 年 | 2013～2014 年增长 |
|---|---|---|---|---|---|---|---|
| 全国性时政报刊 | 13.5 | 13.1 | 13.1 | 12.9 | 12.1 | 11.4 | -5.8 |
| 地方性时政报刊 | 30.0 | 29.6 | 29.2 | 28.1 | 27.2 | 26.4 | -2.9 |
| 免费新闻报刊 | 3.2 | 3.3 | 3.7 | 4.0 | 2.5 | 2.3 | -8.0 |
| 大众专业报刊 | 35.7 | 35.3 | 34.0 | 33.4 | 31.4 | 30.0 | -4.5 |
| 科技专业期刊 | 8.7 | 8.1 | 8.2 | 7.8 | 7.7 | 7.6 | -1.3 |
| 免费广告报刊 | 5.2 | 3.8 | 1.4 | 1.0 | 0.7 | 0.4 | -42.9 |
| 总计 | 96.5 | 93.3 | 89.6 | 87.2 | 81.6 | 78.0 | -4.4 |

资料来源：法国文化部传媒与文化产业总司（DGMIC），*La presse écrite en 2014*，www. dgmic. culture. gouv. fr。

表9 2009～2014年法国各类报刊广告收入情况

单位：亿欧元，%

| 类别 | 2009 年 | 2010 年 | 2011 年 | 2012 年 | 2013 年 | 2014 年 | 2013～2014 年增长 |
|---|---|---|---|---|---|---|---|
| 全国性时政报刊 | 4.6 | 4.4 | 4.4 | 4.1 | 3.6 | 3.3 | -8.3 |
| 地方性时政报刊 | 12.7 | 12.3 | 12.1 | 11.1 | 10.5 | 9.5 | -9.5 |
| 免费新闻报刊 | 3.2 | 3.3 | 3.7 | 4.0 | 2.5 | 2.3 | -8.0 |
| 大众专业报刊 | 8.9 | 8.8 | 9.1 | 8.4 | 7.9 | 7.3 | -7.6 |
| 科技专业期刊 | 4.2 | 4.0 | 4.2 | 3.8 | 3.3 | 3.2 | -3.0 |
| 免费广告报刊 | 5.2 | 3.8 | 1.4 | 1.0 | 0.7 | 0.4 | -42.9 |
| 总计 | 38.8 | 36.6 | 34.8 | 32.4 | 28.5 | 26.0 | -8.8 |

注：由于发布时间存在差异，法国广告研究院（IREP）出具的数据与文化部出具的最终数据间存在一定的差异，但趋势基本相似。本部分考虑到前后一致性，仍选择法国文化部的数据。

资料来源：法国文化部传媒与文化产业总司（DGMIC），*La presse écrite en 2014*，www. dgmic. culture. gouv. fr。

当下媒体环境呈现跨年代发展的特点，不同年代出生的民众对信息的消费习惯是不一样的，如何能既吸引住伴随新媒体发展的年轻一代，又保持着对传统阅读习惯的用户的吸引力，成为报刊出版商面临的巨大挑战。传统的报业经营模式在当下已难再续，必将发生根本性变化，需要开发新的经济资源，在变化过程中将要更多地依靠政府提供的各种资助或补贴。

法国人坚持认为报刊与网络是两个完全不同的世界，不应该强调两者的互补性（complémentarité），更愿意用"杂交"（d'hybridation）来形容当下媒介融合发展的情况。

2014 年，报刊业在新媒体平台上所获取的收入具有以下两个特点：①在总收入中份额的增长幅度始终很慢，2012 ~ 2014 年，份额年均增长约 0.3 个百分点，根据法国文化部传媒与文化产业总司对 300 家主要报刊出版商的数据统计，2014 年，新媒体收入占总收入的 5.1%；②在各类报刊中的发展不均衡，免费广告报刊的份额最高，2014 年新媒体收入占总收入的 56.5%，较上年增加 14.7 个百分点，这或许是近年来该类报刊在实体报刊市场表现不佳的重要原因（见图 12）。

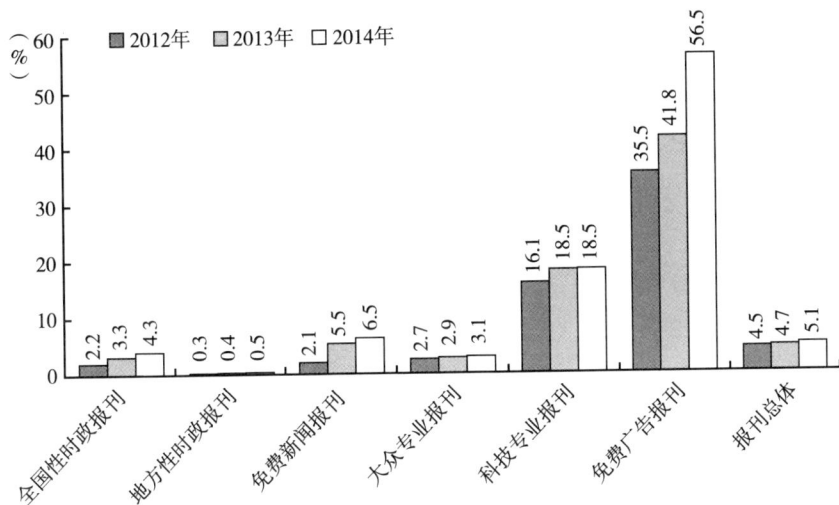

**图 12 2012 ~ 2014 年法国报刊社网络收入在总收入中的份额**

注：新的报告修改了 2013 年的数据，因而本报告中关于 2013 年的数据与之前报告有差异。

资料来源：法国文化部传媒与文化产业总司（DGMIC），*La presse écrite en 2014*，www. dgmic. culture. gouv. fr。

## （二）广播

### 1. 广播市场：收听时长和收入均持续小幅下跌

根据法国高等视听委员会（CSA）提供的数据，截至 2015 年 9 月 30

日，委员会共向 850 个法国私营广播经营商发放了 5173 个频率，向公营广播经营商发放 2407 个频率。[1]

2014 年，法国 13 岁以上居民日均收听广播的时长为 175 分钟（2 小时 55 分钟），较上年减少 1 分钟（见图 13）。

2014 年底，法国家庭平均拥有 10 个能接收广播的设备。13 岁及以上居民中 39% 拥有 10 个以上的广播接收设备，拥有 7~10 个这类设备的居民占 32%，拥有 1~6 个这类设备的居民所占份额同样为 32%。具体见图 14。

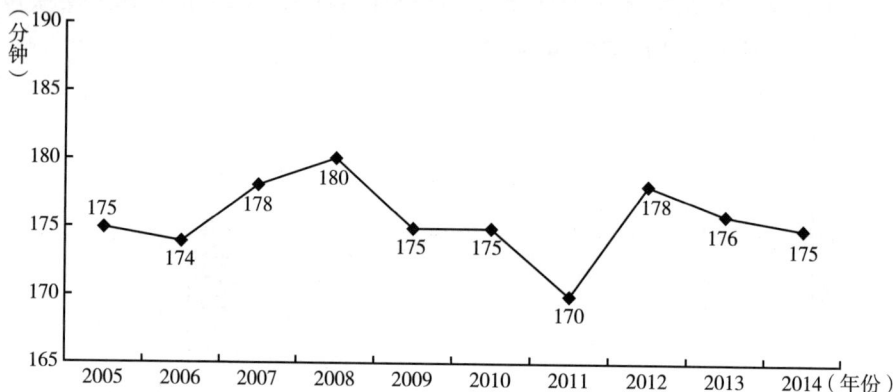

图13　2005~2014 年法国 13 岁及以上居民日均收听广播时长

资料来源：法国高等视听委员会（CSA），*Les chiffres clés de l'audiovisuel français*（*Edition du 2nd semestre 2015*），www.csa.fr。

2015 年，法国广播业广告总收入 7.20 亿欧元，在上年基础上继续减少 600 万欧元，降幅 0.8%。其中全国性广播的广告收入 5.63 亿欧元，较上年减少 0.9%，地方性广播的广告收入 1.57 亿欧元，较上年较少 0.6%。这是法国广播业自 2011 年以来连续第 4 次下跌，虽然逐年下跌的幅度小，但这一行业广告收入走低的趋势似乎已不可逆转（见图 15）。

法国文化部预算对广播业的支持自 2004 年以来持续增加，至 2012 年达

---

① 资料来源：法国高等视听委员会（CSA），*Les chiffres clés de l'audiovisuel français*（*Edition du 2nd semestre 2015*），www.csa.fr。

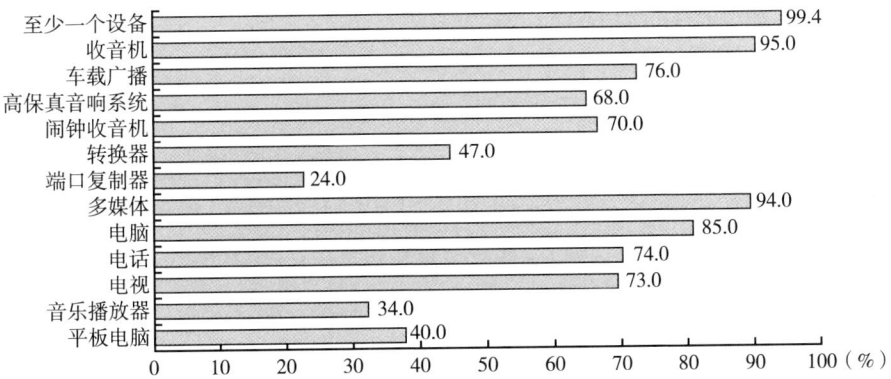

**图14　2014 年法国 13 岁及以上居民广播接收设备拥有情况**

资料来源：法国高等视听委员会（CSA），*Les chiffres clés de l'audiovisuel français*（*Edition du 2nd semestre 2015*），www. csa. fr。

到最高值 6.15 亿欧元。自此之后，则连续两年下滑，至 2014 年降至 6.03 亿欧元，较上年减少 1.5%。由于广告和拨款均下降，使广播业总收入在 2012 年达到最高值 13.54 亿欧元后持续下跌，至 2014 年已跌至 13.29 亿欧元，降幅 1.8%（见图16）。

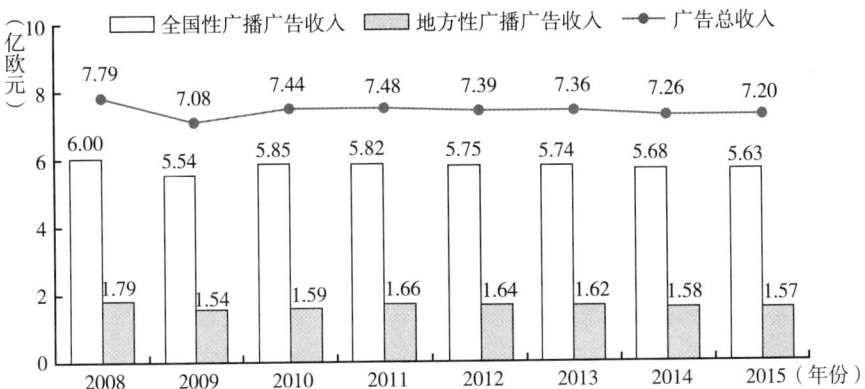

**图15　2008 ~ 2015 年法国广播业广告收入**

资料来源：法国广告研究院（IREP），www. irep. asso. fr。

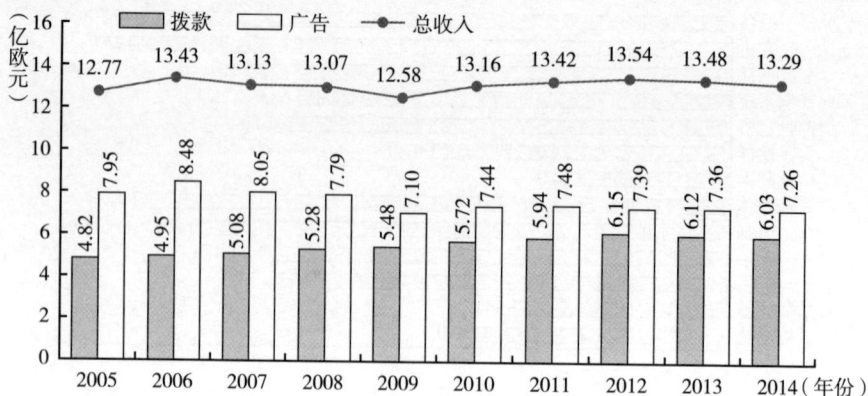

图16　2005～2014年法国广播业拨款及广告收入

注：法国文化部在最新报告中，对2012年和2013年的预算数据进行了调整，本报告采用的是最新数据，较之前报告的数据有所不同。

资料来源：法国文化部（Ministère de la Culture et de la Communication）发布的2005～2015年年报，www. culture. gouv. fr。

### 2. 数字化：III 和 L 频率段初步投入使用

根据2007年3月5日法案，DAB＋标准获得III和L两个频率段，用于数字广播的传播。

在III段上，2014年上半年，法国高等视听委员会批准建设适合DAB＋传播标准的发射台，并在巴黎、马赛和尼斯三个地区征求申请，向已获批准的107个运营商逐步开放多路传输平台。2015年1月，13个多路传输平台已投入使用，目前共有99个节目在这些平台上传播，其中有一些还可以在FM频段接收。同时，法国高等视听委员会还须对早些时候获批使用T-DMB标准的运营商进行重新审查，修正授予他们的批文，以使他们也能正常使用DAB＋标准进行广播。

而在L段上，Onde Numérique公司是唯一一家获权使用的公司，2013年1月15日得到批准，在这一频段上提供付费服务。2014年10月，位于图卢兹的发射台已经开始工作，但直到2014年底，这些服务仍未能商业化。

由于法国高等视听委员会未更新播客（Podcasts）数据，为了解法国广播在互联网上的传播情况，本报告采用了法国报刊与媒体数据联盟（ACPM）月度报告的数据。该机构自2013年开始进行监测，受到监测的设备包括智能手机、电脑、平板电脑、联网电视、机顶盒等。

2013年、2014年、2015年的数据体现了以下特点：①进入榜单前15位的广播网站除Radio Public Santé外，均为音乐广播网站，表明音乐在实体广播领域和网络广播领域的绝对优势地位；②NRJ广播集团将实体广播领域的优势成功转移到了网络领域，除NRJ以绝对优势始终排在榜首位置外，与之相关的Chérie FM、Nostalgie和Rire et Chansons也都排在各期榜单前5位；③榜单的位次相对稳定，2015年12月访问量前15位网站在前两个榜单中绝大多数排在相同或相近的位次上（见表10）。

表10　2013～2015年法国访问量前15位的广播网站

单位：人次

| 位次 | 广播台 | 类型 | 2015 年 | 2014 年 | 2013 年 |
|---|---|---|---|---|---|
| 1 | NRJ | 音乐 | 32289239 | 28614572 | 33014689 |
| 2 | Chérie FM | 音乐 | 7180195 | 6208221 | 5397241 |
| 3 | Nostalgie | 音乐 | 6015525 | 4803388 | 4691979 |
| 4 | Skyrock | 音乐 | 5333404 | 6701943 | — |
| 5 | Rire et Chansons | 音乐 | 3923165 | 3175709 | 3258834 |
| 6 | Hotmixradio | 音乐 | 3266104 | 3010895 | 3491787 |
| 7 | Radio Classique | 音乐 | 2145387 | 2062070 | 1689360 |
| 8 | Ledjam Radio | 音乐 | 2062382 | 2534082 | 1247495 |
| 9 | Radio Meuh | 音乐 | 1968775 | — | — |
| 10 | Radio Public Santé | 健康 | 1850538 | 2046743 | 3031410 |
| 11 | Radio Nova | 音乐 | 1759088 | 2052217 | 2219849 |
| 12 | ABC Lounge | 音乐 | 1695261 | 1641662 | — |
| 13 | La Grosse Radio | 音乐 | 1523933 | 1195946 | 1398726 |
| 14 | TSF Jazz | 音乐 | 1018491 | 949887 | — |
| 15 | Elium | 音乐 | 617801 | 517501 | 651114 |

资料来源：法国报刊与媒体数据联盟（ACPM），www.acpm.fr。

## （三）电视

**1. 收视情况：新高清频道的开通未带来数字频道收视份额的明显增长**

2014年，法国4岁以上居民平均每天收视时间为3小时41分（221分钟），较上年减少5分钟。①

2011年以前，数字频道的收视份额以年均3.1%的速度增长，其中2008年较上年增加了近6个百分点。2011年以后，增长明显变缓，即便2012年开启了6个高清频道，至2014年的三年间，数字频道收视份额才增加了2.5个百分点。这表明，传统频道和数字频道之间的竞争进入暂时的平静期，两者将如法国高等视听委员会所预测的那样，各自的收视份额在近几年内无较大变化（见图17）。

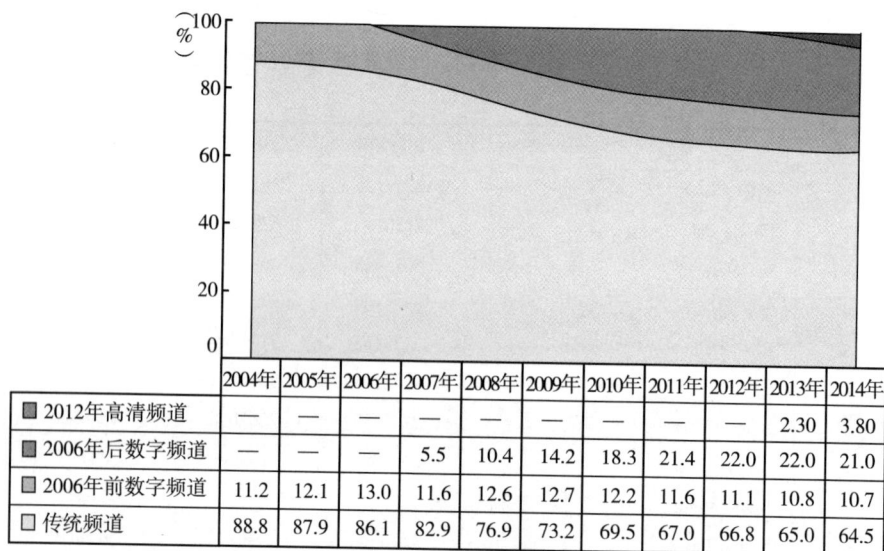

| | 2004年 | 2005年 | 2006年 | 2007年 | 2008年 | 2009年 | 2010年 | 2011年 | 2012年 | 2013年 | 2014年 |
|---|---|---|---|---|---|---|---|---|---|---|---|
| ■ 2012年高清频道 | — | — | — | — | — | — | — | — | — | 2.30 | 3.80 |
| ■ 2006年后数字频道 | — | — | — | 5.5 | 10.4 | 14.2 | 18.3 | 21.4 | 22.0 | 22.0 | 21.0 |
| ▨ 2006年前数字频道 | 11.2 | 12.1 | 13.0 | 11.6 | 12.6 | 12.7 | 12.2 | 11.6 | 11.1 | 10.8 | 10.7 |
| □ 传统频道 | 88.8 | 87.9 | 86.1 | 82.9 | 76.9 | 73.2 | 69.5 | 67.0 | 66.8 | 65.0 | 64.5 |

**图17  2004～2014年法国各类电视频道份额的发展情况**

注：最新报告对2013年的数据做了调整，本报告采用最新数据，较之前报告有所不同。

资料来源：*Les chiffres clés de l'audiovisuel français（Edition du 2nd semestre 2015）*，法国高等视听委员会（CSA），www.csa.fr。

---

① 法国高等视听委员会（CSA），www.csa.fr。

表11 2010～2014年法国电视频道收视份额分配

单位：%

| 年份 | 2010 | 2011 | 2012 | 2013 | 2014 |
|---|---|---|---|---|---|
| 公营电视频道 | | | | | |
| France 2 | 16.1 | 14.9 | 14.9 | 14.0 | 14.1 |
| France 3 | 10.7 | 9.7 | 9.7 | 9.5 | 9.4 |
| France 5 | 3.2 | 3.3 | 3.5 | 3.3 | 3.2 |
| Arte | 1.6 | 1.5 | 1.8 | 2.0 | 2.0 |
| 公营总计 | 31.6 | 29.4 | 29.9 | 28.8 | 28.7 |
| 私营电视频道 | | | | | |
| TF1 | 24.5 | 23.7 | 22.7 | 22.8 | 22.9 |
| M6 | 10.4 | 10.8 | 11.2 | 10.6 | 10.1 |
| Canal + | 3.1 | 3.1 | 2.9 | 2.8 | 2.6 |
| 私营总计 | 38.0 | 37.6 | 37.0 | 36.2 | 35.6 |
| 其他电视频道 | | | | | |
| 其他总计 | 30.4 | 33 | 33.1 | 35.0 | 35.7 |
| 总计 | 100 | 100 | 100 | 100 | 100 |

注："其他电视频道"包括：TNT频道、专业频道、地方频道、区域频道、互动频道、外国频道等。

资料来源：法国国家电影中心（CNC），*Audience de La Television*，www.cnc.fr。

### 2. 电视收入：广告收入止跌回升，较上年增加0.1%

2014年，法国电视业收入90.93亿欧元①，在上年基础上减少1.14亿欧元，降幅1.2%，是自2011年达到最高值后持续下跌的第三年。

公共基金设立于1933年，其前身为执照费，它是公营广播电视台的主要经费来源。为了进一步提高公营广播电视的公共服务质量，2009年1月5日，法国公营电视台取消晚间8点至凌晨6点间节目中的任何广告，并按计划于2011年完全取消全部时段的广告，年损失预计约为4.5亿欧元。为补

---

① 本报告仍沿袭之前报告的惯例，综合使用法国国家电影中心（CNC）和法国高等视听委员会（CSA）提供的相关数据。分析了两者在统计上的特色与不足之后，在收入总金额部分，采用CNC的数据，在免费频道和付费频道收入的分项上，沿用CSA的数据。由于两者在统计指标上有所差异，因而总体与分项数据可能存在一定程度的误差。

偿这一损失以保证公营电视台的正常运行,法国政府增加了中央政府预算拨款,并增加两项税收,一是针对私营电视台因公营电视台取消广告而获得的额外广告份额征收 1.5% 的税,二是针对网络入口供应商(FAI)和移动电信商的营业额收税。此时,"执照费"更名为"公共基金"。因此,自 2009 年起,公共基金的金额和在总收入中的份额均明显增加,有效支撑了公营电视台的平稳过渡,并在不景气的经济环境中保护了电视业的健康发展。2013年,当公营电视台已适应新的运营模式之后,公共基金开始小幅减少。2014年,这项收入在上年基础上继续减少 0.18 亿欧元,降幅 0.7%,但其在总收入中所占份额仍增加了 0.2 个百分点,至 30.2%。

付费电视订用收入也遭遇连续第二年的缩减,为 31.25 亿欧元,较上年减少 0.99 亿欧元,降幅 3.1%,在总收入中的份额也减少 0.6 个百分点,至 34.4%。

广告收入是唯一的增长项目,它结束了连续两年的下滑趋势,在 2014 年小幅增长至 32.22 亿欧元,较上年增加 300 万欧元,增幅 0.1%。其在总收入中的份额也增加了 0.4 个百分点,至 35.4%(见图 18 和表 12)。

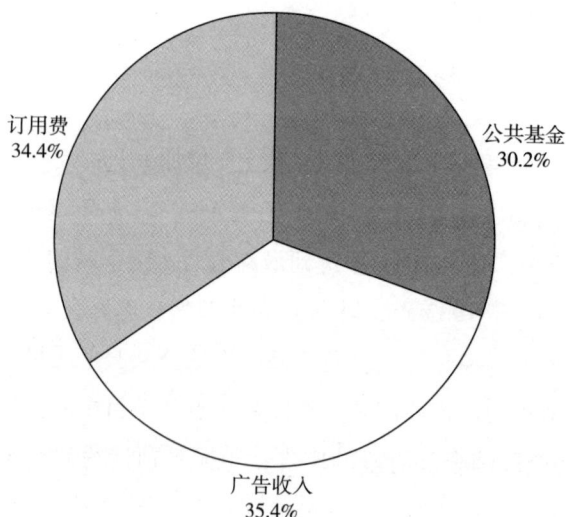

**图 18 2014 年法国电视收入份额**

资料来源:法国国家电影中心(CNC),*L'économie de La Télévision*,www.cnc.fr。

表12 2004～2014年法国电视收入

单位：亿欧元

| 年份 | 公共基金 | 广告收入 | 订用费 | 收入总额 |
|------|---------|---------|--------|---------|
| 2004 | 19.35 | 32.67 | 28.95 | 80.97 |
| 2005 | 19.79 | 33.13 | 29.91 | 82.83 |
| 2006 | 20.38 | 34.95 | 31.57 | 86.90 |
| 2007 | 20.89 | 36.17 | 32.45 | 89.51 |
| 2008 | 21.64 | 34.76 | 33.51 | 89.91 |
| 2009 | 26.40 | 30.94 | 32.56 | 89.90 |
| 2010 | 27.10 | 34.41 | 32.67 | 94.18 |
| 2011 | 27.11 | 34.96 | 33.35 | 95.42 |
| 2012 | 27.96 | 33.37 | 33.40 | 94.73 |
| 2013 | 27.64 | 32.19 | 32.24 | 92.07 |
| 2014 | 27.46 | 32.22 | 31.25 | 90.93 |

资料来源：法国国家电影中心（CNC），*L'économie de La Télévision*，www.cnc.fr。

2014年，法国22个免费电视频道共收入55.32亿欧元，较上年增加140万欧元，增幅0.03%。广告收入28.72亿欧元，较上年的28.68亿欧元增加370万欧元，增加0.13%。

3个公营免费电视频道2014年共收入29.29亿欧元，虽然较上年减少1350万欧元，降幅为0.5%，但与2013年1.46亿欧元的减损值和4.7%的降幅相比，状况已明显好转。特别是考虑到2014年度公共资助减少1620万欧元的情况，公营免费电视频道的表现已实属不易。另外，其广告收入3.47亿欧元，较上年减少1180万欧元，降幅3%，与2012年（下降8%）和2013年（下降13%）相比已表现出明显的稳定性。

17个私营免费电视频道2014年共收入26.03亿欧元，较上年增加1490万欧元，增幅0.6%。其中广告收入24.37亿欧元，较上年增加1550万欧元，增幅0.6%。两家传统私营免费频道TF1和M6的收入均有较小幅度的缩减，前者2014年收入12.61亿欧元，较上年减少130万欧元，降幅1%，后者收入6.42亿欧元，较上年减少1230万欧元，降幅2%。DTT免费数字频道仍是唯一收入有增长的项目，2014年收入7.00亿欧元，较上年增加

4110 万欧元，增幅 6.2%。但较之 2013 年的 16.4% 的增幅，已明显放缓（见表 13）。

表 13　2008～2014 年法国各免费电视频道收入情况

单位：亿欧元

| 年份 | TF1 频道 | M6 频道 | 2、3、5 频道 | DTT－2005 频道 | DTT－2012 频道 | 总计 |
|---|---|---|---|---|---|---|
| 2008 | 15.78 | 6.68 | 23.91 | — | — | 46.37 |
| 2009 | 13.77 | 6.16 | 25.93 | — | — | 45.86 |
| 2010 | 14.85 | 6.8 | 30.42 | 4.51 | — | 56.58 |
| 2011 | 14.47 | 6.87 | 30.04 | 5.35 | — | 56.73 |
| 2012 | 13.57 | 6.59 | 30.89 | 5.66 | — | 56.71 |
| 2013 | 12.75 | 6.54 | 29.43 | 6.07 | 0.53 | 55.31 |
| 2014 | 12.61 | 6.42 | 29.29 | 6.12 | 0.88 | 55.32 |

资料来源：综合 *Données 2009 de la television*、*L'économie des chaînes en 2010*，*Bilan financier de l'année 2011 des chaînes nationales gratuite*，*Bilan financier de l'année 2012 des chaînes nationales gratuite*，*Bilan financier de l'année 2013 des chaînes nationales gratuite*，*Bilan financier de l'année 2014 des chaînes nationales gratuite*，法国高等视听委员会 CSA，www. csa. fr。

至 2014 年 12 月 31 日，法国有 141 个在法国高等视听委员会注册的付费频道，其中包括 134 个使用依托网络而非高等视听委员会分配频率进行传播的频道。[①]

其中纳入统计范围的 96 个付费频道[②]收入 30.42 亿欧元，较上年增加 2%。份额占 83.6% 的订用服务收入 25.43 亿欧元，一反前两年持续下降的趋势，较上年增加 7400 万欧元，增幅 3.0%；份额占 8.9% 的广告收入 2.72 亿欧元，在上年基础上继续减少 1900 万欧元，降幅 6.5%；份额占 7.5% 的其他收入 2.27 亿欧元，较上年增加 1100 万欧元，增幅 5.1%。

法国最大的付费频道 Canal＋收入 18.30 亿欧元，较上年减少 0.53 亿欧元，降幅 2.8%。其中订用服务收入 16.31 亿欧元，较上年减少 0.52 亿欧

---

① 法国高等视听委员会（CSA），*Les chiffres clés de l'audiovisuel français*（Edition du 2nd semestre 2015），www. csa. fr。

② 本资料来源于法国高等视听委员会（CSA），*Bilan financier de l'année 2014 des chaînes nationales payantes*，www. csa. fr。

元，降幅 3.1%，同时，订用人数 560 万，较上年减少了 3.6 万；广告收入 1.41 亿欧元，较上年减少 0.07 亿欧元，降幅 5%；其他收入 0.58 亿欧元，较上年增加 0.06 亿欧元，增幅 11.5%。该频道收入占付费频道总收入的 60.2%，较上年减少 3 个百分点。

其他付费频道收入 12.12 亿欧元，结束了连续两年下滑的势头，较上年增加 1.17 亿欧元，增幅高达 10.7%（见图 19）。这一成绩完全归功于 beIN SPORTS 公司，该公司成立于 2012 年 6 月，2013 年被纳入统计范围后全速发展，收入增加了 112%。倘若减去这一收入，其他付费频道的总收入将降至 10 年前（约 9.97 亿欧元）的水平。

从分项来看，其他付费频道的收入中，份额占 75.2% 的订用服务收入 9.12 亿欧元，份额占 10.9% 的广告收入 1.32 亿欧元，份额占 13.9% 的其他收入 1.69 亿欧元。

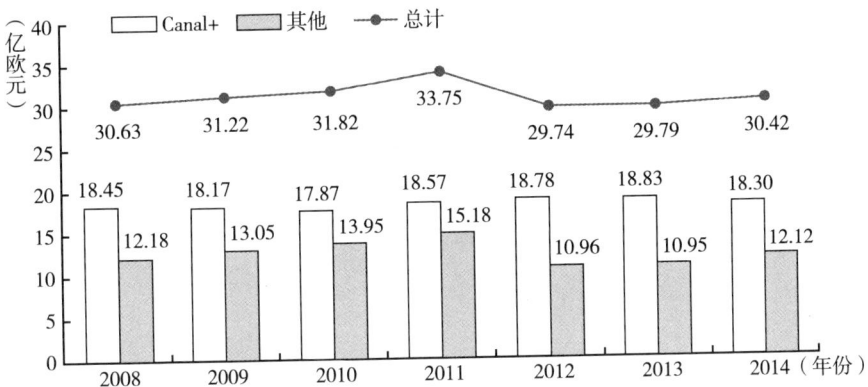

**图 19　2008～2014 年法国付费电视频道收入状况**

资料来源：综合 *Données 2009 de la television*、*L'économie des chaînes en 2010*，*Bilan financier de l'année 2011 des chaînes nationales gratuite*，*Bilan financier de l'année 2012 des chaînes nationales gratuite*，*Bilan financier de l'année 2013 des chaînes nationales gratuite*，*Bilan financier de l'année 2014 des chaînes nationales gratuite*，法国高等视听委员会 CSA，www.csa.fr。

**3. 电视节目：除 M6 集团外，其余电视台均不同程度增加制作经费**

2014 年，法国传统全国性频道电视节目制作经费总计 48.08 亿欧元，在上年47.03亿欧元①的基础上增加1.05亿欧元，增幅2.2%。制作的节目21万小时，与上年持平，较2005年的10.2万小时增加约1倍。

2014年，法国最大的付费电视台Canal＋，因在足球和橄榄球等体育赛事转播上的开销，使得其节目制作费用较上年增加4.2%，至13.12亿欧元。TF1集团②因世界杯足球赛的转播，其节目制作经费较上年增加5.0%，至9.94亿欧元。另一家私营电视集团M6集团③节目制作经费为4.16亿欧元，较上年减少3.7%，是唯一一家缩减经费的电视台。法国国家电视集团节目④制作总经费较上年小幅增加1.0%，但并非均衡提升每个频道的经费，而是在2、3和ô频道上有所增加，5、4频道上有所减少（见表14和图20）。

表14　2005～2014年法国传统全国性频道节目制作经费一览

单位：亿欧元，%

| 项目 | TF1集团 | 法国国家电视集团 | Canal＋ | M6集团 | 总计 |
|---|---|---|---|---|---|
| 2005年 | 9.19 | 15.95 | 9.71 | 2.58 | 37.43 |
| 2006年 | 10.60 | 16.41 | 11.00 | 3.03 | 41.04 |
| 2007年 | 10.24 | 16.74 | 11.07 | 2.99 | 41.04 |
| 2008年 | 10.32 | 16.77 | 10.47 | 3.47 | 41.03 |
| 2009年 | 9.27 | 17.28 | 9.99 | 3.04 | 39.58 |
| 2010年 | 9.51 | 17.90 | 9.98 | 3.20 | 40.59 |
| 2011年 | 9.06 | 18.09 | 10.35 | 3.34 | 40.84 |
| 2012年 | 10.04 | 18.23 | 11.43 | 3.47 | 43.17 |
| 2013年 | 9.47 | 20.65 | 12.59 | 4.32 | 47.03 |
| 2014年 | 9.94 | 20.86 | 13.12 | 4.16 | 48.08 |
| 2013～2014年变化 | 5.0 | 1.0 | 4.2 | -3.7 | 2.2 |
| 2014年份额 | 20.7 | 43.4 | 27.3 | 8.7 | 100.0 |

资料来源：法国国家电影中心（CNC），*L'économie de La Télévision*，www.cnc.fr。

① 2013年，法国国家电影中心（CNC）对多个统计项目进行调整，如法国国家电视集团和M6集团不再提供频道单独数据，因而经费总计从46.14亿欧元调整为47.03亿欧元。

② 2012年，法国国家电影中心（CNC）对TF1、TMC、NT1和HD1进行综合统计，不再提供单独数据。当年相关数据从9.36亿欧元调整至10.04亿欧元。

③ 2013年，法国国家电影中心（CNC）对M6、W9和6ter进行综合统计，不再提供单独数据。当年相关数据从3.43亿欧元调整为4.32亿欧元。

④ 2013年，法国国家电影中心（CNC）对法国国家电视集团旗下的2、3、5、4和ô频道进行综合统计，不再提供单独数据。

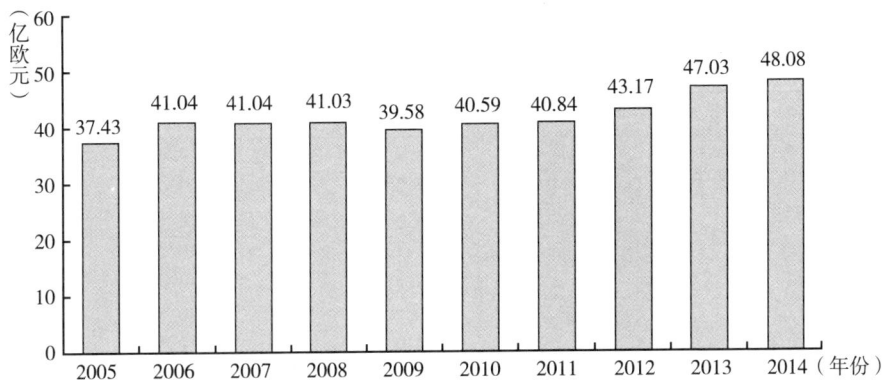

图20　2005～2014年法国传统全国性频道节目制作经费

资料来源：法国国家电影中心（CNC），*L'économie de La Télévision*，www.cnc.fr。

从节目制作情况来看，电视剧、杂志和纪录片、体育节目、广告的份额较上年有较大幅度的增加，其中广告的份额达到近年来的最高值（9.5%）。相应地，其他各类节目的份额则有所减损，其中值得注意的是除真人秀外，电视电影、游戏节目、青少节目以及新闻节目均降至近年来的最低值（见表15）。

从节目收视情况来看，体育节目的收视份额有较大幅度的回升，较上年增加1.4个百分点，至4.3%；广告的收视份额较上年增加0.6个百分点，至10.2%，达到历史最高值；电视电影、杂志和纪录片的份额也有小幅增加，且均达到历史最高值。在份额减少的各类节目中，值得注意的有两点：一是电视剧，制作份额增长了1.9个百分点，但收视份额却较上年减少了0.4个百分点，近五年来仅高于2010年；二是游戏节目和新闻节目的收视份额降至近年来的最低值，与其制作份额的下降情况相吻合（见表16）。

**4. 数字电视：2005数字频道①发展已趋于成熟**

至2014年12月31日，法国共有31个全国性DTT数字电视频道，其中

---

① 在法国的各项报告中，除细分需要，一般将2012年之前开设的数字频道统称为"2005数字频道"，2012年开设的6个高清频道称为"2012数字频道"，为方便起见，本报告也采用这种称谓方式。

表 15  2009～2014 年法国各类电视节目的制作份额

单位：%

| 年份 | 2009 | 2010 | 2011 | 2012 | 2013 | 2014 |
|---|---|---|---|---|---|---|
| 电视电影 | 4.7 | 4.3 | 4.2 | 4.2 | 4.0 | 3.8 |
| 电视剧 | 18.1 | 16.3 | 25.5 | 25.6 | 23.0 | 24.9 |
| 游戏节目 | 8.2 | 8.1 | 3.8 | 3.8 | 4.1 | 3.5 |
| 真人秀 | 5.4 | 5.5 | 7.1 | 6.9 | 10.3 | 8.1 |
| 新闻节目 | 5.6 | 5.2 | 2.3 | 2.3 | 2.1 | 1.5 |
| 杂志和纪录片 | 33.3 | 36.3 | 29.6 | 30.8 | 30.5 | 32.3 |
| 体育节目 | 2.4 | 3.2 | 2.0 | 1.9 | 1.3 | 1.6 |
| 青少节目 | 9.0 | 8.0 | 10.0 | 9.7 | 9.2 | 8.6 |
| 广告 | 6.4 | 6.9 | 7.7 | 7.6 | 8.3 | 9.5 |
| 其他 | 6.9 | 6.2 | 7.8 | 7.2 | 7.2 | 6.2 |
| 总计 | 100 | 100 | 100 | 100 | 100 | 100 |

资料来源：法国国家电影中心（CNC），*Results 2014*，*www.cnc.fr*。

表 16  2009～2014 年法国各类电视节目的收视份额

单位：%

| 年份 | 2009 | 2010 | 2011 | 2012 | 2013 | 2014 |
|---|---|---|---|---|---|---|
| 电视电影 | 5.2 | 4.7 | 5.5 | 5.3 | 5.5 | 5.6 |
| 电视剧 | 25.4 | 22.7 | 26.8 | 25.7 | 25.0 | 24.6 |
| 游戏节目 | 11.9 | 12.6 | 9.8 | 9.8 | 10.1 | 9.6 |
| 真人秀 | 4.0 | 4.0 | 4.5 | 4.3 | 4.5 | 4.1 |
| 新闻节目 | 13.7 | 13.4 | 11.1 | 10.9 | 11.1 | 10.5 |
| 杂志和纪录片 | 20.9 | 21.6 | 22.2 | 23.7 | 24.6 | 24.8 |
| 体育节目 | 4.1 | 6.0 | 3.8 | 4.8 | 2.9 | 4.3 |
| 青少节目 | 2.5 | 2.1 | 3.7 | 3.4 | 3.3 | 3.1 |
| 广告 | 8.6 | 9.4 | 9.2 | 8.9 | 9.6 | 10.2 |
| 其他 | 3.7 | 3.5 | 3.4 | 3.2 | 3.4 | 3.2 |
| 总　计 | 100 | 100 | 100 | 100 | 100 | 100 |

资料来源：法国国家电影中心（CNC），*Results 2014*，*www.cnc.fr*。

7 个付费频道，24 个免费频道，11 个高清频道。[1]

2014 年底，2005 数字频道的覆盖率已达到 96.7%，较 2012 年底缓慢增

---

[1]  法国高等视听委员会（CSA），www.csa.fr。

长了 0.6 个百分点，正在向预期的 97.0% 的目标接近。而 2012 数字频道的覆盖率近年来以较快速度持续扩大，2014 年 10 月已达到 89.5%，较上年同期增加 31.9 个百分点，较开通之初（2012 年）增加 60.5 个百分点，根据目前的发展趋势，这类频道也将在预定时间达到 97.0% 的目标覆盖率（见图 21）。

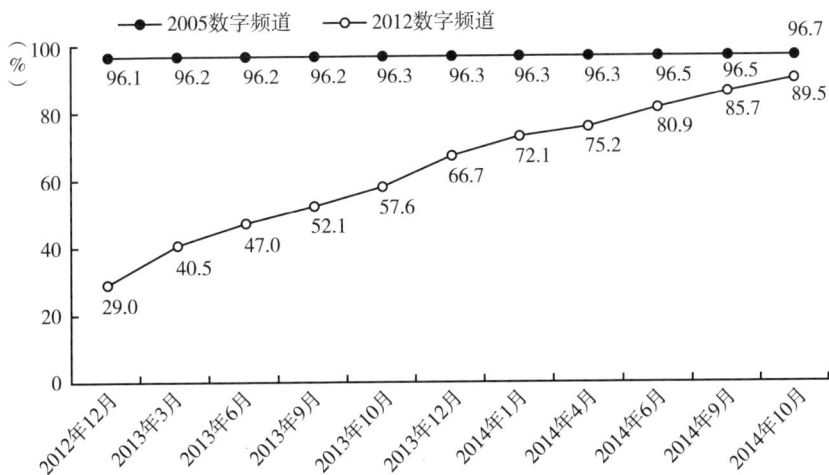

**图 21　2012～2014 年法国全国性高清免费数字频道覆盖率**

资料来源：法国高等视听委员会（CSA），*Les chiffres clés de l'audiovisuel français*（*Edition du 2nd semestre 2015*），www.csa.fr。

从收视份额来看，每新开通一批 DTT 数字电视频道，都将影响之前开通的频道的份额：2006 年前开通的 DTT 数字频道于 2009 年达到 12.7%，此后开始下跌，至 2014 年已跌至 10.7%，减少了 2 个百分点；2006 年后开通的 DTT 数字频道于 2012 年达到最高值 22.0%，此后下滑，至 2014 年已降至 21.0%，减少 1 个百分点，其中，D8、BFM TV 和 I＞Télé 的收视份额仍有不同程度增长，D17 保持平稳，其他则下滑；2012 年开通的高清数字频道，2013 年的份额为 2.3%，2014 年已增至 3.8%，一年间增加了 1.5 个百分点（见图 22）。

电视接收渠道上，DTT 和 ADSL 两项与新媒体相关的渠道均有所增长，而传统的卫星和有线电视系统则小幅下跌。其中，58.4% 的法国家庭通过

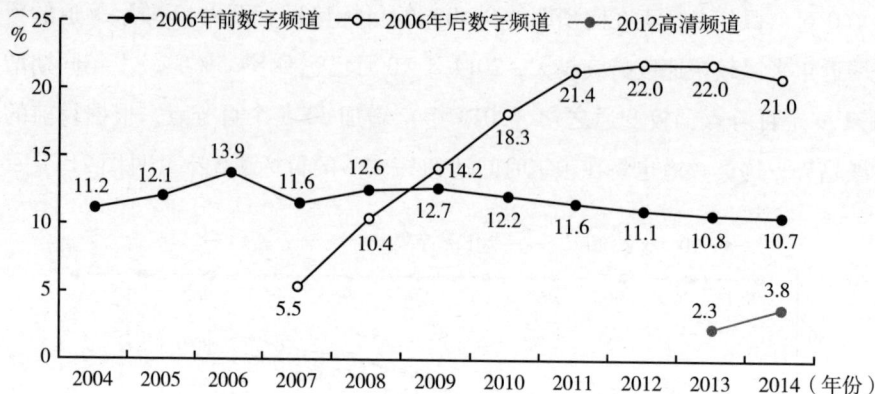

**图 22　2004～2014 年法国 DTT 数字频道收视份额**

注：最新报告对 2013 年的数据做了调整，本报告采用最新数据，较之前报告有所不同。
资料来源：法国高等视听委员会（CSA），*Les chiffres clés de l'audiovisuel français*（*Edition du 2nd semestre 2015*），www. csa. fr。

DTT 接收电视，结束了连续 3 年的下滑趋势，较上年增加 0.5 个百分点；ADSL 在上年基础之上继续增加 2.7 个百分点，已有 43.4% 的法国家庭采用这种方式收看电视；24.4% 的法国家庭使用卫星电视系统收看电视，较上年减少 0.6 个百分点，已降至 2011 年水平；8.3% 的家庭使用有线电视系统，继续在上年的基础上减少 0.1 个百分点，较 2008 年已减少 5.3 个百分点（见图 23）。

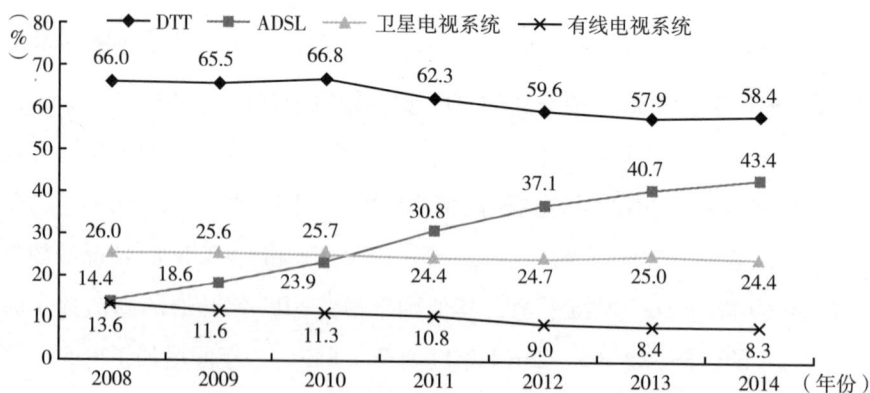

**图 23　2008～2014 年法国电视接入方式份额**

资料来源：法国高等视听委员会（CSA），*Les chiffres clés de l'audiovisuel français*（*Edition du 2nd semestre 2015*），www. csa. fr。

2014 年，法国免费数字频道收入 7.00 亿欧元，在上年基础上继续增加 4110 万欧元，增幅 6.2%，而这一数值在上年为 16.4%（见图 24）。其中广告收入 6.55 亿欧元，较上年增加 0.38 亿欧元，增幅 6.2%。而用户数也增加至 2240 万人，较上年增加 2.7%。

历经 14 年发展的 2005 数字频道已趋于成熟，2014 年收入 6.12 亿欧元，较上年仅增加 0.5%。其中广告收入 5.72 亿欧元，较上年增加 1.1%，但用户数却降至 1860 万人，较上年减少 4.6%。在广告增收的 6 个频道中，4 个频道的用户数有所增加：D8 频道广告收入增加 15%，用户数增加 3%；Gulli 频道广告收入增加 9%，用户数增加 6%；BFM TV 频道广告收入增加 7%，用户数增加 5%；I > Télé 频道广告收入增加 5%，用户数增加 13%。另外 2 个频道的用户数则有所减少：D17 频道广告收入增加 23%，用户数减少 8%；NRJ 频道广告收入增加 8%，用户数减少 14%。

2012 数字频道是免费数字频道收入增加的主要原因，它 2014 年收入总计 8810 万欧元，较上年增加 3550 万欧元，增幅 67.5%。其中广告收入 8300 万欧元，较上年增加 62.4%，用户数 380 万人，较上年增加 150 万人，增幅 65.2%。因而其在免费数字频道总收入中的份额也上升到 12.6%，较上年增加 4.7 个百分点。

据法国高等视听委员会的另一份报告，包括免费和付费在内的全部 DTT 数字电视频道，2010 ~ 2012 年所获得的广告商投资，在广告商电视业投资总额中的份额由 23% 增至 30%，增长了 7 个百分点。但 2012 ~ 2014 年，这一份额仅增长了 2 个百分点，至 32%。若加上新开设的高清数字频道 4% 的份额，这一数值将达到 36%，增加了 6 个百分点（见图 25）。[①]

---

① 法国数字电视频道的收入情况，除"据法国高等视听委员会的另一份报告"的资料来源于 *Les chiffres clés de l'audiovisuel français（Edition du 2nd semestre 2015）* 外，其余未明确标识来源的数据均来自 *Bilan financier de l'année 2014 des chaînes nationales payantes*，法国高等视听委员会（CSA），www.csa.fr。

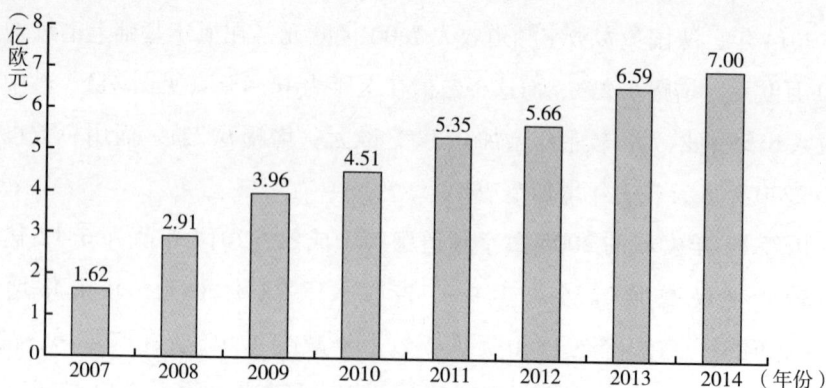

图24　2007~2014年法国免费数字频道收入情况

资料来源：综合 *Données 2009 de la television*、*L'économie des chaînes en 2010*，*Bilan financier de l'année 2011 des chaînes nationales gratuite*，*Bilan financier de l'année 2012 des chaînes nationales gratuite*，*Bilan financier de l'année 2013 des chaînes nationales gratuite*，*Bilan financier de l'année 2014 des chaînes nationales gratuite*，法国高等视听委员会 CSA，www. csa. fr。

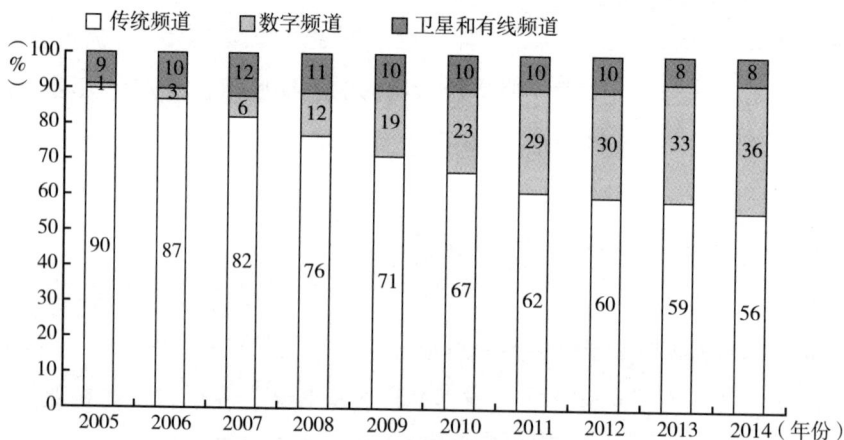

图25　2005~2014年法国电视广告收入份额

资料来源：法国高等视听委员会（CSA），*Les chiffres clés de l'audiovisuel français*（*Edition du 2nd semestre 2015*），www. csa. fr。

## （四）互联网

### 1. 订用：普通高速网络订户数首次下降

2014年，法国互联网订户数达到2608.8万人，较上年增加102.7万人，增幅 4.1% （见图 26）。高速网络订户数增至 2597 万人，较上年增加 105 万人，增幅 4.2%。其中，以光纤技术为基础的超高速网络订户数增至 311 万人，较上年增加 106 万人，增幅 51.7%，占总订户数的 11.9%，较上年增加 3.7 个百分点；普通高速网络订户数首次略有下降，至 2286 万人，较上年减少 1 万人，降幅 0.04%；2M 以下低速网络订户数继续减少至 12 万人（见图 27）。

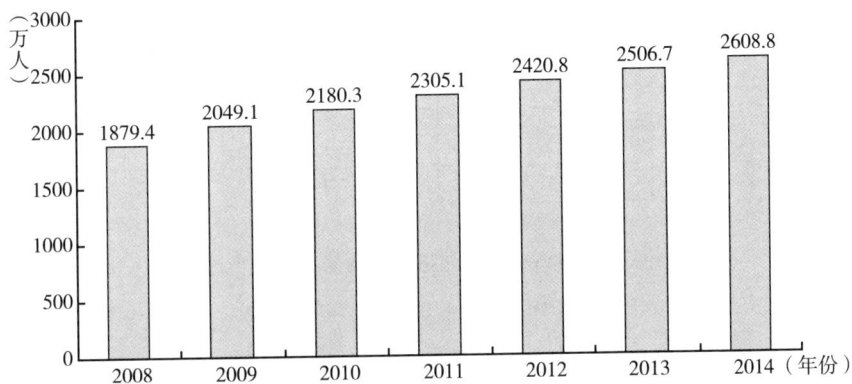

**图 26　2008～2014 年法国互联网订用人数**

资料来源：综合法国电信管理局（ARCEP）2008～2014 年年报，www.arcep.fr。

**2. 收入：超高速网络订户数的大幅增长未带来订用收入的快速增长**

2014 年，法国互联网订用收入 101.15 亿欧元，较上年增加了 2.9 亿欧元，增幅 3.0%；广告收入 6.52 亿欧元，较上年增加 0.12 亿欧元，增幅 1.9%，符合该类广告收入波动增长的规律；总收入 107.67 亿欧元，较上年增加 3.02 亿欧元，增幅 2.9%，较上年增幅减少了 0.8 个百分点，进一步表明互联网收入的增长速度正在放慢（见图 28）。

从分项来看，普通高速网络订用收入在上年基础上继续增长 2.4 亿欧元，至 87.36 亿欧元，增幅 2.8%，较上年增幅减少 1.1 个百分点；超高速网络订用收入 13.71 亿欧元，较上年增加 0.53 亿欧元，增幅 4.1%，较上年增幅减少 1.3 个百分点；而低速网络订用收入仅为 800 万欧元，较上年减少 300 万欧元，降幅为 27.3%（见图 29）。

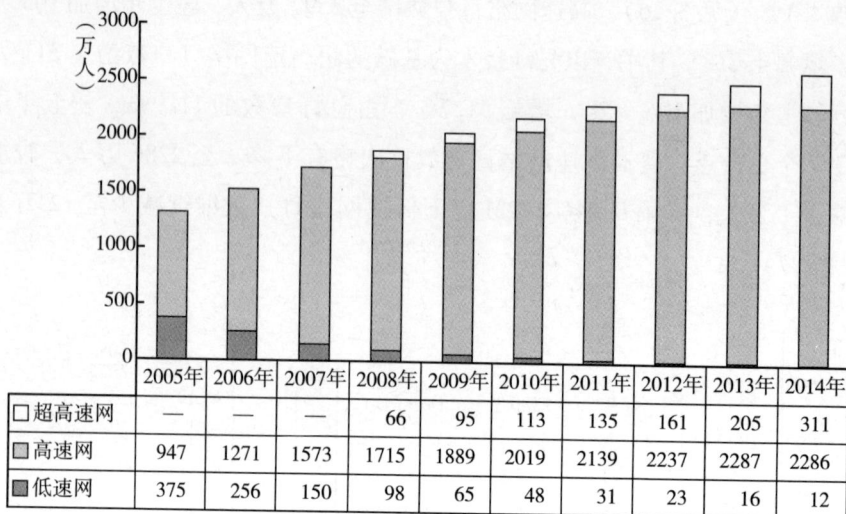

| | 2005年 | 2006年 | 2007年 | 2008年 | 2009年 | 2010年 | 2011年 | 2012年 | 2013年 | 2014年 |
|---|---|---|---|---|---|---|---|---|---|---|
| □超高速网 | — | — | — | 66 | 95 | 113 | 135 | 161 | 205 | 311 |
| ▨高速网 | 947 | 1271 | 1573 | 1715 | 1889 | 2019 | 2139 | 2237 | 2287 | 2286 |
| ▩低速网 | 375 | 256 | 150 | 98 | 65 | 48 | 31 | 23 | 16 | 12 |

图27　2005～2014年法国各类网络订用情况

资料来源：综合法国电信管理局（ARCEP）2008～2014年年报，www. arcep. fr。

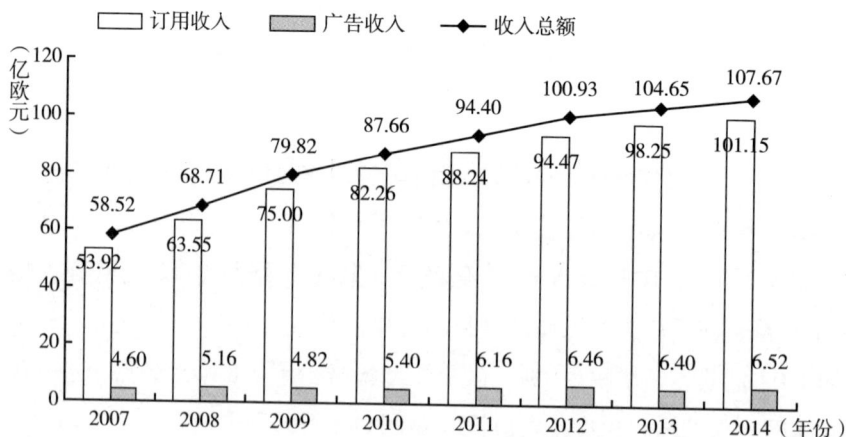

图28　2007～2014年法国互联网收入情况

注：订用收入情况来源于综合法国电信管理局（ARCEP）2008～2014年年报（www. arcep. fr），由于最新报告对往年数据进行了调整，本报告对往年数据进行了相应更新；广告收入情况来源于法国广告研究院（IREP），www. irep. asso. fr。

128

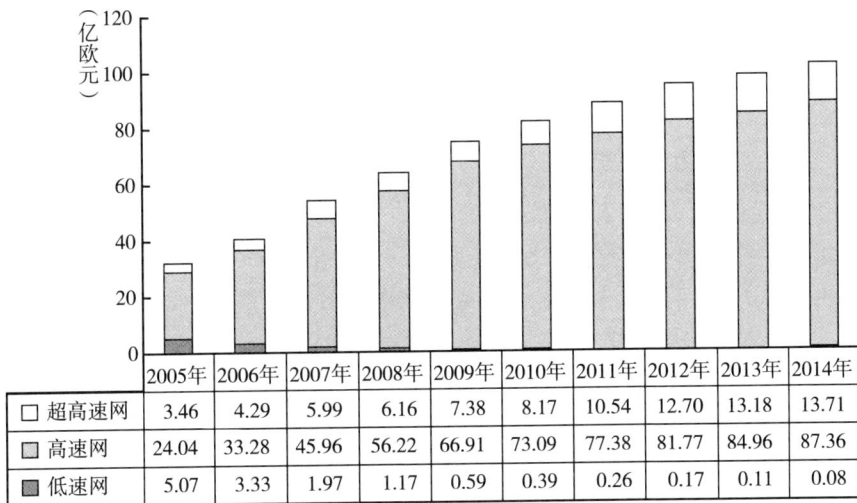

| | 2005年 | 2006年 | 2007年 | 2008年 | 2009年 | 2010年 | 2011年 | 2012年 | 2013年 | 2014年 |
|---|---|---|---|---|---|---|---|---|---|---|
| □ 超高速网 | 3.46 | 4.29 | 5.99 | 6.16 | 7.38 | 8.17 | 10.54 | 12.70 | 13.18 | 13.71 |
| ▨ 高速网 | 24.04 | 33.28 | 45.96 | 56.22 | 66.91 | 73.09 | 77.38 | 81.77 | 84.96 | 87.36 |
| ▩ 低速网 | 5.07 | 3.33 | 1.97 | 1.17 | 0.59 | 0.39 | 0.26 | 0.17 | 0.11 | 0.08 |

**图29 2005～2014年法国各种速度网络订用收入情况**

注：此报告对2005～2013年的数据进行了调整，本报告采用了最新发布的数据。

资料来源：法国电信管理局（ARCEP）2014年年报，www.arcep.fr。

## （五）电影

**1. 基础建设：42.7%的新屏幕分布于8屏及以上的影城**

2015年，法国关停了98块老屏幕，增开了192块新屏幕，使法国电影屏幕总数达到5741块，较上年增加了94块，增幅为1.7%。屏幕数量的增加与8屏及以上的大型影城的发展紧密相关，42.7%的新屏幕分布于这样的影城，较上年增加10.4个百分点；35.9%的新屏幕分布于4～7屏的影院，较上年减少3.5个百分点；21.4%的新屏幕分布于1～3屏的影院，较上年减少6.9个百分点。

多屏影院的增加有时会导致少屏影院的难以为继。如阿莱斯新开的一家8屏影城致使该城一家5屏影院和一家3屏影院倒闭；桑斯新开一家7屏影院，结果两家2屏影院因此而关门。尽管如此，2015年，法国影院的数量仍然有所增长，虽关闭了33家，但新开业或重新开业46家，因而影院总数较上年增加13家，至2033家，增幅0.6%，与2011年持平（见表17）。新开张的影院中 50% 为单屏影院，7 家为 8 屏及以上的影城。

因此，影院的座位数较上年也增加了 2.1%，至 109.5 万个。

2015 年 12 月，1191 家影院至少有一部 3D 放映仪，占影院总数的 58.6%，这一数值在上年为 58.8%。其中 16.1% 的影院为 8 屏及以上影城，份额较上年增加 0.6 个百分点，45.7% 的影院为单屏影院，份额较上年增加 0.4 个百分点（见表 18）。8 屏及以上影城中 94.6% 的影城至少有一部 3D 放映仪，这一数据在 4~7 屏影院中为 74.3%，在 2~3 屏影院中为 64.4%，在单屏影院中为 46.9%。

2016 年，法国文化部给电影分配的基金为 6.33 亿欧元，较上年预期的 6.61 亿欧元降低了 4%。为了弥补这一不足，法国国家电影中心从其多年活动经费中再支出 0.39 亿欧元，使这方面的预算达到 6.72 亿欧元，较上年增加了 1.7%。预算将优先用于电影制作及国际化推广，以提升法国文化实力。同时，向动画产业倾斜，以巩固其世界第三的位置。①

表 17    法国电影基础设施（2008~2015 年）

| 年份 | 2008 | 2009 | 2010 | 2011 | 2012 | 2013 | 2014 | 2015 |
|---|---|---|---|---|---|---|---|---|
| 电影院（家） | 2069 | 2066 | 2049 | 2033 | 2035 | 2025 | 2020 | 2033 |
| 电影屏幕（块） | 5390 | 5470 | 5467 | 5467 | 5508 | 5588 | 5647* | 5741 |
| 影院座位（万个） | 103.6 | 105.2 | 104.8 | 104.6 | 105.4 | 106.6 | 107.2 | 109.5 |

注：*上年报告中这一数值为"5653"，法国最新发布的数据中对此进行了调整，本报告采用了最新数据。

资料来源：法国国家电影中心（CNC），*Results 2015*，www.cnc.fr。

表 18    2015 年法国不同屏幕数影院的基础设施

| 项目 | 影院（家） | 屏幕（块） | 座位（个） | 观影份额（%） |
|---|---|---|---|---|
| 1 屏 | 1160 | 1160 | 254877 | 8.2 |
| 2~3 屏 | 433 | 1022 | 171125 | 11.1 |
| 4~5 屏 | 151 | 671 | 106688 | 10.0 |
| 6~7 屏 | 86 | 558 | 96838 | 9.9 |
| 8~11 屏 | 107 | 993 | 184626 | 21.2 |
| 12 屏以上 | 96 | 1337 | 280549 | 39.6 |
| 总计 | 2033 | 5741 | 1094703 | 100.0 |

资料来源：法国国家电影中心（CNC），*Results 2015*，www.cnc.fr。

① 法国文化部 2015 年年度预算报告，www.culture.gouv.fr。

**2. 电影制作: 电影长片制作数量创历史新高**

2015 年, 法国电影获得 12.24 亿欧元投资, 较上年增加 2.3 亿欧元, 增幅 23.1%。其中法方投资 9.70 亿欧元, 较上年增加 1.73 亿欧元, 增幅 21.7%; 外方投资 2.54 亿欧元, 较上年增加 0.57 亿欧元, 增幅 29.1%。虽然各项数据在 2015 年均有明显提升, 无奈 2014 年的下滑幅度过大, 终未能回复到 2013 年的水平。

2015 年, 法国共制作电影长片 300 部, 较上年增加 42 部, 达到历史最高值。其中法国独立或主导制作的长片 234 部, 较上年增加 31 部, 增幅 15.3%, 达到 1952 年以来的最高值。外方主导制作的长片 66 部, 较上年增加 11 部, 增幅 20% (见表 19)。

2015 年, 法国独立制作长片 158 部, 较上年增加 6 部; 共获得 6.65 亿欧元的投资, 较上年增加 11.0%; 片均 421 万欧元, 较上年增加 27 万欧元, 增幅 6.9%。若与法国主导合作电影放于一起, 获得的总投资额为 10.24 亿欧元, 较上年增加 28.1%, 略超过 2013 年的水平; 片均预算 440 万欧元, 较上年增加 55 万欧元, 增幅 14.3%, 在近 10 年中仅高于 2014 年。

法国国际合作影片 142 部, 较上年增加 36 部, 增幅 34.0%, 创近 10 年最高纪录, 占法国电影长片总数的 47.3%, 较上年增加 6.2 个百分点; 共获得 5.59 亿欧元的投资, 较上年增加 1.64 亿欧元, 增幅高达 41.5%; 片均预算 393 万欧元, 较上年增加 20 万欧元, 增幅 5.4%。其中法国主导合作片 76 部, 较上年增加 25 部, 增幅 49.0%; 获得投资 3.59 亿欧元, 较上年增加 1.59 亿欧元, 增幅高达 79.4%。因其中有 22 部电影的预算高于 700 万欧元, 比上年同类预算的电影多 10 部, 因而片均预算从 392 万欧元上升至 472 万欧元。外方主导合作片 66 部, 较上年增加 11 部, 增幅 20.0%; 获得投资 2.00 亿欧元, 较上年仅增加 2.8%, 因而其片均预算为 304 万欧元, 较上年减少 50 万欧元, 降幅 14.3%, 为近 10 年之最低 (见表 20 和图 30)。

从内容上看, 法国共制作纪录片 47 部, 其中 42 部由法国独立或主导制作, 共获得 2820 万欧元投资, 较上年增加 711 万欧元, 增幅 33.7%, 片均预算 60 万欧元, 较上年增加 3 万欧元, 增幅 5.3%, 近 10 年来仅高于 2014

年；制作动画片仅 3 部，较上年减少 6 部，全部为法国独立或主导制作，片均预算 729 万欧元，较上年增加 0.36 万欧元，增幅 5.2%，近 10 年来仅高于 2014 年；制作故事片 250 部，其中法国独立或主导制作 189 部，份额较上年略减 0.8 个百分点。

表 19　2010 ~ 2015 年法国各类方式制作的电影长片数量

单位：部

| 年份 | 2010 | 2011 | 2012 | 2013 | 2014 | 2015 |
|---|---|---|---|---|---|---|
| 故事片 | | | | | | |
| 　法国独立或主导制作 | 169 | 173 | 162 | 169 | 163 | 189 |
| 　外方主导合作 | 56 | 53 | 63 | 57 | 49 | 61 |
| 　总计 | 225 | 226 | 225 | 226 | 212 | 250 |
| 纪录片 | | | | | | |
| 　法国独立或主导制作 | 25 | 29 | 37 | 36 | 35 | 42 |
| 　外方主导合作 | 2 | 7 | 5 | 2 | 2 | 5 |
| 　总计 | 27 | 36 | 42 | 38 | 37 | 47 |
| 动画片 | | | | | | |
| 　法国独立或主导制作 | 9 | 5 | 10 | 4 | 5 | 3 |
| 　外方主导合作 | 0 | 5 | 2 | 2 | 4 | 0 |
| 　总计 | 9 | 10 | 12 | 6 | 9 | 3 |
| 总体情况 | | | | | | |
| 　法国独立制作 | 143 | 152 | 150 | 154 | 152 | 158 |
| 　法国主导合作 | 60 | 55 | 59 | 55 | 51 | 76 |
| 　外方主导合作 | 58 | 65 | 70 | 61 | 55 | 66 |
| 　总计 | 261 | 272 | 279 | 270 | 258 | 300 |

资料来源：法国国家电影中心（CNC），*la production cinématographique en 2015*，www. cnc. fr。

表 20　2010 ~ 2015 年法国国际合作电影概况

单位：部，亿欧元

| 年份 | 2010 | 2011 | 2012 | 2013 | 2014 | 2015 |
|---|---|---|---|---|---|---|
| 国际合作电影数 | | | | | | |
| 　合作电影总数 | 118 | 120 | 129 | 116 | 106 | 142 |
| 国际合作电影投资 | | | | | | |
| 　法方投资 | 3.43 | 4.00 | 4.00 | 3.18 | 2.00 | 3.59 |
| 　外方投资 | 3.49 | 3.26 | 3.17 | 2.35 | 1.95 | 2.00 |
| 　总计 | 6.92 | 7.26 | 7.17 | 5.53 | 3.95 | 5.59 |
| 法国独立或主导制作电影投资 | | | | | | |
| 　法方投资 | 10.19 | 10.10 | 9.67 | 9.32 | 7.53 | 9.24 |
| 　外方投资 | 0.94 | 1.18 | 0.99 | 0.88 | 0.46 | 1.00 |
| 　总计 | 11.12 | 11.28 | 10.66 | 10.20 | 8.00 | 10.24 |

资料来源：法国国家电影中心（CNC），*la production cinématographique en 2015*，www. cnc. fr。

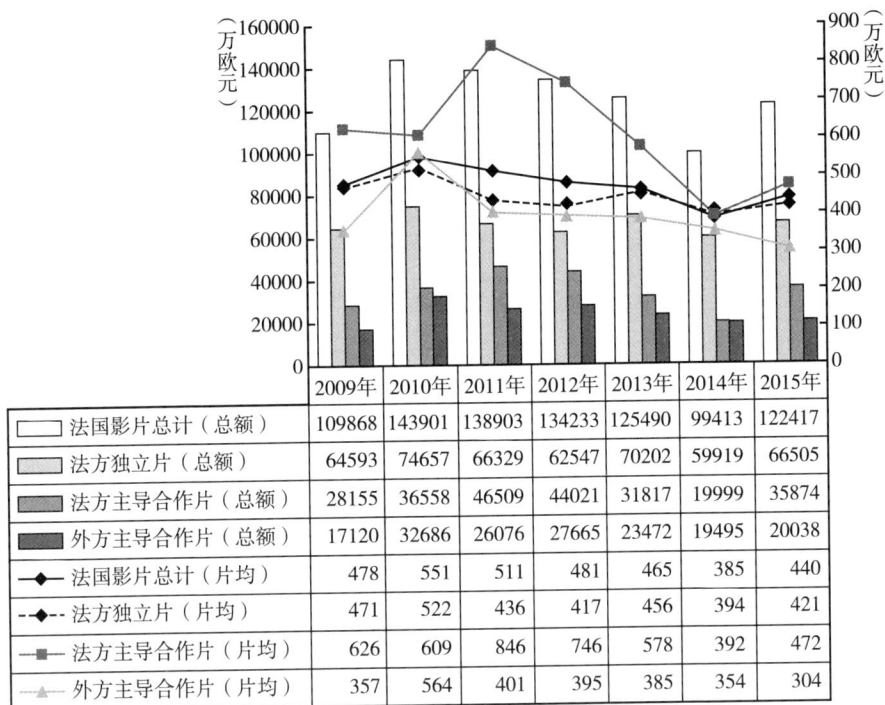

| | 2009年 | 2010年 | 2011年 | 2012年 | 2013年 | 2014年 | 2015年 |
|---|---|---|---|---|---|---|---|
| 法国影片总计（总额） | 109868 | 143901 | 138903 | 134233 | 125490 | 99413 | 122417 |
| 法方独立片（总额） | 64593 | 74657 | 66329 | 62547 | 70202 | 59919 | 66505 |
| 法方主导合作片（总额） | 28155 | 36558 | 46509 | 44021 | 31817 | 19999 | 35874 |
| 外方主导合作片（总额） | 17120 | 32686 | 26076 | 27665 | 23472 | 19495 | 20038 |
| 法国影片总计（片均） | 478 | 551 | 511 | 481 | 465 | 385 | 440 |
| 法方独立片（片均） | 471 | 522 | 436 | 417 | 456 | 394 | 421 |
| 法方主导合作片（片均） | 626 | 609 | 846 | 746 | 578 | 392 | 472 |
| 外方主导合作片（片均） | 357 | 564 | 401 | 395 | 385 | 354 | 304 |

**图30 2009～2015年法国国际合作影片投资情况**

资料来源：法国国家电影中心（CNC），*la production cinématographique en 2015*，www.cnc.fr。

**3. 电影首映：美国电影首映数量和份额低于历史平均水平**

2015年，法国首映654部电影，较上年减少9部，降幅1.4%，回复到2013年水平。

法国电影首映322部，较上年减少21部，降幅6.1%，份额49.2%，虽然低于上年51.7%的水平，但高于近10年的平均值47.3%，也高于近40年的平均值39.4%。

美国电影首映141部，较上年减少8部，降幅5.4%，份额21.6%，仅高于1983年（20.4%）。近10年，美国电影年均首映154部，年均份额25.4%；近40年，年均首映146部，年均份额27.0%。

欧洲电影首映125部，较上年增加20部，增幅9.8%，份额19.1%。其中英国电影38部，较上年增加10部，增幅达到35.7%。

其他电影首映 66 部,与上年持平,但份额略增加 0.1 个百分点,至 10.1%。其中中国电影 4 部,与上年持平;加拿大电影 7 部,较上年增加 2 部,日本电影 10 部,较上年增加 3 部(见表 21)。

表 21　2006～2015 年法国不同来源首映电影

单位:部

| 年份 | 2006 | 2007 | 2008 | 2009 | 2010 | 2011 | 2012 | 2013 | 2014 | 2015 |
| --- | --- | --- | --- | --- | --- | --- | --- | --- | --- | --- |
| 法国电影 | 242 | 262 | 240 | 270 | 272 | 289 | 300 | 330 | 343 | 322 |
| 美国电影 | 174 | 174 | 155 | 163 | 144 | 139 | 149 | 152 | 149 | 141 |
| 欧洲电影 | 105 | 79 | 99 | 97 | 120 | 110 | 100 | 105 | 105 | 125 |
| 其他电影 | 68 | 58 | 61 | 58 | 43 | 56 | 66 | 67 | 66 | 66 |
| 总计 | 589 | 573 | 555 | 588 | 579 | 594 | 615 | 654 | 663 | 654 |

资料来源:法国国家电影中心(CNC),*Results 2015*,www. cnc. fr。

从类型来看,共首映 104 部纪录片,较上年增加 4 部,创自 1996 年纳入统计以来的最高纪录,其中 70 部法国影片,22 部欧洲影片,5 部美国影片和 1 部中国影片(《疯爱》);首映 34 部动画片,较上年增加 5 部,其中法国动画片 11 部,较上年增加 6 部,美国动画片 11 部,日本动画片 5 部,德国动画片 3 部;剧情片 229 部,其中 117 部法国影片,23 部美国影片,较上年增加 17 部,增幅 8.1%,份额 35.0%,较上年增加 3 个百分点;喜剧片 72 部,其中 43 部法国影片,19 部美国影片,较上年减少 26 部,降幅 26.5%,因而其份额 11.0%,较上年减少 3.8 个百分点(见表 22)。

4. 观影市场:美国电影虽首映量低,但市场收益创历史第二高

2015 年,法国共售出 2.05 亿张电影票,虽较上年减少 1.9%,但仍在较高水平上,是近 10 年来突破 2 亿之限的第 6 次。尽管德国、英国、意大利和西班牙等国的观影人次分别增长了 14.4%、9.2%、8.9% 和 8.2%,法国仍是欧洲观影人次最多的国家(见图 31)。

2015 年,法国票房收入 13.31 亿欧元,仅较 2014 年减少 0.1%,近 10 年来仅次于 2011 年的 13.71 亿欧元和 2014 年的 13.33 亿欧元(见图 32)。

表22 2006～2015年法国不同类型首映电影

单位：部

| 年份 | 2006 | 2007 | 2008 | 2009 | 2010 | 2011 | 2012 | 2013 | 2014 | 2015 |
|---|---|---|---|---|---|---|---|---|---|---|
| 动画 | 30 | 24 | 22 | 35 | 24 | 34 | 31 | 33 | 29 | 34 |
| 冒险 | 38 | 23 | 36 | 20 | 26 | 38 | 14 | 15 | 21 | 19 |
| 喜剧 | 128 | 94 | 116 | 127 | 132 | 123 | 100 | 108 | 98 | 72 |
| 剧情喜剧 | 117 | 70 | 86 | 104 | 110 | 104 | 64 | 85 | 74 | 71 |
| 纪录片 | 52 | 67 | 58 | 72 | 76 | 90 | 92 | 87 | 100 | 104 |
| 剧情 | 136 | 172 | 138 | 139 | 129 | 141 | 204 | 200 | 212 | 229 |
| 魔幻 | 35 | 35 | 34 | 40 | 32 | 28 | 39 | 47 | 42 | 47 |
| 音乐 | 12 | 7 | 9 | 3 | 7 | 4 | 5 | 6 | 5 | 2 |
| 犯罪 | 38 | 66 | 48 | 40 | 41 | 29 | 62 | 69 | 64 | 56 |
| 其他 | 3 | 15 | 8 | 8 | 2 | 3 | 4 | 4 | 18 | 20 |
| 总计 | 589 | 573 | 555 | 588 | 579 | 594 | 615 | 654 | 663 | 654 |

资料来源：法国国家电影中心（CNC），*Results 2015*，www.cnc.fr。

从影片来源看，2015年观看法国电影的有7180万人次，较上年减少21.4%，低于近10年平均值7790万人次；份额35.5%，较上年减少9个百分点，低于近10年平均值39.5%；票房收入4.41亿欧元，降幅21.8%，近10年来仅高于2007年的3.81亿欧元及2013年的3.93亿欧元（见图33和表23）。

美国电影的观看人次1.05亿，较上年增加13.9%，远超过近10年的平均值9360万人次，创历史第二高成绩，仅次于1998年的1.08亿人次，其中7部美国影片的观影人次超过400万；份额52.0%，较上年增加7.1个百分点，高于近10年的平均值47.5%；票房收入7.10亿欧元，较上年增加17.0%，是近10年中的最高值。

欧洲电影的观看人次1800万，较上年增加49.1%，份额8.9%，较上年增加3个百分点。这主要归功于英国电影。2015年，英国电影在法国的观影人次达到1290万，较上年增加93.2%，其中《007：幽灵党》（*007 Spectre*）的观影人次高达481万，《灰姑娘》（*Cinderella*）和《王牌特工：特工学院》（*Kingsman：The Secret Service*）观影人次也达到167万。共有6部欧洲影片的观影人次超过50万，除以上提及的3部外，还包括德国动画片《玛亚历险记》（*Maya the Bee Movie*）、英国影片《木星上行》（*Jupiter Ascending*）和《小飞侠：幻梦启航》（*Pan*），票房收入 1.12 亿欧元，较上年增加 57.7%。

其他地区电影观看人次 720 万，较上年下降 26.5%；份额 3.6%，较上年减少 1.2 个百分点；票房 4690 万欧元，较上年减少 27.8%，但仍在近 10 年来第三高水平。

首映的 37 部 3D 电影观看人次 2160 万，虽然数量和观影人次均低于 2014 年（41 部，2170 万观影人次），但其 1.79 亿欧元的票房收入却高于 2014 年（1.73 亿欧元）。

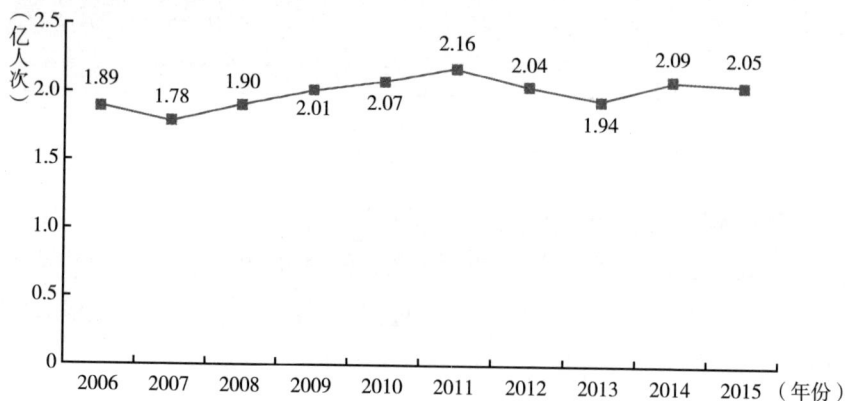

图 31　2006～2015 年法国电影观影人数

资料来源：法国国家电影中心（CNC），*Results 2015*，www. cnc. fr。

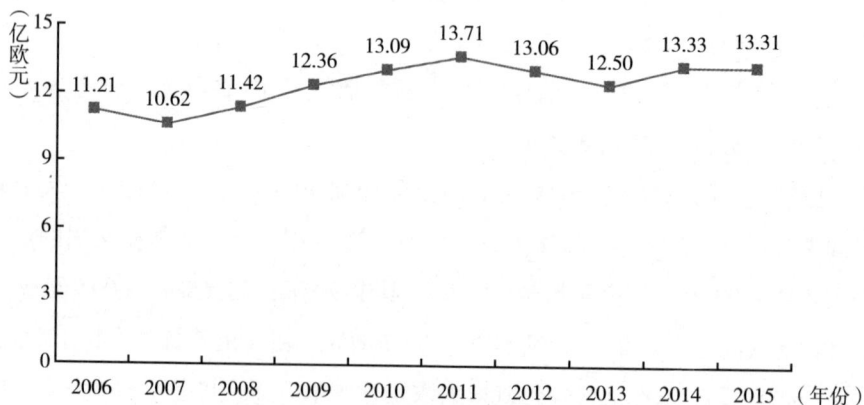

图 32　2006～2015 年法国电影票房收入

资料来源：法国国家电影中心（CNC），*Results 2015*，www. cnc. fr。

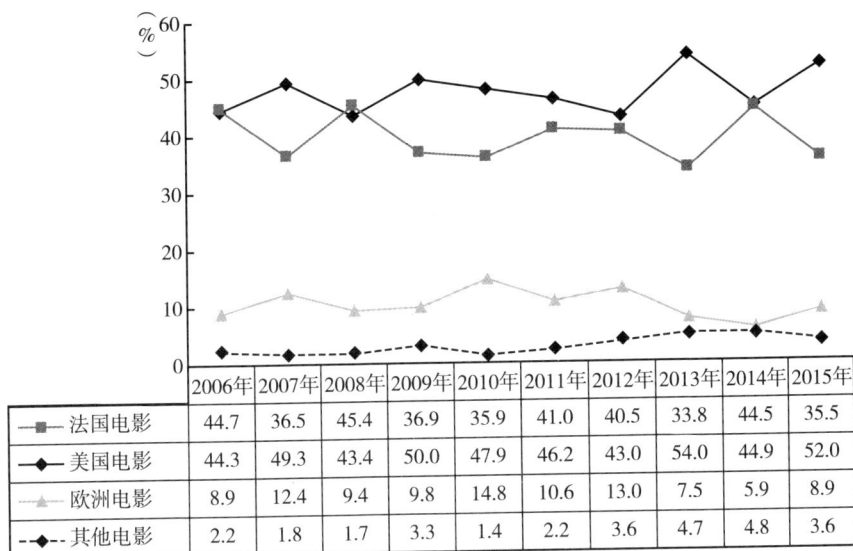

| | 2006年 | 2007年 | 2008年 | 2009年 | 2010年 | 2011年 | 2012年 | 2013年 | 2014年 | 2015年 |
|---|---|---|---|---|---|---|---|---|---|---|
| 法国电影 | 44.7 | 36.5 | 45.4 | 36.9 | 35.9 | 41.0 | 40.5 | 33.8 | 44.5 | 35.5 |
| 美国电影 | 44.3 | 49.3 | 43.4 | 50.0 | 47.9 | 46.2 | 43.0 | 54.0 | 44.9 | 52.0 |
| 欧洲电影 | 8.9 | 12.4 | 9.4 | 9.8 | 14.8 | 10.6 | 13.0 | 7.5 | 5.9 | 8.9 |
| 其他电影 | 2.2 | 1.8 | 1.7 | 3.3 | 1.4 | 2.2 | 3.6 | 4.7 | 4.8 | 3.6 |

**图33　2006～2015年法国不同来源电影的观影市场份额**

资料来源：法国国家电影中心（CNC），*Results 2015*，www. cnc. fr。

**表23　2006～2015年法国不同来源电影的票房收入**

单位：亿欧元

| 类别 | 2006 年 | 2007 年 | 2008 年 | 2009 年 | 2010 年 | 2011 年 | 2012 年 | 2013 年 | 2014 年 | 2015 年 |
|---|---|---|---|---|---|---|---|---|---|---|
| 法国电影 | 4.97 | 3.81 | 5.14 | 4.38 | 4.42 | 5.40 | 5.03 | 3.93 | 5.64 | 4.41 |
| 美国电影 | 4.99 | 5.30 | 4.99 | 6.36 | 6.52 | 6.46 | 5.75 | 6.86 | 6.07 | 7.10 |
| 欧洲电影 | 0.98 | 1.27 | 1.04 | 1.16 | 1.90 | 1.44 | 1.65 | 0.95 | 0.71 | 1.12 |
| 其他电影 | 0.22 | 0.16 | 0.17 | 0.38 | 0.16 | 0.26 | 0.45 | 0.58 | 0.65 | 0.47 |
| 总计 | 11.15 | 10.54 | 11.34 | 12.27 | 12.99 | 13.57 | 12.89 | 12.33 | 13.07 | 13.10 |

资料来源：法国国家电影中心（CNC），*Results 2015*，www. cnc. fr。

**5. 电影出口：亚洲首次成为法国电影第一大海外观影市场**

2014 年，法国电影出口收入 1.94 亿欧元，较上年增加 17.3%，达到近 10 年来第二高值，仅次于 2012 年的 2.11 亿欧元。2005～2014 年，这一收入以年均 2.7% 的速度增长（见图34）。

北美首次超过西欧成为法国电影最大的出口地区，收入 7110 万欧元，较上年增长 45.1%，份额 36.7%，较上年增加 7.1 个百分点；法国销往西欧的电影收入 6720 万欧元，较上年增加 2.0%，份额 34.6%，较上年减少 5.2 个百分点；销往亚洲的电影收入 1780 万欧元，较上年增加 18.9%，份额 9.2%，超越中东欧，成为法国电影的第三大购买地区；法国电影在中东欧的收入为 1720 万欧元，较上年增长 10.1%，但份额减少 0.6 个百分点，至 8.8%；其余地区的收入无论在金额上还是在份额上均相对稳定（见图 35）。

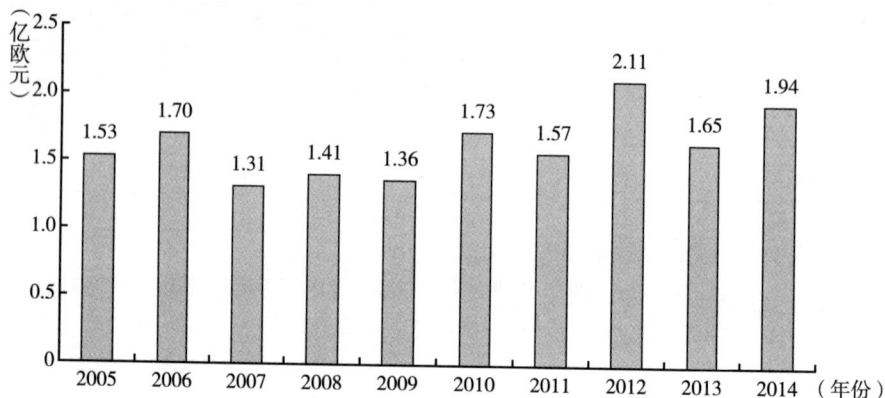

**图 34　2005～2014 年法国电影出口收入**

资料来源：法国国家电影中心（CNC），*Results 2015*，www.cnc.fr。

2015 年，共有 551 部法国电影在海外上映，较上年[①]减少 4.5%；在海外市场的观影人次 1.09 亿，虽然较上年减少 9.6%，仍是 4 年中第 3 次打破 1 亿观影人次之限，有 10 部电影的观影人次超过 100 万；票房收入 6.08 亿欧元，较上年减少 11.3%。尽管各项数据不同程度衰减，仍创造了近 20 年来法国电影在海外市场的第三好成绩（见图 36）。

虽然观影人次较上年减少 9.4%，亚洲仍然首次成为法国第一大海外观影市场，达 2900 万人次，占海外总观影人次的 26.7%。其中，中国是法国电影的第一大消费者，共有 1480 万人次观看了法国电影；其次为韩国和日本，观影人次分别为 360 万和 220 万（见图 37）。

---

① 最新报告将 2014 年海外上映的法国电影数量调整为 "577"，本报告基于最新数据。

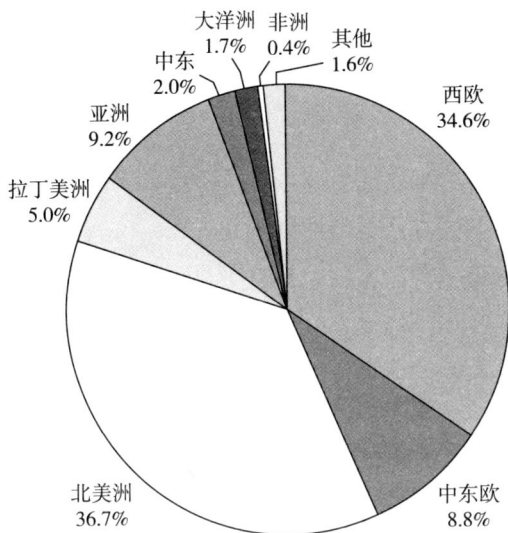

图35 2014年法国电影出口收入的区域分布

资料来源：法国国家电影中心（CNC），*Results 2015*，www.cnc.fr。

法国电影在西欧共售出2650万张票，份额24.4%，在上年基础上继续减少5.3个百分点，已被亚洲超越，退居第二大海外观影市场。虽然法国电影在英国获得了350万观影人次，较上年增长了19.2%，但在德国却遭遇了46.0%的缩减，在意大利的观影人次也减少了16.3%。

法国电影在拉美市场创造了历史最佳成绩，共售出2240万张票，较上年增加80.6%，份额也增至20.6%，较上年增加了近10个百分点。

其余地区的观影份额，除非洲/中东较上年增长了1.8个百分点外，北美洲、中东欧和大洋洲分别减少5.0个、3.0个和0.2个百分点。

## （六）图书

### 1.图书出版：再版图书提升图书种数，但拉低了印数

2014年，法国共出版图书98305种，较上年增加2821种，增幅3.0%。新版书43600种，较上年减少3019种，降幅6.5%，份额44.4%，较上年减少4.4个百分点；重版书54705种，较上年增加5840种，增幅12.0%，

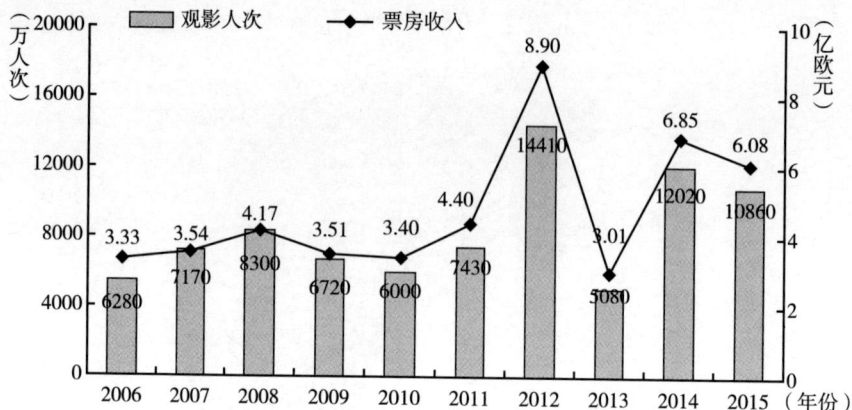

图36 2006～2015年法国电影海外放映的观影情况与票房收入

注：最新报告对以往数据进行了更新，本报告采用最新数据，与之前报告存在差异。
资料来源：法国国家电影中心（CNC），*Results 2015*，www. cnc. fr。

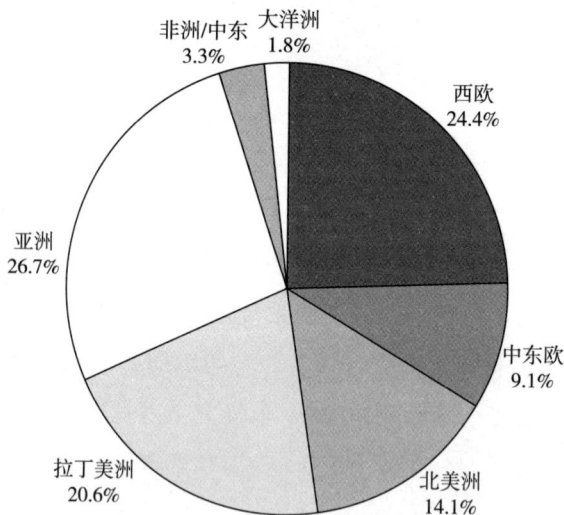

图37 2015年法国电影海外观影情况的区域分布

资料来源：法国国家电影中心（CNC），*Results 2015*，www. cnc. fr。

虽然较上年增幅减少5.4个百分点，但仍有效拉动法国图书种数的提升。

2014年，图书印刷5.53亿册，较上年减少1900万册，降幅3.3%。其中新版书 3.44 亿册，较上年减少 900 万册，降幅 2.5%；重版书 2.09 亿册，较上年减少 1000 万册，降幅 4.6%。单种图书的印刷量为 5625 册，在上年基础上再减少 366 册，降幅 6.1%。其中新版书单种图书的印刷量为 7890 册，较上年增加 318 册，增幅 4.2%，而重版书单种图书印刷量为 3820 册，较上年减少 662 册，降幅 14.8%（见表 24）。

表 24　2008～2014 年法国图书出版情况

| 项目 | 2008 年 | 2009 年 | 2010 年 | 2011 年 | 2012 年 | 2013 年 | 2014 年 |
|---|---|---|---|---|---|---|---|
| 图书种数(种) | | | | | | | |
| 新版书 | 38334 | 38445 | 40023 | 41904 | 44678 | 46619 | 43600 |
| 重版书 | 37850 | 36343 | 39285 | 39364 | 41616 | 48865 | 54705 |
| 总计 | 76184 | 74788 | 79308 | 81268 | 86294 | 95484 | 98305 |
| 图书册数(亿册) | | | | | | | |
| 新版书 | 4.48 | 3.71 | 3.86 | 3.80 | 3.87 | 3.53 | 3.44 |
| 重版书 | 2.64 | 2.38 | 2.46 | 2.41 | 2.44 | 2.19 | 2.09 |
| 总　计 | 7.12 | 6.09 | 6.32 | 6.20 | 6.31 | 5.72 | 5.53 |

资料来源：法国出版商协会（Syndicat national de l'édition，SNE），*Les Chiffres Clés de L'édition 2015*，*Données 2014*，www.sne.fr。

2014 年，法国共售出图书 4.22 亿册，较上年减少 502.2 万册，降幅 1.2%，较上年缩小 2 个百分点。从分类看，2013 年仅有宗教信仰和文学两类图书有所增加，其余全部减少，增幅最高值为 3.0%，降幅最高值为 12.2%。2014 年有所增加的图书类型达到 7 类，增幅最高值为 13.9%，降幅最高值为 9.4%。有意思的是，除降幅最大的工具书/百科全书类和漫画类图书延续了上年的发展趋势外，其余类型的图书与上年反向而行，如 2013 年增长的宗教信仰和文学两类图书在 2014 年均出现负增长，而上年降幅最大的纪实/新闻/散文类图书结束了连续两年的下滑趋势，在 2014 年增长了 1.9%。另外，2014 年增长幅度最大的地图类和科技/医学/管理类图书，分别增长 13.9% 和 12.7%，它们在上年曾分别减少 1.8% 和 6.6%（见表 25）。

**表 25    2012～2014 年法国各类图书销售册数**

单位：万册，%

| 类别 | 2012 年 | 2013 年 | 2014 年 | 2013～2014 年增长 |
|---|---|---|---|---|
| 学校教育 | 5901.3 | 5624.7 | 5816.1 | 3.4 |
| 科技/医学/管理 | 463.7 | 433.1 | 488.0 | 12.7 |
| 人文社会科学 | 1897.9 | 1773.8 | 1793.5 | 1.1 |
| 宗教信仰 | 608.5 | 626.7 | 605.8 | －3.3 |
| 工具书/百科全书 | 1788.6 | 1576.2 | 1428.1 | －9.4 |
| 文学 | 11049.1 | 11130.2 | 10629.6 | －4.5 |
| 纪实/新闻/散文 | 1288.9 | 1131.6 | 1152.8 | 1.9 |
| 青少年读物 | 9049.5 | 8682.6 | 8736.7 | 0.6 |
| 漫画 | 4390.0 | 4172.1 | 3831.2 | －8.2 |
| 实用图书 | 6492.4 | 6360.7 | 6398.9 | 0.6 |
| 地图 | 1160.4 | 1140.0 | 1298.1 | 13.9 |
| 总　计 | 44090.3 | 42681.5 | 42179.3 | －1.2 |

资料来源：法国出版商协会（Syndicat national de l'édition，SNE），*Fiches marché du livre*，www.sne.fr。

### 2. 图书收入：版权收入回复到历史最高值

2014 年，法国图书收入 26.52 亿欧元，较上年减少 0.35 亿欧元，降幅 1.3%，比 2013 年降幅减少了 1.7 个百分点。其中图书售卖收入 25.17 亿欧元，较上年减少 0.42 亿欧元，降幅 1.7%，比 2013 年降幅减少了 1.3 个百分点；版权收入 1.35 亿欧元，较上年增加 0.07 亿欧元，增幅 5.5%，与 2011 年的历史最高值齐平（见表 26）。

**表 26    2008～2014 年法国图书收入**

单位：亿欧元

| 项目 | 2008 年 | 2009 年 | 2010 年 | 2011 年 | 2012 年 | 2013 年 | 2014 年 |
|---|---|---|---|---|---|---|---|
| 售卖收入 | 27.00 | 27.03 | 27.07 | 26.69 | 26.39 | 25.59 | 25.17 |
| 版权收入 | 1.30 | 1.26 | 1.31 | 1.35 | 1.33 | 1.28 | 1.35 |
| 总　计 | 28.30 | 28.29 | 28.38 | 28.04 | 27.71 | 26.87 | 26.52 |

资料来源：法国出版商协会（Syndicat national de l'édition，SNE），*Fiches marché du livre*，www.sne.fr。

从分类来看，纪实/新闻/散文 2013 年售卖收入降幅约 20%，2014 年止跌回升，不仅印数增加了 1.9%，收入也随之增加了 4.6%；印数增幅最大的地图类图书收入增幅同样也最大，较上年增加 18.1%，而印数降幅最大的工具书/百科全书类，其收入降幅也为最大，较上年减少 10.7%，而上年的降幅也达到 9.9%；2013 年仅有两类图书收入有所增加，增幅最大的文学类图书，2014 年收入随印数的减少而下滑 7.2%，降幅位列本年度之第二，而宗教信仰类图书，虽然印数有所下跌，但 2014 年收入却在上年的基础上继续增长 5.1%。另外，学校教育类图书，虽然印数较上年增加了 3.4%，却未能阻止收入连续两年较大幅度的下跌，2013 年减少 13.1%，2014 年继续减少 5.3%（见表 27）。

表 27  2012～2014 年法国各类图书售卖收入情况

单位：亿欧元，%

| 类别 | 2012 年 | 2013 年 | 2014 年 | 2013～2014 年增长 |
|---|---|---|---|---|
| 学校教育 | 3.72 | 3.24 | 3.07 | -5.3 |
| 科技/医学/管理 | 0.79 | 0.74 | 0.79 | 6.3 |
| 人文社会科学 | 2.45 | 2.43 | 2.58 | 6.2 |
| 宗教信仰 | 0.36 | 0.36 | 0.38 | 5.1 |
| 工具书/百科全书 | 0.80 | 0.72 | 0.65 | -10.7 |
| 文学 | 6.39 | 6.75 | 6.27 | -7.2 |
| 纪实/新闻/散文 | 1.07 | 0.85 | 0.89 | 4.6 |
| 青少年读物 | 3.54 | 3.42 | 3.57 | 4.3 |
| 漫画 | 2.46 | 2.43 | 2.34 | -3.5 |
| 实用图书 | 4.44 | 4.28 | 4.21 | -1.6 |
| 地图 | 0.37 | 0.35 | 0.42 | 18.1 |
| 总　计 | 26.39 | 25.59 | 25.17 | -1.7 |

注：由于 2014 年法国文化部调整了相关数据发布方式，资料来源及统计方式变得更加多元化，使该年数据与往年或有差异，或不匹配。笔者几经努力，均无法找到能与上年相匹配、可比较的数据，因而这一部分仅提取了 2012 年数据。

资料来源：法国出版商协会（Syndicat national de l'édition，SNE），*Fiches marché du livre*，www.sne.fr。

从份额来看，与 2013 年相比，有较大变化的图书类型为：文学类，占 24.9%，较上年减少 1.5 个百分点，仍比 2012 年多 0.7 个百分点；学校教育类，占 12.2%，在上年基础上继续减少 0.5 个百分点，较 2012 年已减少 1.9 个百分点；人文社会科学类，占 10.3%，青少年读物，占 14.2%，均较上年增加0.8个百分点；地图类，虽然收入较上年增加了18.1%，但其份额却下跌了0.3个百分点，占1.7%（见图38）。

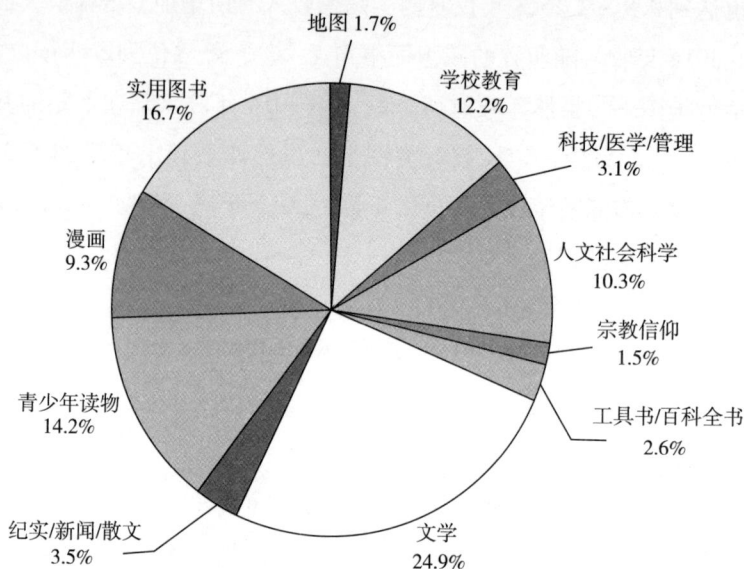

**图38  2014年法国各类图书总收入份额**

资料来源：法国出版商协会（Syndicat national de l'édition，SNE），*Fiches marché du livre*，www. sne. fr。

### 3. 图书进出口：出口额增加，转逆差为顺差

2014年，法国图书出口额6.92亿欧元，较上年增加0.03亿欧元，增幅0.4%；进口额6.81亿欧元，在上年基础上继续减少0.21亿欧元，降幅3.0%。转逆差为顺差，为0.11亿欧元。

**表28  2007~2014年法国图书进出口交易情况**

单位：亿欧元

| 年份 | 2007 | 2008 | 2009 | 2010 | 2011 | 2012 | 2013 | 2014 |
|------|------|------|------|------|------|------|------|------|
| 出口额 | 6.95 | 6.95 | 6.65 | 7.05 | 7.01 | 7.13 | 6.89 | 6.92 |
| 进口额 | 7.09 | 7.51 | 7.10 | 7.06 | 6.88 | 7.24 | 7.02 | 6.81 |

资料来源：法国编辑中心（La Centrale de l'édition），www. centrenationaldulivre. fr。

法语国家是法国图书出口的主要对象，2014 年，法国向这些国家出口图书 5.09 亿欧元，较上年减少 0.05 亿欧元，降幅 1.0%，这是自 2010 年达到峰值 5.49 亿欧元之后连续第四年下跌，其份额在上年基础上继续减少 1.1 个百分点，至 73.6%，较 2010 年减少 4.3 个百分点（见表 29）。

法国图书进出口交易最活跃的对象仍是欧盟成员国，2014 年，法国向欧盟成员国出口图书 3.11 亿欧元，较上年略下降 0.3%，份额也较上年减少 0.5 个百分点，从欧盟成员国进口图书 4.85 亿欧元，较上年减少 0.18 亿欧元，降幅 3.6%，因而逆差从上年的 1.91 亿欧元进一步降至 1.74 亿欧元，降幅 8.9%（见表 30）。

亚太地区是法国图书进口的第二大来源，2014 年，法国从该地区进口图书 1.25 亿欧元，较上年减少 0.14 亿欧元，降幅 10.3%，逆差从上年的 1.21 亿欧元减至 1.11 亿欧元，降幅 8.3%，份额较上年减少了 2 个百分点，至 17.8%。法国最大的图书进口国意大利，2014 年向法国出口图书 1.28 亿欧元，较上年减少 7.9%；中国曾在 2013 年位列第二，2014 年向法国出口图书 0.98 亿欧元，较上年减少 11.7%，退居第三位；2013 年位列第三的英国则以 1.01 亿欧元上升至法国图书进口国的第二位，较上年增加 17.4%。

表 29　2007～2014 年法国与部分国家和地区图书进出口交易情况

单位：亿欧元

| 年份 | 2007 | 2008 | 2009 | 2010 | 2011 | 2012 | 2013 | 2014 |
|---|---|---|---|---|---|---|---|---|
| 欧盟（出口） | 3.14 | 3.13 | 2.98 | 3.22 | 3.13 | 3.29 | 3.12 | 3.11 |
| 欧盟（进口） | 5.38 | 5.46 | 5.16 | 5.37 | 5.23 | 5.33 | 5.03 | 4.85 |
| 法语国家（出口） | 5.14 | 5.15 | 5.13 | 5.49 | 5.44 | 5.35 | 5.14 | 5.09 |
| 法语国家（进口） | 1.43 | 1.56 | 1.39 | 1.33 | 0.90 | 1.02 | 1.07 | 1.71 |
| 美国（出口） | 0.25 | 0.21 | 0.19 | 0.20 | 0.17 | 0.19 | 0.18 | 0.16 |
| 美国（进口） | 0.26 | 0.27 | 0.23 | 0.17 | 0.13 | 0.15 | 0.13 | 0.13 |
| 中国（出口） | 0.01 | 0.02 | 0.02 | 0.03 | 0.02 | 0.02 | 0.03 | 0.02 |
| 中国（进口） | 0.59 | 0.66 | 0.75 | 0.92 | 0.92 | 1.12 | 1.11 | 0.98 |

资料来源：法国编辑中心（La Centrale de l'édition），www.centrenationaldulivre.fr。

表30　2014年法国与世界各地图书进出口交易情况

单位：亿欧元，%

| 地区 | 出口 | | 进口 | |
|---|---|---|---|---|
| | 金额 | 份额 | 金额 | 份额 |
| 欧盟 | 3.11 | 44.9 | 4.85 | 71.2 |
| 欧盟之外西欧国家 | 1.09 | 15.7 | 0.17 | 2.5 |
| 北美地区 | 0.91 | 13.2 | 0.28 | 4.0 |
| 海外省 | 0.51 | 7.3 | 0.012 | 0.2 |
| 马格里布 | 0.43 | 6.2 | 0.008 | 0.1 |
| 非洲法语国家 | 0.42 | 6.1 | 0.005 | 0.1 |
| 亚太地区 | 0.14 | 2.0 | 1.25 | 17.8 |
| 近东和中东地区 | 0.15 | 2.1 | 0.02 | 0.3 |
| 拉美地区 | 0.08 | 1.1 | 0.006 | 0.1 |
| 东欧地区 | 0.5 | 0.7 | 0.001 | 0.0 |
| 西印度群岛 | 0.02 | 0.2 | 0.0 | 0.0 |
| 非洲非法语国家 | 0.02 | 0.2 | 0 | 0.0 |

资料来源：法国编辑中心（La Centrale de l'édition），www. centrenationaldulivre. fr。

## （七）音像制品

### 1. 唱片：互联网下载收入首次下滑

2014年，法国国家图书馆名录唱片10926种，较上年减少1581种，降幅12.6%（见图39）。正如全法唱片联盟（SNEP）所预测的，虽然2013年迎来了12年连续下滑之后的首次增长，但2014年的形势依旧严峻。总收入5.71亿欧元，较上年减少0.32亿欧元，降幅5.3%。其中销售收入4.59亿欧元，较上年减少0.34亿欧元，降幅6.7%，份额80.4%，较上年减少0.8个百分点；唱片版权收入1.12亿欧元，较上年增加0.02亿欧元，增幅1.8%。

2014年，法国共出售7750万张唱片，较上年减少1350万张，降幅14.8%，为上年降幅的两倍。其中专辑销售4360万张，较上年减少490万张，降幅10.1%，5年间减少了23%；单曲3210万张，较上年减少860万张，降幅21.1%，几乎是上年降幅的3倍；MV共出售180万张，与上年持平（见表31）。

2014年，法国唱片销售收入中，实体唱片的销售额为3.25亿欧元，较

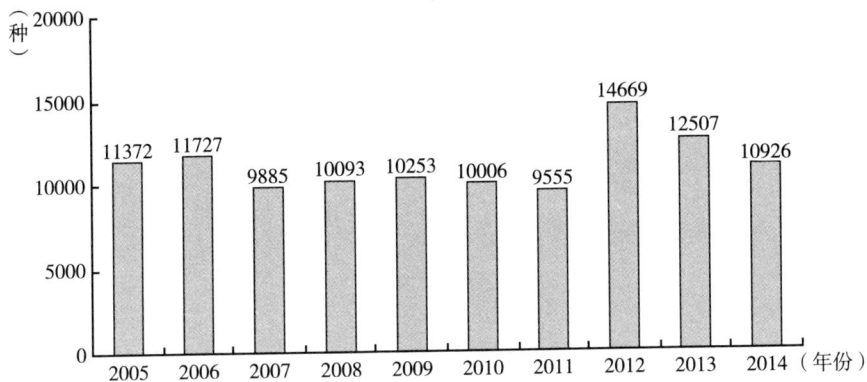

图 39　2005~2014 年法国年度唱片种数

资料来源：*L'éCONOMIE DE LA PRODUCTION MUSICALE*（*EDITION 2015*），全法唱片联盟（Syndicat national de l'édition phonographique），www. disqueenfrance. com。

上年减少 0.42 亿欧元，降幅 11.5%；数字唱片销售额 1.33 亿欧元，较上年增加 0.07 亿欧元，增幅 6%（见表 32）。

表 31　2008~2014 年法国年度唱片销量

单位：万张

| 类别 | 2008 年 | 2009 年 | 2010 年 | 2011 年 | 2012 年 | 2013 年 | 2014 年 |
|------|---------|---------|---------|---------|---------|---------|---------|
| 专辑 | 6110 | 5650 | 5270 | 5410 | 5170 | 4850 | 4360 |
| 单曲 | 2520 | 3060 | 3500 | 4390 | 4460 | 4070 | 3210 |
| MV | 370 | 360 | 320 | 290 | 200 | 180 | 180 |
| 总计 | 9000 | 9070 | 9090 | 10090 | 9830 | 9100 | 7750 |

资料来源：全法唱片联盟（Syndicat national de l'édition phonographique），www. disqueenfrance. com。

　　在数字唱片中，流媒体收入 0.73 亿欧元，较上年增加 35%，份额 54.9%，较上年增加 12 个百分点，首次超越互联网下载收入，成为数字唱片中收入最高的分项。而互联网下载收入在上年停滞增长之后出现了首次下滑，至 0.54 亿欧元，较上年下跌 14%，份额 40.6%，较上年减少 9.4 个百分点。而手机收入 0.06 亿欧元，较上年减少 33.3%，份额较上年减少 2.6 个百分点（见图 40）。

### 表32 2008～2014年法国唱片销售收入

单位：亿欧元

| 年份 | 2008 | 2009 | 2010 | 2011 | 2012 | 2013 | 2014 |
|---|---|---|---|---|---|---|---|
| 法国实体唱片销售收入 | | | | | | | |
| 专辑 | 4.85 | 4.65 | 4.18 | 3.81 | 3.41 | 3.46 | — |
| 单曲 | 0.10 | 0.07 | 0.04 | 0.03 | 0.014 | 0.006 | — |
| DVD | 0.35 | 0.40 | 0.44 | 0.29 | 0.214 | 0.206 | — |
| 总计 | 5.30 | 5.12 | 4.66 | 4.13 | 3.64 | 3.67 | 3.25 |
| 法国数字唱片销售收入 | | | | | | | |
| 互联网 | 0.24 | 0.40 | 0.47 | 0.57 | 0.63 | 0.63 | 0.54 |
| 手机 | 0.49 | 0.20 | 0.16 | 0.14 | 0.10 | 0.09 | 0.06 |
| 流媒体 | 0.04 | 0.18 | 0.25 | 0.50 | 0.52 | 0.54 | 0.73 |
| 总计 | 0.77 | 0.78 | 0.88 | 1.21 | 1.25 | 1.26 | 1.33 |
| 法国唱片销售总收入 | | | | | | | |
| 总　计 | 6.07 | 5.90 | 5.54 | 5.33 | 4.89 | 4.93 | 4.59 |

资料来源：*L'économie de la Production Musicale*（*Edition 2015*），全法唱片联盟（Syndicat national de l'édition phonographique），www.snepmusique.com。自本年度报告开始，将不提供实体唱片各个分项的数据。

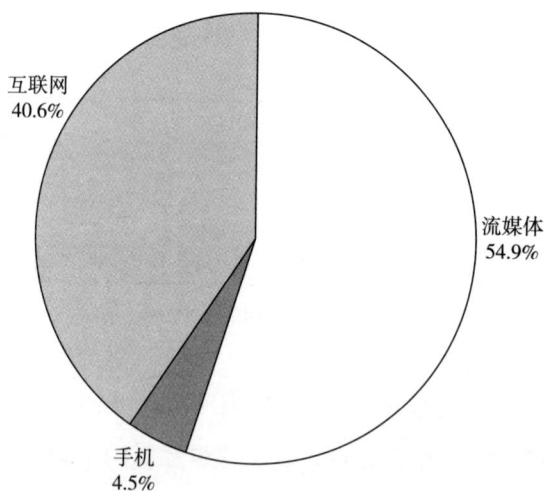

图40 法国数字唱片销售渠道份额

资料来源：*L'économie de la Production Musicale*（*Edition 2015*），全法唱片联盟（Syndicat national de l'édition phonographique），www.disqueenfrance.com。

**2. 录像制品：销售量首次低于1亿件，收入首次低于8亿欧元**

2014年，法国录像制品列入法国国家图书馆名录的共有8792种，较上年减少1357种，降幅13.4%。

法国家庭对实体录像制品的投资在上年基础上继续减少14.1%，销售量0.90亿件，在上年基础上继续减少0.13亿件，降幅12.6%，首次低于1亿件，也是自2010年以来连续第四次下降，较2010年已减少5397万件，降幅37.4%。收入首次低于8亿欧元之限，为7.98亿欧元，在上年基础上减少1.31亿欧元，降幅14.1%（见图41）。

销量和收入下降的主要原因包括：①视频消费方式的变化；②蓝光播放设备的家庭拥有率仍然很低；③价格相对昂贵。

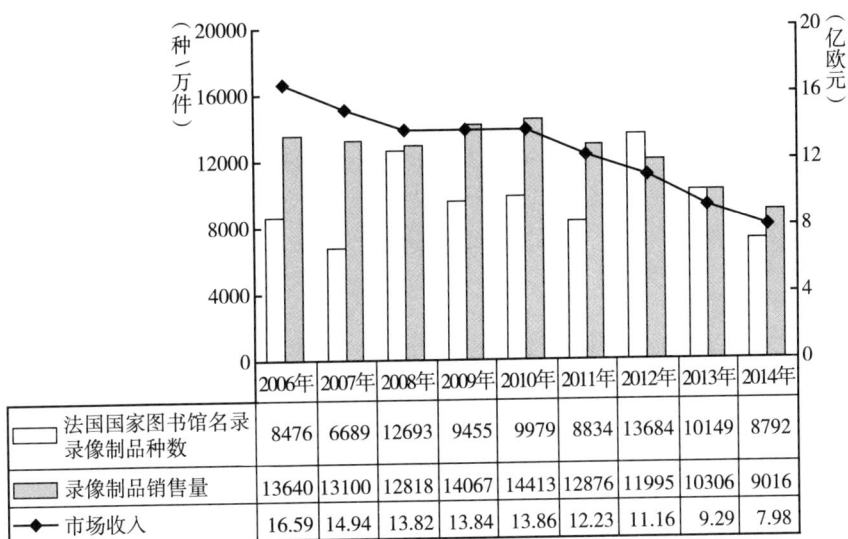

| | 2006年 | 2007年 | 2008年 | 2009年 | 2010年 | 2011年 | 2012年 | 2013年 | 2014年 |
|---|---|---|---|---|---|---|---|---|---|
| 法国国家图书馆名录录像制品种数 | 8476 | 6689 | 12693 | 9455 | 9979 | 8834 | 13684 | 10149 | 8792 |
| 录像制品销售量 | 13640 | 13100 | 12818 | 14067 | 14413 | 12876 | 11995 | 10306 | 9016 |
| 市场收入 | 16.59 | 14.94 | 13.82 | 13.84 | 13.86 | 12.23 | 11.16 | 9.29 | 7.98 |

**图41 2006~2014年法国录像制品市场状况**

法国国家图书馆名录录像制品种数的资料来源于：法国国家图书馆（BnF），www.bnf.fr。其他资料来源于：*Baromètre Vidéo CNC-GfK*：*le marché de la vidéo physique en 2014*，法国国家电影中心（CNC），www.cnc.fr。

从内容来看，2014年法国售出电影录像制品4106万件，在上年基础上减少14.8%，收入4.79亿欧元，较上年减少14.5%，其在总收入中的份额为60.1%，较上年仅减少0.2个百分点。其中法国电影录像制品销售945万件，较上年减少9.9%，收入1.06亿欧元，较上年减少4.6%，但在电影录像制品收入中的份额却较上年增加2个百分点，至22.1%。美国电影录像制品销售2584万件，较上年减少13.1%，收入3.10亿欧元，较上年减少12.8%，在电影录像制品收入中的份额为64.7%，较上年增加了1.2个百分点。欧洲电影录像制品的收入0.40亿欧元，较上年减少38.2%，这是该类录像制品自2011年以来连续第三年下跌。其他电影录像制品收入0.23亿欧元，较上年减少20.0%。

非电影录像制品共售出4485万件，较上年减少7.6%，收入2.91亿欧元，较上年减少11.5%，是自2006年以来的连续第8次下跌，较2006年在销售量和收入上分别减少1862万件和4.48亿欧元，降幅分别为28.6%和60.6%，但总收入中的份额却较上年增加1.1个百分点，至36.5%。

促销录像制品售出423万件，较上年减少32.6%，收入随之下降30.4%，至0.28亿欧元，份额也较上年减少0.7个百分点，至3.5%（见图42）。

根据录像制品的材质，可分为录像带（VHS）、DVD和蓝光光碟。由于

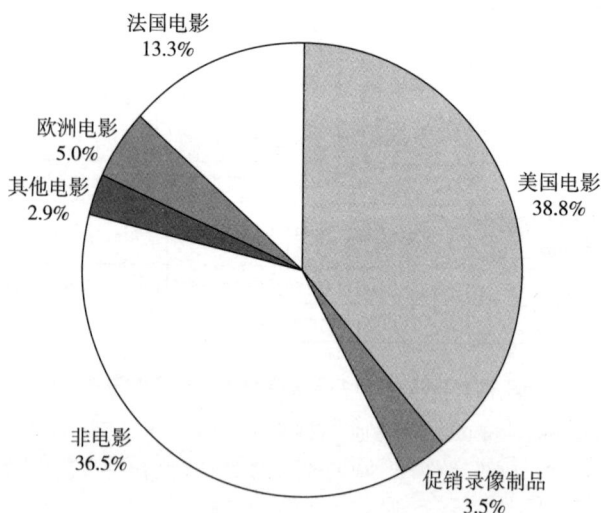

**图42　2014年法国各类录像制品收入份额**

资料来源：*Baromètre Vidéo CNC-GfK：le marché de la vidéo physique en 2014*，法国国家电影中心（CNC），www. cnc. fr。

数值过小,2007 年开始不再单独列出录像带(VHS)的相关数据。2013 年,该类录像制品出售 26713 件,较上年增加了 3144 件,增幅 13.3%,但其收入 16 万欧元,较上年减少 4 万欧元,降幅 20%。

DVD 仍是法国录像制品市场的主流产品,2014 年共销售 7707 万张,较上年减少 14.3%,收入 6.10 亿欧元,较上年减少 15.8%,在总收入中的份额为 76.4%,较上年减少 1.5 个百分点。

蓝光设备家庭拥有率虽在 2014 年达到 12.4%,较上年增加 2 个百分点,但蓝光光碟的销量和收入仍在下降:共售出 1309 万张蓝光光碟,较上年减少 0.6%,收入 1.89 亿欧元,较上年减少 8.4%,其中 11.4% 的收入来自法国电影,73.2% 的收入来自美国电影,占总收入的份额为 23.6%,较上年增加 1.5 个百分点,具体如表 33 所示。

**表 33  2008～2014 年法国不同质地录像制品销售数量与销售收入**

单位:亿张,亿欧元

| 年份 | 销售数量 | | | 销售收入 | | |
|---|---|---|---|---|---|---|
| | DVD | 蓝光光碟 | 总计 | DVD | 蓝光光碟 | 总计 |
| 2008 | 1.26 | 0.02 | 1.28 | 13.31 | 0.51 | 13.82 |
| 2009 | 1.36 | 0.05 | 1.41 | 12.77 | 1.07 | 13.84 |
| 2010 | 1.34 | 0.10 | 1.44 | 12.12 | 1.74 | 13.85 |
| 2011 | 1.16 | 0.13 | 1.29 | 10.18 | 2.05 | 12.23 |
| 2012 | 1.06 | 0.14 | 1.20 | 8.92 | 2.24 | 11.16 |
| 2013 | 0.90 | 0.13 | 1.03 | 7.24 | 2.05 | 9.29 |
| 2014 | 0.77 | 0.13 | 0.90 | 6.10 | 1.89 | 7.98 |

资料来源:*Baromètre Vidéo CNC-GfK*:*le marché de la vidéo physique en 2014*,法国国家电影中心(CNC),www.cnc.fr。

# 三  市场主体分析

## (一)总体情况:法国传媒集团收入与上年基本持平,排名均后退

2014 年世界 100 大传媒集团排行榜中①,法国维旺迪集团(Vivendi)

---

① 该机构根据各传媒集团 2014 年收入而进行的排名。

收入 100.89 亿欧元，排名在上年基础上继续后退 2 位，至第 14 位；拉加代尔集团（Lagardère）收入 71.70 亿欧元，排名后退 4 位，至第 21 位；法国国家电视集团（France Télévisions）收入 28.07 亿欧元，排名后退 10 位，至第 54 位。法国电视 1 台（TF1）收入 20.92 亿欧元，排名第 70 位（见表 34）。

表 34　2008～2014 年法国前四大传媒集团收入状况

单位：亿欧元

| 年份 | 2008 | 2009 | 2010 | 2011 | 2012 | 2013 | 2014 |
|---|---|---|---|---|---|---|---|
| 维旺迪集团* | 112.95 | 119.54 | 124.91 | 124.86 | 133.25 | 101.97 | 100.89 |
| 拉加代尔集团 | 86.28 | 78.92 | 79.66 | 76.57 | 73.70 | 72.16 | 71.70 |
| 法国国家电视集团 | 27.50 | 30.61 | 31.40 | 30.04 | 31.53 | 28.42 | 28.07 |
| 法国电视 1 台 | 25.95 | 23.65 | 26.22 | 26.20 | 26.21 | 24.70 | 20.92 |

注：＊传媒政策研究所对维旺迪集团传媒部分收入的统计与集团自身统计方式略有不同，集团以业务性质为统计依据，而传媒政策研究所排序依据是维旺迪集团旗下的环球唱片公司、Canal＋公司和动视暴雪公司的收入之和。

资料来源：传媒政策研究所（Institut für Medien-und Kommunikationspolitik），www.mediadb.eu。

## （二）法国维旺迪集团：多项收入创历史最高值

2015 年对于维旺迪而言，具有重要意义。维旺迪公司 2014 年卖掉动视暴雪公司、摩洛哥电信公司和 SFR 电信公司，2015 年 5 月又卖掉 GVT 电信公司，期间创设兼具集团研发和社会服务功能的维旺迪村（Vivendi Village），完成了综合性集团向完全的传媒集团的转型。

转型后的维旺迪集团表现出强劲的发展势头，总收入 107.62 亿欧元，较上年增加 6.73 亿欧元，增幅 6.7%。其中，EBITAD 为 9.42 亿欧元，较上年减少 0.57 亿欧元，降幅 5.7%；EBIT 为 12.31 亿欧元，较上年增加 4.95 亿欧元，增幅 67.3%（见图 43）。

从旗下各公司的发展来看，每个部门均处于增长状态，达到自 2008 年以来的最高值。其中，环球唱片公司收入 51.08 亿欧元，较上年增加 5.51 亿欧元，增幅高达 12.1%；Canal＋公司继续保持增长势头，收入 55.13 亿欧元，较上年增加 1.2%；维旺迪村收入 1.00 亿欧元，较上年增长 4.2%，

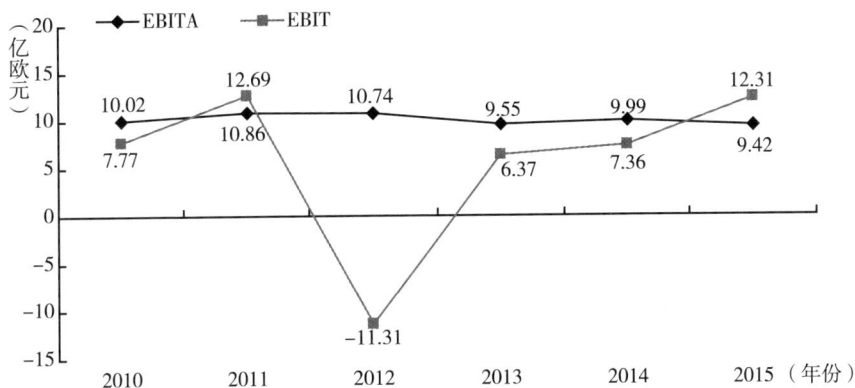

**图 43　2010～2015 年维旺迪集团 EBITA 及 EBIT 情况**

注：由于集团改组，各方面统计数据一直处于修正状态，此处的 EBIT 和 EBITA 数据是其最新修正后的结果，与以往报告中的数据有一些不同。

资料来源：综合参考维旺迪集团 2010～2015 年年报，www.vivendi.com。

增幅与上年的 35.2% 相比明显缩小；2015 年新增"新业务"项目，第一年收入 0.43 亿欧元（见表 35）。

**表 35　2008～2015 年维旺迪集团旗下各公司收入状况**

单位：亿欧元

| 年份 | 2008 | 2009 | 2010 | 2011 | 2012 | 2013 | 2014 | 2015 |
|---|---|---|---|---|---|---|---|---|
| 环球唱片公司 | 46.50 | 43.63 | 44.49 | 41.97 | 45.44 | 48.86 | 45.57 | 51.08 |
| Canal+公司 | 45.54 | 45.53 | 47.12 | 48.57 | 50.13 | 53.11 | 54.46 | 55.13 |
| 维旺迪村 | — | — | — | — | — | 0.71 | 0.96 | 1.00 |
| 新业务 | — | — | — | — | — | — | — | 0.43 |
| 其他 | -0.57 | -0.45 | -0.54 | -0.41 | -0.24 | -0.16 | -0.20 | -0.02 |
| 总　计 | 91.47 | 88.71 | 91.07 | 90.13 | 95.33 | 102.52 | 100.79 | 107.62 |

资料来源：综合参考维旺迪集团 2008～2015 年年报，www.vivendi.com。

从地区来看，2015 年维旺迪集团在美国的发展最引人注目，收入 21.91 亿欧元，较上年增加 4.43 亿欧元，增幅 25.3%，达到近年来的最高值，在总收入中份额 20.4%，较上年增加 3.1 个百分点；在法国、欧洲、美国之外共收益 15.40 亿欧元，较上年增加 1.86 亿欧元，增幅 13.7%，达到近年来的最高值，在总收入中份额 14.3%，较上年增加 0.9 个百分点；集团在欧洲的收入在 2014 年基础上继续增加 0.62 亿欧元，至 25.67 亿欧元，增幅 2.5%，份额 23.9%，较上年减少 0.9 个百分点；而作为集团最主要的收入来源法国本土，2015 年的收入为 44.64 亿欧元，较上年继续减少 0.18 亿欧元，降幅 0.4%，份额也减少至 41.5%（见表 36 和图 44）。

表36　2012～2015 年维旺迪集团各地区收入状况

单位：亿欧元

| 年份 | 2012 | 2013 | 2014 | 2015 |
|---|---|---|---|---|
| 法国 | 43.96 | 44.91 | 44.82 | 44.64 |
| 欧洲 | 22.04 | 24.62 | 25.05 | 25.67 |
| 美国 | 15.94 | 18.83 | 17.48 | 21.91 |
| 其他 | 13.39 | 14.16 | 13.54 | 15.40 |
| 总计 | 95.33 | 102.52 | 100.89 | 107.62 |

资料来源：综合参考维旺迪集团 2012～2015 年年报，www.vivendi.com。

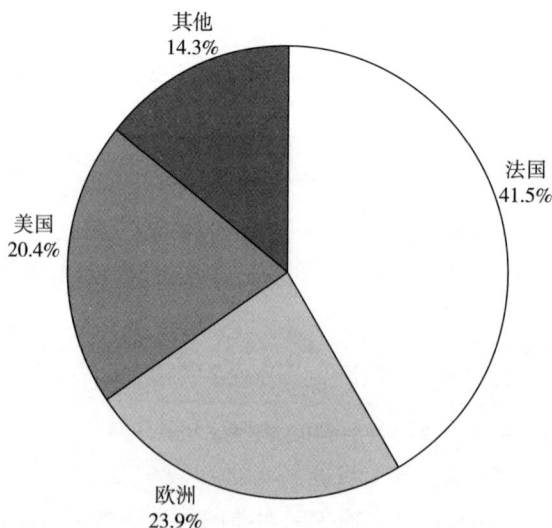

图44　2015 年维旺迪集团各地区收入份额

资料来源：维旺迪集团 2015 年年报，www.vivendi.com。

### （三）拉加代尔集团：收入虽略增，但负债也进一步增加

2015 年，拉加代尔集团收入 71.93 亿欧元，结束了自 2010 年以来连续 4 年的下滑，较上年增长 0.3%（见表 37）。EBIT 收入为 3.78 亿欧元，较上年增加 0.36 亿欧元，增幅高达 10.5%。负债 15.51 亿欧元，较上年增加 5.97 亿欧元；可支配现金流在上年的基础上继续减少 0.82 亿欧元，至 3.53 亿欧元。

表 37　2008～2015 年拉加代尔集团传媒净销售额及分项销售额

单位：亿欧元

| 年份 | 2008 | 2009 | 2010 | 2011 | 2012 | 2013 | 2014 | 2015 |
|---|---|---|---|---|---|---|---|---|
| 出版业务 | 21.59 | 22.73 | 21.65 | 20.38 | 20.77 | 20.66 | 20.04 | 22.06 |
| 传媒活动 | 21.11 | 17.25 | 18.26 | 14.41 | 10.14 | 9.96 | 9.58 | 9.62 |
| 商业服务 | 35.00 | 33.87 | 35.79 | 37.24 | 38.09 | 37.45 | 38.14 | 35.10 |
| 其　　他 | 4.44 | 5.07 | 3.96 | 4.54 | 4.70 | 4.09 | 3.94 | 5.15 |
| 总　　计 | 82.14 | 78.92 | 79.66 | 76.57 | 73.70 | 72.16 | 71.70 | 71.93 |

资料来源：综合参考拉加代尔集团 2008～2014 年年报，www.lagardere.com。

得益于插图类和文学类图书的优异表现，2015 年拉加代尔集团出版收入 22.06 亿欧元，较上年增加 2.02 亿欧元，增幅 10.1%。并且，一如预期，电子书的收入和在出版收入中的份额均小幅下降，分别为 1.99 亿欧元和 9.0%，较上年分别减少 5.2% 和 1.3 个百分点。

传媒活动收入 9.62 亿欧元，较上年增加 0.04 亿欧元，增幅 0.4%，自 2008 年来仅高于 2014 年的收入。杂志广告收入下降 4.9%，发行收入下降 5.3%，虽然杂志的数字服务收入增长 25.1%，但总体收入仍继续下降 3.9%，份额减少 4 个百分点，至 41%；广播收入仍然稳定，收入仅减少 1.4%，份额减少 1 个百分点，至 21%；电视收入减少 8.9%，但其在总收入中的份额却增加了 6 个百分点，至 32%；因卖掉 LeGuide.com 网站，数字活动收入较上年减少 19.5%，如若除去这一部分，数字活动收入实际上增加了 4.9%，其在总收入中的份额减少 1 个百分点，至 7%。

另外，拉加代尔商业服务收入35.10亿欧元，较上年减少3.04亿欧元，降幅8.0%，甚至低于2010年的水平；其他收入5.15亿欧元，较上年增加1.21亿欧元，增幅30.7%，创2008年以来最高值。

跨国传媒集团拉加代尔2015年在法国本土的收入份额在上年基础上继续减少2个百分点，至32%，北美的收入份额较上年增加3个百分点，至13%，东欧的收入份额则减少2个百分点，至10%，西欧、亚太和其他地区份额与上年基本相同（见图45）。

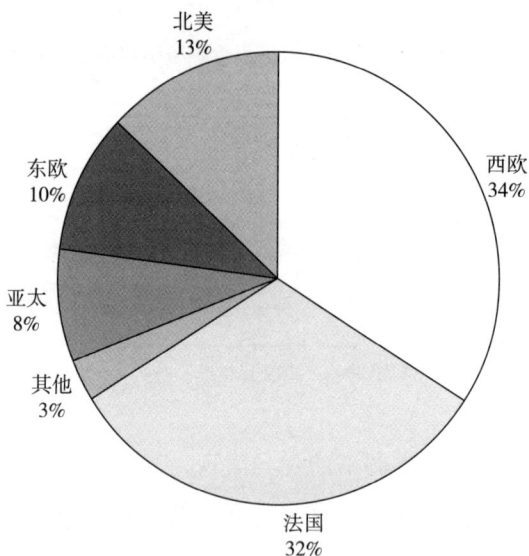

**图45　2015年拉加代尔集团地区收入份额**

资料来源：拉加代尔集团2014年年报，www.lagardere.com。

# 四　传媒政策分析

## （一）"身边的媒体"增强实施力度

2015年，法国文化部长Fleur Pellerin提出"身边的媒体"项目，以促进法国所有民众，特别是青少年受益于文化产品的供给，促进艺术实践的发展。

在地方网络的建设方面，推出《临时计划》（*conservatoires*），为青少年提供近距离接触艺术的机会，以及艺术实践的教育和培训机会。2015 年该部分预算为 440 万欧元，2016 年增至 1350 万欧元。

2010 年，法国文化部推出《阅读领地协约》（*contrats territoire lecture*），认定阅读为接触文化的第一条件，促进社区、省际的文化分享，发展地方艺术和文化教育，构建公共阅读网络，特别是为偏远地区的特殊人群，如文盲、乡村居民、残疾人、老年人、服刑人员等服务等，核心是加强地方图书馆的活动能力，通过多元化项目鼓励阅读。这一协约自推出以来，灵活、有效，目前被纳入"身边的媒体"计划之中，2015 年预算 127 万欧元，2016 年增至 225 万欧元。

### （二）媒体亲近资助

2015 年 3 月 6 日，法国成立"平等和公民身份跨部门委员会"（CIEC），拟为地方媒体开设一个永久性资助基金，不限媒体形态，只要是为地方民众服务，广播、电视、印刷媒体、网络广播、网络电视等媒体均有同等申请机会。2015 年划拨 100 万欧元，共资助了 114 个项目。2016 年，资助经费提高至 150 万欧元。

### （三）拓展报刊多元化资助的范围

2015 年 1 月以来，法国遭遇多次恐怖事件，政府认为文化是促进社会凝聚力和公民身份认同、巩固共和国的基石，而目前报刊，特别是综合性时政报刊岌岌可危的现状，不利于法国文化的发展，因而决定拓展报刊资助的范围。2015 年，这项资助仅针对广告资源有限的全国性报刊，并向日刊倾斜，2016 年则将资助的范围拓展为所有全国性出版物，日刊、周刊、月刊、双月刊和季刊都将享受同等资助机会。

### （四）支持报刊出口

"二战"之后，支持法国报刊出口就一直是法国不变的一项文化政策。

但是由于报刊行业收入的下降，报刊出口收入从 1999 年到 2014 年也一直在下降。值得欣慰的是，法国报刊网站的浏览数量在不断增加，这为报刊行业出口打开了一扇新的大门。为支持报刊出口，法国文化部顺应科技发展，提出了几项详细的支持政策：鼓励数字报刊业发展，刺激电子报刊出口。如可从全球各大酒店开始，发放普及法国文化的纸质和电子报刊；各类报刊根据内容，锁定特定区域或受众，进行推广。其他政府部门和文化产业机构协同帮助，共同努力。

同时，注重法语文化网的影响力，将目标锁定在全球的法语学校、法盟、教授法语的高校等。

### （五）法国国会通过媒体独立性和多元化法案

2016 年 5 月 26 日，法国国会通过了媒体独立性和多元化法案，内容重点提到了信息来源的保密性、敏感信息发布者保护，以及法国最高视听委员会（CSA）的一些职责。法国文化部部长 Audrey Azoulay 表示："保证媒体的独立性、保护其信息来源是民主进步的必然选择。"该法案的通过将使数万名视听领域工作的记者受益。他们可以和编辑共同制定媒体伦理标准，发出自己的声音。

# B.6
# 新媒介环境下日本电视业的融合与创新

刘斌 陈莎*

摘　要：　随着无线网络的普及，智能终端的覆盖，日本新媒体产业发展迅速。在新媒体环境下，日本受众接触的媒介渠道进一步多元，传统电视媒体也面临着收视率下滑、观众视听习惯改变的境况。为此，日本传统电视业主动迎接挑战，采取措施应对，推动了电视功能朝定制化、社交化、信息平台化方向转型，并在多平台化、台网联动、社交融合、跨界融合等方面不断创新，以拓展和创新电视市场规模。

关键词：　日本电视　媒介融合　电视功能　社交电视

在互联网对传统媒体的冲击下，日本传统媒体呈现给世界的姿态是"衰而不弱"，所谓"衰"，是传统的电视媒体开机率、收视比例下降，而"不弱"，则是相对封闭的市场环境以及长期培养起来的电视文化、媒体公信力的结果，其受众规模仍然相当大。《2015 年全国媒体接触、评价调查》数据显示，当前观看电视的受众比例为 97.3%，相较于 2013 年这一数字下降了 0.7%①，电视仍然是人们重要的信息渠道。不过，新媒体对于电视的影响却在逐步加大，越来越多的受众被分流。

---

\* 刘斌，北京师范大学文学院新闻传播研究所副教授；陈莎，北京师范大学 2015 级传播学硕士。
① 日本新聞協会広告委員会：「2015 年全国メディア接触・評価調査」結果概要，2016 年 3 月 15 日发布，http://www.pressnet.or.jp/adarc/data/research/pdf/2015media/gaiyou_web_2015.pdf。

# 一　日本电视生存现状

得益于国家极其严格的审批制度，日本的电视业形成了以富士电视台、日本电视台、朝日放送、TBS 放送、东京电视台及国家电视台 NHK 这六大电视台为主，地方台为辅的格局。日本家庭一般能收看到的电视频道数量很少，为 5～6 个。由于地方台没有节目资源和制作能力，主要转播前述几大电视台（总台）的节目并支付节目版权费。这样，形成了一种双赢局面：电视台扩大了电视信号的覆盖范围和影响力，而地方台则获得了优质的节目，提升了对地方受众的影响力并能够从总台获得一定的广告收入。这种相对封闭的环境，使日本电视台长期以来保持了较高的影响力。

移动互联网的普及和智能手机的发展，给人们的生活方式、获取信息渠道带来了巨大的改变。日本传统电视媒体也难以逃脱受众视听、阅读方式改变的影响，继早年社会上年轻人"不看报综合征"（Newspaper Away）① 之后，近一两年，日本社会中又出现了"不看电视综合征"（TV Away）② 现象一说。

对比 2010～2015 年电视每天开机时间的数据可以发现：2010 年，只有 4% 的人选择不看电视，2015 年这一数字增加到 8%；2010 年，每天看电视在 0.5～2 小时的人数占 35%，而在 2015 年，这一数字增加到 38%；2010 年，每天看电视在 3 小时的人数占 21%，4 小时及以上的占 40%，然而，在 2015 年的调查中，这一数据出现了减缓趋势，数据分别降至 19%、37%③（见图 1）。

此外，从年龄分布情况来看，2015 年年龄在 20～70 岁，每天从不看电

---

① 日语：新聞離れ，特指那些只通过社交网络获取信息的日本年轻人。
② 日语：テレビ離れ，特指没有看电视习惯的日本（年轻）人。
③ NHK 放送协会：《2015 年日本电视视听调查报告》，2016 年 4 月发布，http：//www.nhk.or.jp/bunken/english/reports/pdf/report_ 16042101.pdf。

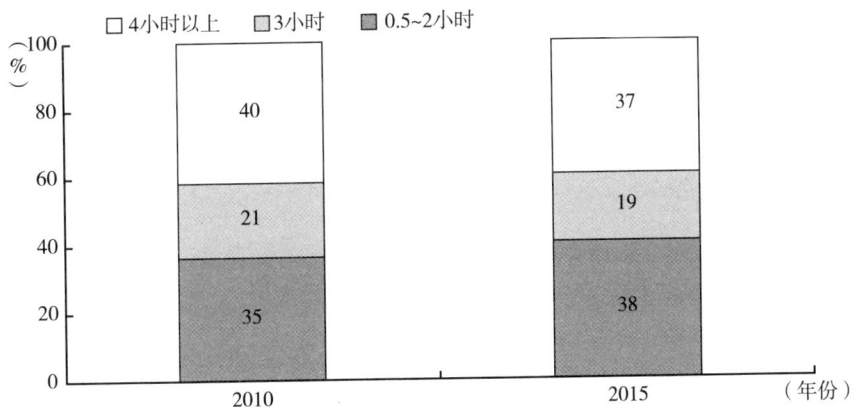

**图1 每天花在电视上的时间**

资料来源：NHK广播文化研究所、舆论研究部门。

视的比例较2010年呈现上升趋势。报告称，在20~50岁的人群中，更多的人选择"很少或从来不看"电视；总体上，2015年长时间看电视（4个小时以上）的人群在减少，具体表现在20~30岁人群占比从2010年的31%降至2015年的20%，40~50岁人群中，长时间看电视的人数从31%降至22%，50~60岁的人群长时间看电视比例也由之前的41%降至32%。在60岁以下的人群中，约有一半的人群选择短时间（0.5~2小时）看电视，为其他媒体分流，而在60岁以上人群中长时间看电视比例变化相对较小，仍然是电视的忠实受众（见表1）。

**表1 不同年龄段收看电视调查**

单位：%

| 年龄段 | 年份 \ 类别 | 从不看电视 | 0.5~2小时 | 3小时 | 4小时以上 |
|---|---|---|---|---|---|
| 16~20岁 | 2010 | 7 | 53 | 21 | 21 |
| | 2015 | 4 | 57 | 17 | 24 |
| 20~30岁 | 2010 | 8 | 39 | 21 | 31 |
| | 2015 | 18 | 51 | 13 | 20 |
| 30~40岁 | 2010 | 8 | 44 | 23 | 27 |
| | 2015 | 13 | 46 | 15 | 26 |

| 年龄段 | 年份 类别 | 从不看电视 | 0.5~2小时 | 3小时 | 4小时以上 |
|---|---|---|---|---|---|
| 40~50岁 | 2010 | 3 | 46 | 20 | 31 |
| | 2015 | 6 | 50 | 21 | 22 |
| 50~60岁 | 2010 | 2 | 37 | 22 | 41 |
| | 2015 | 6 | 45 | 18 | 32 |
| 60~70岁 | 2010 | 2 | 25 | 22 | 51 |
| | 2015 | 3 | 26 | 23 | 48 |
| 70岁以上 | 2010 | 2 | 17 | 19 | 63 |
| | 2015 | 1 | 19 | 17 | 61 |

资料来源：NHK广播文化研究所、舆论研究部门。

不仅如此，受众疏离电视的行为也表现在电视收视时长的下降。在《2015日本视听调查》中，数据显示，从2005年到2015年，日本电视的平均每天收视时长总体上持续下降：地面电视从2005年以来，平均每天收视时长下降了21分钟，NHK下降了10分钟，民间放送电视下降了11分钟（见图2）。

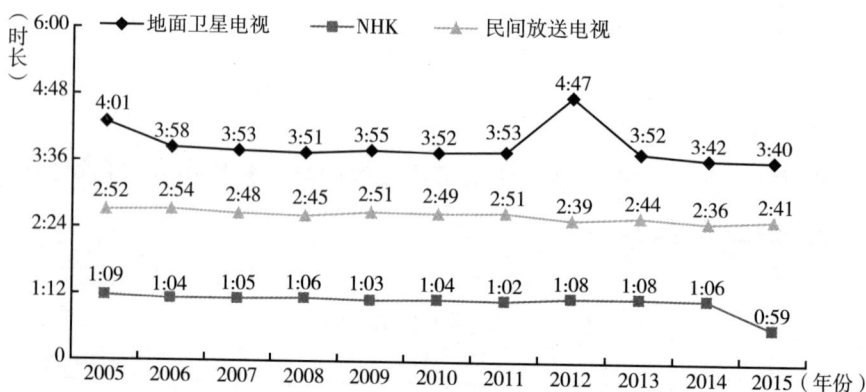

图2　电视收视时长

资料来源：世論調査部，テレビ・ラジオ視聴の現況～2015年11月全国個人視聴率調査から～，2016年5月发布。

随着电视对社会生活影响力的下降，人们对电视在生活中地位的认知也在发生变化。从2010年到2015年，电视作为"生活必需品"这一概念，在人们生活中的地位有所下降，人们对电视的总体需求在降低。2010年，电视作为生活必需品的平均比例为93%，在2015年下降到90%。其中30多岁的男性群体中，对电视重要性的认知最低，只有81%，女性中16~29岁群体认知最低，为85%。在所有年龄段中，在40~50岁年龄段的女性下降比最多，从2010年的97%下降到89%。下降幅度为8个百分点。而70岁以上女性人群比较反常，其对于电视认知的重要性从2010年的92%上升到了2015年的95%，其依赖性反而在加强（见图3），这是老年群体媒介使用习惯的延续，但是从总体趋势来看，日本电视的受众可能会随着代际更替而出现较大的断层。

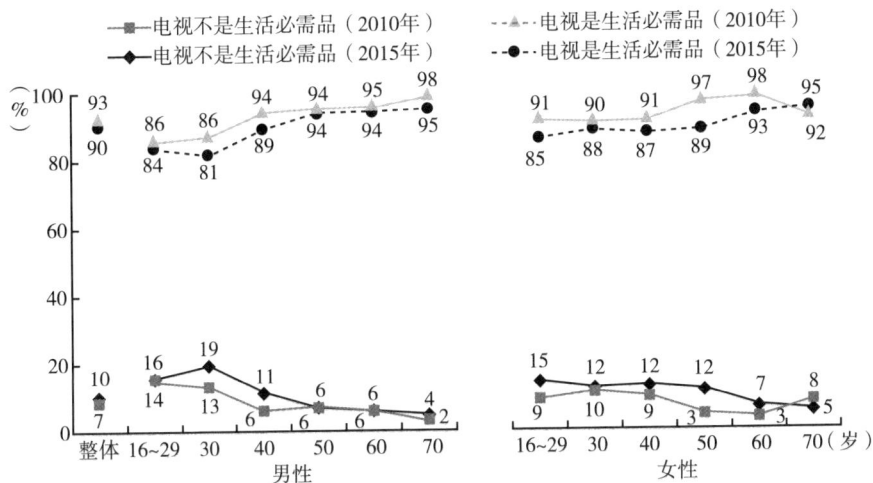

图3　电视作为必需品调查

资料来源：NHK广播文化研究所、舆论研究部门。

与此相适应的是广告市场的经营额度变化。2000年前后，是日本电视业发展的高峰期，也是电视广告收入的高峰期。2000年电视广告达到峰值（17521亿日元），之后几年持续下降，但降幅不高。进入2009年，受金融危机的影响，电视广告收入跌至13876亿日元。随着经济回暖，日本电视广告收入开始回升，2014年电视广告收入上升至15460亿日元。2015年日本国内广告费总额同比增长0.3%，达61710亿日元，实现连续4年增长。不过，传统媒体广告收入却并不理想。其中，地面电视和卫星电视合计的电视广告市场比上年下滑 1.2%，达到 19323 亿日元。报纸广告费 5679 亿日元，下降 6.2%。杂志广告费 2443 亿日元，减少 2.3%。与之相应的是，由于视频广告等市场的扩大，网络广告比上年增长了 10.2%，为 11594 亿日元①，占广告总收入的 18.8%，新媒体成为推动广告经营收入持续上升的重要动力，对电视在广告市场中的主导地位产生了巨大的威胁。

## 二　新媒体环境下电视功能的转变

在 2000 年，日本 IT 战略总部成立后的第一个举措便是制定并发布了日本《IT 基本法》，明确提出了日本 "IT 立国" 的战略。根据这一发展战略，日本先后制定了 "e-Japan 2002" "e-Japan Ⅱ" "i-Japan 战略 2015" "IT 应用社会 2020" 等规划，不断推动日本向高度信息化社会发展。在政府的大力推进下，日本的新媒体产业发展非常迅速。在新媒体环境下，人们接触的媒介渠道进一步多元化，新媒体的普及为受众带来了更多的便利与更高的效用，从而吸引了更多的年轻受众。而这种趋势，也推动了电视功能的变化。

### （一）个性化需求与视频定制化

智能手机和平板电脑的发展，以及无线互联网的接入，网上冲浪、视频网站以及各种各样的社交网络交流代替电视，成为明显的趋势。新媒体赋予受众自由选择的权利，受众有能力在自己喜欢的时间看自己想看的电视节目，不再受电视台编排播放节目的限制，电视收视由媒体主导向用户主导转移，定制型收视对受众的影响越来越大。定制型收视，包括录像回放、网络电视视频两种方式。

---

① 王欢：《日本国内广告费连续 4 年增长　网络广告势头强劲》，环球日报网，http://finance. huanqiu. com/cjrd/2016-02/8593943. html，2016 年 2 月 24 日。

　　相较于电视的线性播出特征，互联网视频与视频录制的自由度更高，选择性更好，因而越来越多的受众开始使用这些特殊的视频服务来取代电视。在《2015年全国媒体接触、评价调查》报告中，从受众选择媒体的使用程度调查来看，每天都看电视的比例中，2015年比2010有所下降，从之前的92%降到了89%。但定制型的收视行为有较大的增长，2010~2015年，人们更多地选择互联网媒体和已经录制好的电视视频。2010年，选择"频繁使用互联网媒介""录制好的视频"的比例分别是46%、35%，而2015年，两者的数据分别增长到56%、49%，增幅均在10%以上（见图4）。具体原因可以从一份调查报告中寻找：2012年，NHK《电视60年》对"录像回放收视目的"的调查中，88%的受众"为过滤广告而录像"，"录制自己喜欢的节目"为72%，"录制播放的时候，避开自己不感兴趣的节目内容"为62%。另外，"录制节目加以保存"，在以往是录像的重要功能，而在这次的调查中，和上述理由相比，仅为47%。随着数字视频录像机的发展，录像、自动过滤等功能操作简单易行，根据个人喜好进行录像回放收视的受众占多数。

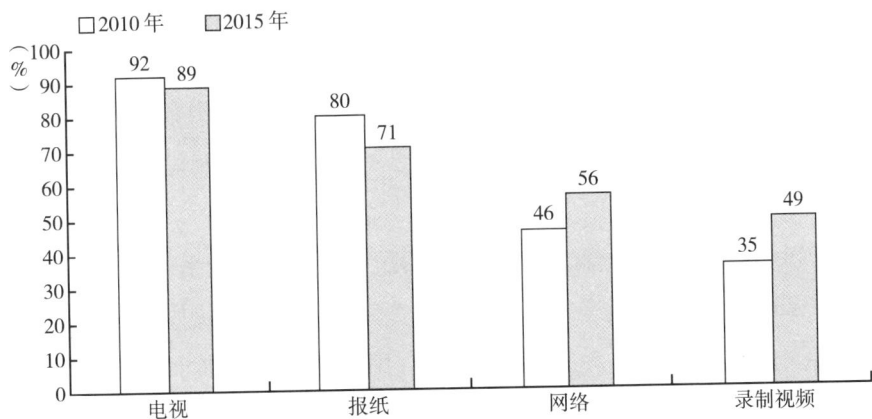

**图4　媒介接触率调查**

资料来源：NHK广播文化研究所、舆论研究部门。

　　同样，在线视频的使用在受众群体中有较大的增长，越来越多的人认为在线视频比传统电视节目有趣。目前，相较于在网络上看直播和录播节目的收视，传统电视节目的收视率相对较低。不过，收看包括动漫在内的电视节目观众却是增加了。NHK 广播文化研究所 2015 年 2～3 月进行的民意调查"日本人与电视"显示，在网络看视频的人从 5 年前的 20% 增加到 35%，观众年龄段向 40～50 岁扩散。免费广告型服务和使用方便的好平台的崛起，使通过网络视频收看的习惯不断前进。而《电视 60 年》的数据也显示，网络视频收视使用最多的接收终端是电脑，占受众的 59%，智能手机次之，为 27%，功能手机（非智能手机）9%，平板电脑 4%。网络视频收视中，手持可移动终端被充分利用，占 40%。从性别和年龄看，老年受众群更倾向于使用电脑，青年受众群更倾向于使用智能手机，尤其是 16～29 岁的女性，近半数使用智能手机收看网络视频。在对网络视频收视者的调查中，79% 认为"可以通过搜索方便寻找自己想看的内容"，位居第二的回答是"网络上影像资料种类丰富，数量众多"，充分地体现了网络海量信息与超链接的特性。

## （二）社交化与目的多元化

根据日本总务省发布的 2015 年日本《情报通信白皮书》，2002～2014年，日本网络使用率在提高，少年儿童和中老年群体中互联网使用的比例在快速上升（见图 5）。移动新媒体方面，2014 年，日本国内数据流量达到了14524752TB，是 2005 年的 9.3 倍。而从目的来看，人们利用移动新媒体主要是为了 SNS 网络社交。

2014 年，Cyberbuzz 就"对你来说社交媒体的重要程度"向 797 名CyberbuzzRipre 男女会员进行了调查，调查显示九成社交媒体用户每日都有利用社交媒体的习惯，并且超过一半的用户每日利用时间超过 1 小时。LINE 的登场使社交媒体已经成为现代人日常生活中不可或缺的一个部分。用户利用社交媒体的目的主要是为了交流和信息收集，比例分别为 67.5%、61.2%[①]，而 NHK 的《电视 60 年》报告显示，社交电视使用者在社交媒体

---

① Cyberbuzz：《40% 的日本用户离不开社交媒体》，中文互联网数据咨询中心网站，http：//www.199it.com/archives/220551.html，2014 年 5 月 6 日。

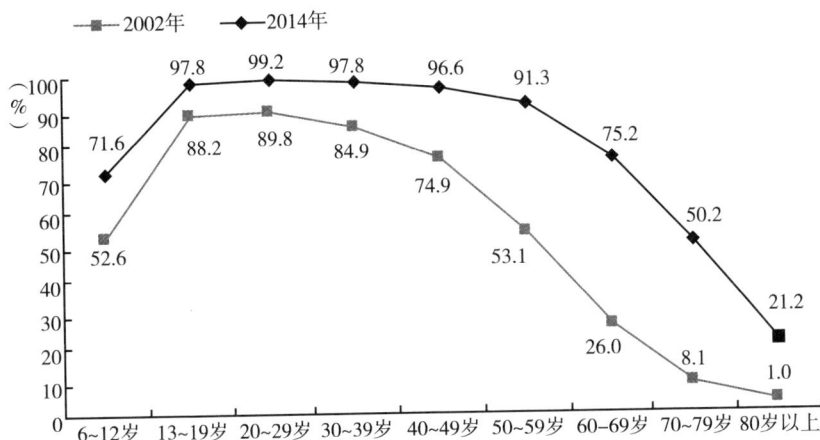

图5　2002 年与 2014 年因特网使用率情况

资料来源：总务省，《情报通信白皮书》（平成 27 年版）。

上发布电视相关信息，发表感想和评论，经常使用的社交媒体是家用电脑（43%）和智能手机（40%）。智能手机、功能手机、平板电脑等移动型终端的社交电视使用者为 56%。从使用者的目的来看，83% 的用户是希望"了解他人的想法"，65% 是希望"和有共同兴趣和爱好的人分享信息和感想"，65% 希望"了解更多有趣的电视节目"。从这个角度来看，传统的"看电视"正在向着"用电视"的角度转换，人们观看的不再仅仅是电视节目本身，而更多的是由此激发的社会性的分享与情感交流，传统的电视播出模式已经不再符合新媒体环境的需求。

（三）信息平台化与网络融合

随着信息技术的进步与智能手机的普及，跨平台播出、多屏合一已经成为可能。2001 年《电信业务利用广播法》推出后，日本有线电视和电信业间的经营界限逐渐消失，电信业和广电业的彼此进入和业务兼营进入新的发展阶段。电信运营商在应对市场与服务消费者方面具备更多的经验与技术，对电视的传播形成了极大的挑战。面对终端的多元化，日本电信运营商已经开始把服务重心从传统网络视频服务领域转移到移动视听新媒体领域。2012

年4月，日本多媒体广播电视公司 Mmbi 成立了日本首家面向 DoCoMo 智能手机播放音视频节目的手机电视台 NOTTV①。NOTTV 实行 24 小时播出制，频道内容涵盖影音、综艺、动漫、体育等各类型的节目，月收费 420 日元，与传统电视台在线视频节目的点播费用相当。2013 年 5 月，日本最大的移动通信运营商 NTT DoCoMo，借助收购有线电视网络运营商 MCV 关岛控股公司的机会，还进一步实现了向当地用户提供"四重播"服务功能（移动通信业务 + 有线电视业务 + 互联网接入业务 + 固话业务）的业务集成模式②。

不仅如此，国外网站的进入也搅乱了日本的视频市场。2011 年 9 月，美国视频网站 Hulu 开始在日本提供视频服务，主要提供的 CBS、NBC、ABC 电视台的美国电视节目，用户每月交纳 1480 日元（约合 20 美元）的订阅费就可在多款设备上观看 Hulu 提供的电视节目和电影。2015 年 9 月，美国流媒体视频服务提供商 Netflix 进军日本市场，推出了流媒体视频服务，为日本用户提供近 2000 套影片。同年 9 月，亚马逊在日本提供付费视频服务，亚马逊的"Prime 视频"服务面向包年付费的包邮会员，日本用户支付每年大约 32 美元的包邮费，不附加任何费用即可欣赏电影和电视剧③。2015 年"Netflx"的遥控器按钮上市，"FireTV""Apple TV"等各种电视机顶盒相继发售，更使得电视节目的播出渠道及功能进一步多元化，市场的不确定性大大增加。

相比之下，日本电视媒体一方面囿于自己的收费经营模式，另一方面囿于电视节目制作版权意识，很少在官方网站上提供所播节目的完整视频，其在视听新媒体领域的影响力弱于前几者。

---

① NOTTV 即为"一个普通电视机不能收看的电视台"，它所有的节目内容专为手机而制作，节目时长通常在 10 分钟左右。
② 杨状振、翟晓菲：《日韩新及港台地区视听新媒体建设状况观察》，南方报业传媒集团网站 http://www.nfmedia.com/cmzj/cmyj/sysj/201501/t20150106_366014.htm。
③ 《紧随 Netflix 九月亚马逊在日推付费视频服务》，天极网，http://news.yesky.com/327/91934327.shtml，2015 年 8 月 27 日。

## 三　日本电视的融合与创新

在新媒体的冲击下，传统电视业面对观众视听习惯由传统电视向网络新媒体改变的现状，主动迎接挑战，采取积极措施应对。对于电视与网络之间的关系，日本电视业坚信不是"电视 vs 网络"，而是"电视 with 网络"，是电视与网络通信的互动和大融合。

### （一）多平台化

所谓多平台化，实际上就是使电视节目及视频内容根据视听形态的变化而进行整体呈现，能够在不同的终端上进行有效传播。为了适合三网融合的传播环境及各种新媒体的挑战，日本在多平台化方面也不遗余力。而这种多平台化，实际上具备两重含义。

第一，多屏化。是日本电视业尝试的一项举措。也就是要同一节目或是内容能够在多种设备上进行播放，人们能够在不同的设备或终端上看到符合终端传播特性的同一电视节目或是视频内容。2013 年 1 月，日本推出了 DTCP 技术，只要家里的电视机连接着网络，受众即使不在家也能借助视听协调器的帮助，通过智能手机或平板电脑远距离、即时收看电视节目，突破了电视这一家庭接收设备的空间限制壁垒。①

第二，屏幕化。即将第一个屏幕的内容转投到第二个屏幕，第二屏幕也被称为"伴侣设备"，即受众在观看电视节目的同时能够通过该电子设备与电视内容进行互动。这些电子设备包括手机、平板电脑以及其他终端设备。通过第二屏幕，电视可以吸引受众参与到对电视节目的有奖竞猜、电视游戏以及优惠券、虚拟货币、电子商务等活动中，甚至是对电视节目人物、情节进行评价，影响节目的走向，从而与电视节目产生深度的互动。如富士电视台和 Video Research 就研制了二维码认证和指纹认证这两种同步技术，使电

---

① 范颖、李一璠：《媒介技术革新中日本电视业的有益尝试》，《传媒》2015 年第 6 期。

视主屏幕与第二屏幕能同时播放电视节目。2016 年，日本移动通信开始为手机网络提供 5G 服务，这意味着，第二屏幕化的服务将继续持续下去，互动性进一步加强。

### （二）台网联动，推动网络融合

2013 年 12 月至 2014 年 2 月，为了视听用户的便捷性和安全性考虑，日本政府提出将沟通电视与其他移动智能终端如智能手机和平板电脑等之间的数据转移，或可能在智能电视上安装 Web 应用。① 而随着媒介融合进程的推进，2015 年 1 月，NHK 宣布要从"公共放送"进化到包含网络的"公共媒介"，将网络纳入服务范畴。随着总务省认可了电视和网络"同时送信"，互联网与电视台的联动加速。

在推动台网联动的同时，日本电视也充分利用网络播出电视节目。网络电视是指日本电视台在近一两年来开办的免费网络特色电视，用户可以在网站或 APP 上收看多频道、多节目、全免费的电视节目。在 2013 年，NHK 开始设立免费在线视频网站，向网络用户提供之前播放过的部分电视节目内容，但发展并不完善。近一两年来，日本电视业的"S‒VOD"服务继续完善。2016 年 4 月 11 日，一个名为 AbemaTV 网络电视上线，它的目标用户为日本年轻人。AbemaTV 共有 24 个专门频道和 1 个综合频道，除了包含常规的新闻、动漫、音乐、电视剧频道外，还有钓鱼、麻将、宠物等颇具特色的频道。此外，2015 年日本六大民营电视台（朝日电视台、TBS、日本电视台、富士电视台、东京电视台、NHK 系公共电视台）共同出资成立了提供去广告免费看的 AD‒VOD 点播服务，共同组建了平台化网站"民放电视的官方门户 TVer"。TVer 新媒体于 2015 年 10 月正式上线，上线 3 周即实现 100 万次下载，超出预期。用户通过 TVer 可以观看各家电视台的新闻、综艺、电视剧等节目，搜索想看的节目或喜欢的演员

---

① 越通社：《越南日本信息技术与传媒政策对话在河内举行》，http：//cn. vietnamplus. vn/ Home. vnplus，2015 年 1 月 19 日。

的节目。TVer 负责人承诺他们提供的内容包括广告放心、安全，画质高清，并且不用交付任何费用①。TVer 可以说是日本民营电视台的一次大胆尝试，不过观看限制也不少，比如同步捆绑电视节目广告、所有上传节目均有一定的观看期限等。这些方式为年轻人提供了更多的、更便利的渠道以及更丰富的选择，吸引他们继续使用电视服务，从而焕发了电视的生命力。

2013 年 9 月，NHK 推出了名为 Hybridcast 电视节目技术，作为电视节目和互联网的信息全面合作的新一代服务，它提供受众与电视互动交流的模块，"Hybridcast 可利用通信/IP 宽带网络来增强现行的广播服务，能提供具有许多功能的多种业务，例如与电视广播节目相关的视频点播（VOD），允许电视观众定制他们的收视体验（定制化、个性化服务），提供社交网络服务（SNS），将智能手机与平板电脑'连接'等"。② 以 NHK Hybridcast 系统第一版为例，观众在收看电视节目的同时，能通过它获得最新新闻、气象、体育、汇率等一般需求高的信息。它还和数字广播电视的遥控器"d 按钮"联动，获得更详细的内容。另外，"d 按钮"还将播出的节目、动画的相关信息和服务联动起来，与智能手机和平板电脑等移动终端等的合作也逐渐扩大。

同时，针对国外网络的进入，日本电视业采取了积极的应对方式，以减少对本土的压力。2014 年日本电视台收购 Hulu，促进了传统媒体业务与网络媒体的融合。通过播出日本电视台电视剧、网络剧、活动直播（如棒球赛、音乐会等）等，不断丰富电视节目内容并通过社会互动和事件营销来扩展市场。截至 2015 年 3 月，Hulu Japan 会员数突破 100 万人，总视听时数超过 3 亿小时。

---

① 〔日〕電通報：民放公式テレビポータル「TVer」スタート，http://dentsu - ho.com/articles/3249。
② 李玉薇：《未来广播电视服务和超越——访 NHK 广播技术研究所规划协调部副部长村山研一》，《广播电视信息》2014 年第 9 期。

### （三）与社交网络融合

在移动社交媒体广泛使用的大环境下，日本电视业一直在不断探索电视业与社交网络的融合。2012 年，日本电视业将数据传播与 Facebook 进行整合，推出了"Join TV"服务。2013 年 12 月，日本电视业又推出"摇 TV"服务，只需摇一摇手中的智能手机，就可以即时参与正在播放的电视节目的活动。通过"Join TV""摇 TV"，观众可以与家人朋友一起参与电视节目的各种游戏、抽奖与竞猜等活动，或对电视内容进行评价或吐槽。对电视业来讲，这不仅加强了和观众的互动，还增加了电视节目的传播渠道，实现了双赢。

从 2014 年开始，日本电视业尝试构筑一个由"电视、智能手机、社交网络"三者形成的可循环式的媒介融合生态系统，将社交网络用户转化为电视用户，同时将原来的电视用户带入社交网络。在这个系统中，受众可以参与电视相关信息内容的发送、共享、扩散；电视业则可以整合受众在社交网络中反馈的信息，收集节目改善的依据；同时又给赞助商们带来了意外的商机，提高了 IP 资源的市场价值。2014 年 2 月，日本在全国各地推出与电视节目相关联的 APP 程序"Sync Cast"。只要下载这款 APP，受众就可以通过智能手机接收到正在播放的电视节目中介绍的商品及其店铺的相关信息，而且可以通过点击地图的搜索引擎功能直接找到店铺的位置，有一些店铺还附带了预订座位的服务。在以往，人们看到广告后主要通过雅虎或谷歌进行搜索，电视媒体获利的可能性无疑被削弱了。通过"Sync Cast"，受众不再仅仅只是电视节目的受众，而成为广告的实际消费者，能够为电视真正带来市场效益。同时，通过收集智能手机中的受众收视信息，也可以判断受众的态度、倾向、偏好以及消费行为特点，有利于改进节目或是广告信息的精确推送，从而更好地提升其市场价值。目前，日本电视业积极建立关于受众反馈信息的"日记平台"。

### （四）跨界融合

除了放低姿态，迎合受众新媒体的使用习惯外，电视业也在不断向其他领域发力吸引受众，比较典型的案例就是电视台和游戏行业的大融合。早在2013年国内外电视业界就在讨论电视和游戏之间的跨界融合，但尝试去做的媒体比较少，而做得有影响力的就更少。据日本新闻媒体《手机Watch》报道，富士电视台出资开发位置信息游戏"Ingress"。"Ingress"是根据畅销科幻解谜小说 *Endgame* 三部曲改编的基于地理位置的增强现实游戏，2012年推出。该游戏能将现实世界的真实场景和建筑物与虚拟网络相结合，让游戏玩家亲历和完成科幻电影中的情节和任务。在游戏中，用户可以扮演蓝军（反抗军）和绿军（启示军）的特工，通过在真实世界中移动来获取虚拟物质，并且在真实世界中存在的地标建筑周围展开攻防战，在玩家密集的地方，争夺能量的战斗也更加激烈。"Ingress"在日本很受欢迎，这使日本最大的电视台之一富士电视台联合其他的企业为其投资共计500万美元（约5.7亿日元）。此次的行为被媒体解读为电视和游戏的融合加速，电视台开始拓展业务领域与产业边界。2016年，富士电视台则投资了"口袋妖怪"。"口袋妖怪"是基于地图的增强现实（AR）游戏，是动漫、游戏与新技术的结合，用户可以在现实生活中捕捉各种妖怪，互动性与可玩性很强，短时间内该游戏就获得了大量的用户。

至于电视与游戏结合的动机与意图，富士电视台董事长认为："电视有创作故事的能力，和迅速成长的位置信息游戏科技合作，为壁挂电视发展新的可能性找到未来出路，它能使更多的人们享受娱乐。"① 电视业跨界发展，与游戏、娱乐业结合，而其所指则是电视功能的变化势所必然。

随着移动通信视线向5G的转移，通信和广播相互合作成为必然趋势，电视在下一阶段的竞争中依然要发挥自身的优势，塑造新的核心竞争力。从相关的报告来看，有两个趋势是目前比较明显的。

---

① http：//iphone - mania. jp/news - 103708/.

一个是推动 4K·8K 电视的发展。早在 2013 年，日本总务省就进一步提高广播电视服务做出了具体部署，核心关注点包括 4K·8K、新一代的智能电视服务以及电缆平台搭建。与世界其他国家电视媒介技术发展相比，日本算是媒介技术高度发达的国家之一。早在 2012 年，日本就已经全面实现电视数字化，而 4K 画质电视机也开始出售。2012 年冬奥会，日本 NHK 的高清画质 8K 节目也成功播出，但是由于普通用户家中没有观看 8K 频道所需要的设备，所以其在用户群体中一直没有得到发展。日本总务省规划在 2020 年东京奥运会时，正式普及 8K 电视节目。

另一个是推动电视的智能化。电视智能化指电视和互联网的连接，不仅包括通过 APP 等应用程序广泛使用各种服务，而且包括通过 STB（Set Top Box）等机器连接到网络，为用户提供可以共享的游戏功能，或分享家人留言等这种附加任务的功能。《智能手机环境下电视体验的用户调查概要》的报告显示①，观众对电视功能的需求在进一步多元化，包括希望电视中提供的商品信息更加完善，能够在用户电子邮件、LINE 等社交媒介中发送相关链接以及更充分的生活服务等。而当下，如何推进摆脱对 iOS 和 Android 的依赖，使 HTML5 在不同设备上正常显示成为一个核心议题，同时在智能电视时代如何维系受众对电视的信赖感也是一个重要的话题。

**参考文献**

〔日〕日本新聞協会広告委員会：「2015 年全国メディア接触・評価調査」，http：//www. pressnet. or. jp/adarc/data/research/pdf/2015media/gaiyou_ web_ 2015. pdf。

NHK 放送協会：《2015 年日本电视视听调查报告》，http：//www. nhk. or. jp/bunken/english/reports/pdf/report_ 16042101. pdf。

〔英〕NHK Broadcasting Culture Research Institute、Public Opinion Research Division，

---

① 〔日〕《智能手机环境下"电视"体验的用户调查概要》，http：//www. soumu. go. jp/main_content/000415536. pdf。

*Television Viewing and Media Use Today*：*From "The Japanese and Television 2015" Survey*，April 2016。

王欢：《日本国内广告费连续 4 年增长网络广告势头强劲》，环球日报网，http：//finance. huanqiu. com/cjrd/2016 - 02/8593943. html，2016 年 2 月 24 日。

总务省：《情报通信白皮书》（平成 27 年版）。

Cyberbuzz：《40% 的日本用户离不开社交媒体》，中文互联网数据咨询中心网站，http：//www. 199it. com/archives/220551. html，2014 年 5 月 6 日。

杨状振、翟晓菲；《日韩新及港台地区视听新媒体建设状况观察》，南方报业传媒集团网站，http：//www. nfmedia. com/cmzj/cmyj/sysj/201501/t20150106_ 366014. htm。

《紧随 Netflix 九月亚马逊在日推付费视频服务》，天极网，http：//news. yesky. com/327/91934327. shtml，2015 年 8 月 27 日。

范颖、李一璠：《媒介技术革新中日本电视业的有益尝试》，《传媒》2015 年第 6 期。

〔日〕電通報：民放公式テレビポータル「TVer」スタート，http：//dentsu - ho. com/articles/3249。

〔日〕《智能手机环境下"电视"体验的用户调查概要》，http：//www. soumu. go. jp/main_ content/000415536. pdf。

# B.7
# 日本 ICT 产业的现状及问题探究

刘斌　张楠*

摘　要： 以"IT立国"为基点，日本的ICT产业自2001年发展至今，
成果斐然。它不仅着力于推进信息通信领域内的"基础设施
建设"、"信息安全维护"和"国际竞争力提高"等方面，
同时深入日本民众生活的方方面面，活用于医疗卫生、教
育、环境、行政、福利事业、交通、防灾等重点领域。日本
ICT产业在快速发展的同时，也暴露出产业发展中的不足。
如何完善产业政策，提升信息安全，强化人才培养，展开国
际合作，提高ICT对经济的贡献，也成为日本需要面对的
问题。

关键词： 日本　ICT产业　产业活用

## 一　日本 ICT 政策的发展及演变

日本的经济状况在20世纪90年代陷入低迷，日本政府曾先后推出9个
刺激性方案，但由于方案内容都是针对经济调节本身（诸如公共投资、资
金流向等），虽有效果，但都"治标不治本"，无法促进日本经济稳定增长。
进入21世纪，日本政府和经济界吸取经验教训，认为IT（信息技术）革命

---

* 刘斌，北京师范大学新闻传播学院副教授；张楠，北京师范大学新闻传播学院2015级硕士研
究生。

的迟到和迟疑是导致日本企业国际竞争力连年下降的原因①，全国性的 IT 革命被提上日程。2000 年 7 月 "IT 战略本部" 成立，提出基本战略 "五年内把日本建成世界最先进的 IT 大国之一"；2000 年 11 月，日本将 "IT 立国" 合法化，制定并推出《推动高度信息化社会基本法》，日本的 IT 时代正式到来。

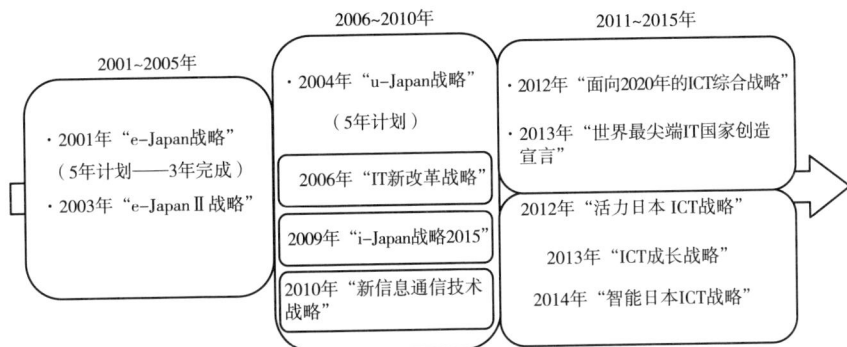

图 1　日本 ICT 政策演变示意

## （一）高位开启："IT 立国"下的三大国家战略

在 "IT 立国" 的背景下，日本先后在信息产业领域制定并颁布了三项重大国家战略，即 2001 年 "e-Japan 战略"、2003 年 "e-Japan Ⅱ 战略" 以及 2004 年 "u-Japan 战略"。这三大战略推出时间紧密，根据日本不同时期的经济社会特征，具有明确的针对性。

日本的 ICT 战略起始于 "e-Japan 战略"，主要致力于宽带建设，当时的日本正处于互联网兴起阶段，国内民众对于网络服务的需求不断增加，互联网基础设施的建设成为信息技术发展的首要问题。该政策主要致力于四个领域的发展，一是为国民打造性价比最高的网络服务，通过建设完善网络基础设施，弱化消除数码鸿沟，力争在五年内建起 30 ~ 100Mbps 级高速网络系统，实现 3000 万户家庭加入高速互联网；二是完善 "电子商务" 交易，包

①　何青：《日本 "IT 立国" 新时代》，《光通信》2004 年第 8 期。

括模式创建、市场引导、出台相关法律法规等；三是打造"电子政府"，运用网络技术促进行政工作便利化，实现政府信息的公开化和透明化；四是加强人才的培养，力争五年内国内本硕博高层次 IT 人才赶超美国①。

在日本政府的大力推动下，"e-Japan 战略"的目标在 2003 年提前完成②。日本"IT 战略本部"根据现实情况在 2003 年制定了"e-Japan Ⅱ 战略"，战略着力点由相对单一的发展互联网产业本身，转为发展信息技术在"全产业"中的应用，完成了"由线到面"的转换。纵向发展层面，该政策将信息技术应用扩展到食品、卫生医疗、个人生活、金融、教育、就业和行政管理七个领域；并从基础设施、保密机制、研究开发、人才培养以及国际思维等方面横向深入。

两个政策的推行，使日本的信息技术水平获得了飞速发展，但与同时期其他发达国家相比还有一定差距。日本政府于 2004 年 12 月制定了"u-Japan 战略"（"u"即 ubiquitous，无处不在的），目标在未来 5 年（即到 2010 年），彻底打破数据鸿沟，实现全范围覆盖互通的信息网络社会。

## （二）低潮过渡：政策频出效果不佳

"u-Japan 战略"的规划时间是 2005 年至 2010 年，在战略推进的过程当中医疗、教育、公共服务等领域以及信息安全、国际竞争力等问题也暴露明显，ICT 的发展速度开始下降，进入瓶颈期。

2006 年 1 月，为完善"u-Japan 战略"，日本政府制定了"IT 新改革战略"，提出了建设世界上最放心的信息化社会，但该政策在行政、医疗、教育等公共领域上并未取得明显成果。2009 年制定的"i-Japan 战略 2015"又正逢日本政府换届，未得到充分的实施。同样，2010 年新执政的日本民主

---

① 刘昌黎：《日本 IT 战略——〈e-Japan 战略〉》，http：//blog. ifeng. com/article/1824912. html，2008 年 11 月 4 日。
② 池建新、朱庆华：《日本信息通信政策分析及对中国的启示》，科学出版社，2010，第 16 ~ 38 页。

党政府研究制定的"新信息通信技术战略"也因遭逢地震及灾后重建、福岛核电站的处置等问题而重视度降至冰点。

### （三）强势推进：2020 年打造最尖端 IT 国家

为了振兴经济，推动社会发展，日本于 2012 年、2013 年相继推出"面向 2020 年的 ICT 综合战略"和"世界最尖端 IT 国家创造宣言"。

"面向 2020 年的 ICT 综合战略"制定了"日本活跃在 ICT 领域"的目标，并明确提出高度关注大数据应用、智能技术开发、传统产业的技术革新、信息技术在全领域的优化应用等课题。"世界最尖端 IT 国家创造宣言"则提出将日本建设成世界最高水准的信息产业社会。2013～2020 年，日本将从三个方面实现这一目标：第一，不断开发新技术、新服务、新产业，同时革新传统产业，最终实现全产业的繁荣发展；第二，打造并维持良好的生态生活环境；第三，实现公共服务的"智能化"，打造高效便捷的行政管理体系和政府服务体系。

在两个宏观的综合性战略指导之下，2012 年"活力日本 ICT 战略"推出，相较于之前战略中将重点放在设施建设和多领域应用，以及后来强调的信息技术安全问题，该战略重点关注"大数据技术"，并将其作为 2013 年六个主要任务之一。

2014 年，日本总务省公开了"智能日本 ICT 战略"，该战略着眼于 ICT 在全产业的应用，强调运用地理空间信息平台、ICT 城市建设平台，加快免费公共无线 LAN 和 4K/8K 的普及，以此解决社会矛盾，促进全产业的繁荣，同时强调 ICT 国际竞争力的增强和海外业务的拓展，实现国内国外双重发展①。

## 二　日本 ICT 的活用现状及产业贡献

在长达十五年的国家战略及政策的大力扶持之下，日本 ICT 产业（情报通信产业）发展迅速，它由最初的产业内基础设施建设发展到全产业的灵活运用，再

---

① 総務省：「スマート・ジャパン ICT 戦略」を公表，http：//news.mynavi.jp/news/2014/06/23/048/，2014 年 6 月 23 日。

到开展国际贸易，拥有极强的国际竞争力，ICT产业已经成为日本经济发展的重要生力军，对日本经济的整体发展以及全产业的优化提高有着显著的推动作用。

## （一）ICT对于日本经济的总体贡献

日本ICT产业从日本进入通信时代（1985年）到国家正式将其列入国家发展战略（2001年）至今，发展十分迅速，到2013年产业市场规模增长2.4倍。不仅如此，ICT产业对日本经济的发展做出了显著的贡献，特别是2007~2010年的日本的全产业GDP大幅下降，呈现负增长，而ICT产业的贡献度仍然保持增加（见图2）。

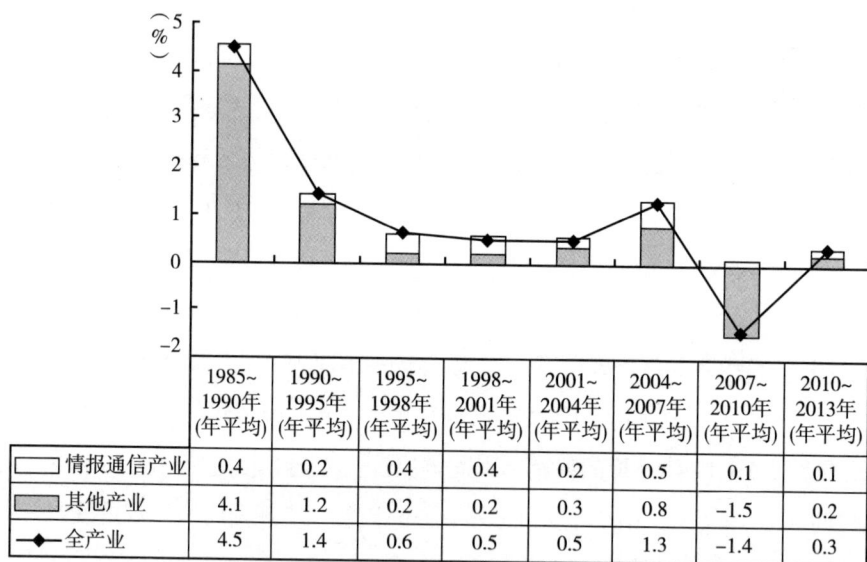

| | 1985~1990年(年平均) | 1990~1995年(年平均) | 1995~1998年(年平均) | 1998~2001年(年平均) | 2001~2004年(年平均) | 2004~2007年(年平均) | 2007~2010年(年平均) | 2010~2013年(年平均) |
|---|---|---|---|---|---|---|---|---|
| 情报通信产业 | 0.4 | 0.2 | 0.4 | 0.4 | 0.2 | 0.5 | 0.1 | 0.1 |
| 其他产业 | 4.1 | 1.2 | 0.2 | 0.2 | 0.3 | 0.8 | -1.5 | 0.2 |
| 全产业 | 4.5 | 1.4 | 0.6 | 0.5 | 0.5 | 1.3 | -1.4 | 0.3 |

**图2  1985~2013年日本ICT产业对日本GDP增长的贡献**

资料来源：总务省，《情报通信白皮书》（平成27年版）。

从市场规模的角度来看，ICT产业的市场规模由1985年的40兆日元①（约合人民币2.61兆元）扩大到2013年的98兆日元（约合人民币6.41兆元），增长

---

① 此处1兆=1万亿，1兆日元=1万亿日元，后同。

幅度达到 1.4 倍（见图 3）。2015 年，日本 ICT 产业以 82.2 兆日元（约合人民币 5.37 兆元），占全产业的 8.7%，成为全产业中规模最大的产业（见图 4）。

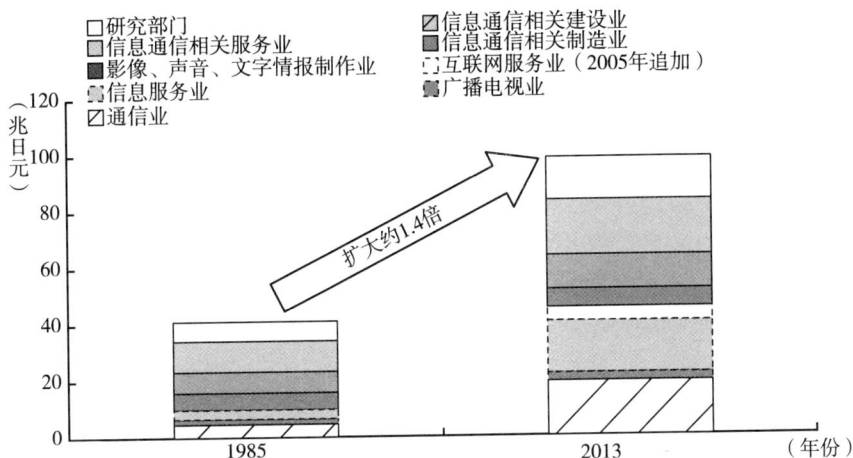

**图 3　1985 年、2013 年 ICT 产业的市场规模比较**

资料来源：总务省，《情报通信白皮书》（平成 27 年版）。

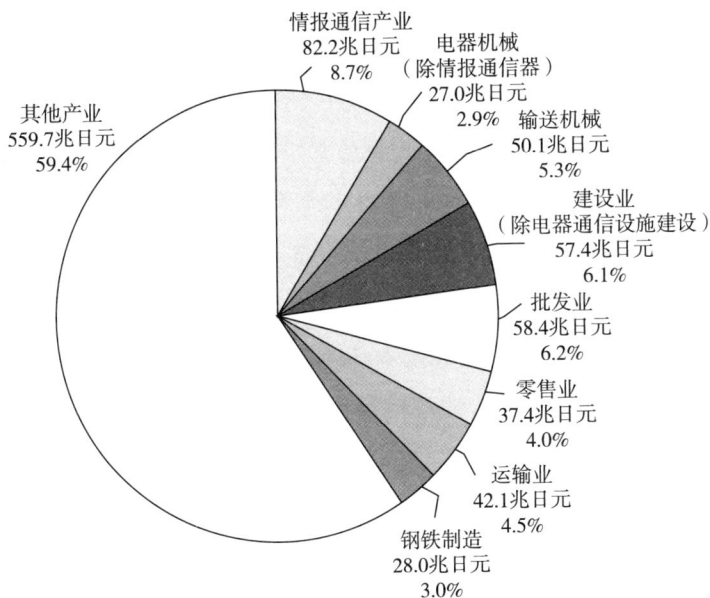

**图 4　2015 年日本各领域经济贡献率对比**

资料来源：总务省，《情报通信白皮书》（平成 27 年版）。

181

矢野经济研究所的报告显示，2011 年日本的大数据相关行业的市场规模为 1900 亿日元，2012 年约为 2000 亿日元，同比大约增长 5%。该机构同时预测，到 2013 年以后，每年将增长 20%；照此计算，到 2015 年将达到 4200 亿日元，2017 年达 6300 亿日元，2020 年约为 1 兆 500 亿日元①。而对比实际的产业发展情况，其预测偏于保守。

## （二）全产业活用，创新产业市场

日本的 ICT 产业政策强调 ICT 技术在多领域中的运用，强调利用 ICT 创造新技术、新服务、新产业，创造新的产业与市场，以此成为新的经济增长点。"i-Japan 战略 2015"强调了 ICT 的三大重点领域——电子政府和电子自治体领域、医疗和健康领域、教育和人才培养领域的未来前景与目标、战略措施。

日本以"IT 理念"立国，立足于"产业应用"，推动产业创新，医疗卫生、福利事业、教育、防灾、防范、旅游、交通、产业振兴、农林水产、环境、行政等领域都在进行"ICT 化"。2009～2014 年，日本的 ICT 在诸如防灾、防范、教育领域等领域的实施率稳步上升（见图 5）。

教育领域。为了实现日本教育领域中 ICT 的普及，日本政府积极开展了许多项目，如总务省主导的"学校设施在灾害时的 ICT 环境利用"研究项目、"校内 LAN 整备"项目、"培养 ICT 应用能力"项目，由文部科学省主导的"学校及社会教育设施的信息通信设备和视听教育设备等的状况调查""信息使用能力调查""ICT 利用终身学习支援事业"等，用以推动全国各地区和学校应用信息通信设备和技术开展教学。

ICT 在教育领域的应用，主要体现在设备（电脑）的配备和校舍的网络覆盖上。2013 年，日本政府在"世界最尖端 IT 国家创造宣言"中明确指出，为实现教育环境的 IT 化，需要普及学校高速宽带网，实现人手一台信息设备，同时推进电子黑板和无线网络的设置，提高电子教材的使用，从初

---

① 金顺英：《日本大数据产业鸟瞰》，中云网，http：//bigdata. idcquan. com/faal/50234. shtml，2013 年 7 月 22 日。

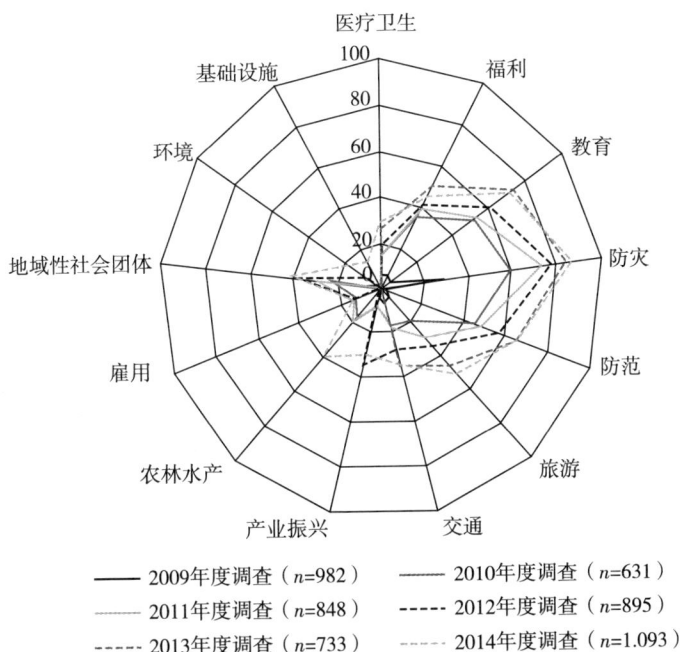

医疗卫生
100
福利
80
基础设施
教育
60
环境
40
防灾
20
地域性社会团体
0
防范
雇用
旅游
农林水产
交通
产业振兴

2009年度调查（n=982）　　2010年度调查（n=631）
2011年度调查（n=848）　　2012年度调查（n=895）
2013年度调查（n=733）　　2014年度调查（n=1.093）

**图 5　2009～2014 年日本各领域 ICT 利用率情况**

注：n 指的是"有效回收数"，因为调查通过电话访问、邮寄调查问卷
（包括邮件和快递方式）进行。

资料来源：总务省，《情报通信白皮书》（平成 27 年版）。

级教育阶段就开始积极完善教育环境的 IT 化，谋求儿童学习能力和 IT 应用
水平的提高，并加强与企业和民间团体的横向联系，充实教育用的电子教
材，要在 2020 年前实现所有小初高和特别支援学校教育环境 IT 化，构建学
校与家庭之间无缝连接的教育学习环境。

　　2014 年，日本政府重要的教育信息化项目"未来学校推进事业"和
"学习创新事业"结束，为建立日本未来学校教育信息化环境的应用模型提
供了经验与教训，推动了日本教育信息化建设。公立学校（小初高）的高
速互联网连接率从 2007 年的近四成，扩大到了 2014 年的近八成，而每一台
电脑的使用儿童/学生数量也在 2014 年缩减至 6.5 人，学生们已经告别了将
电脑看作"新兴事物"的年代，电脑和网络已经成为他们学习生活中的重
要工具（见图 6）。

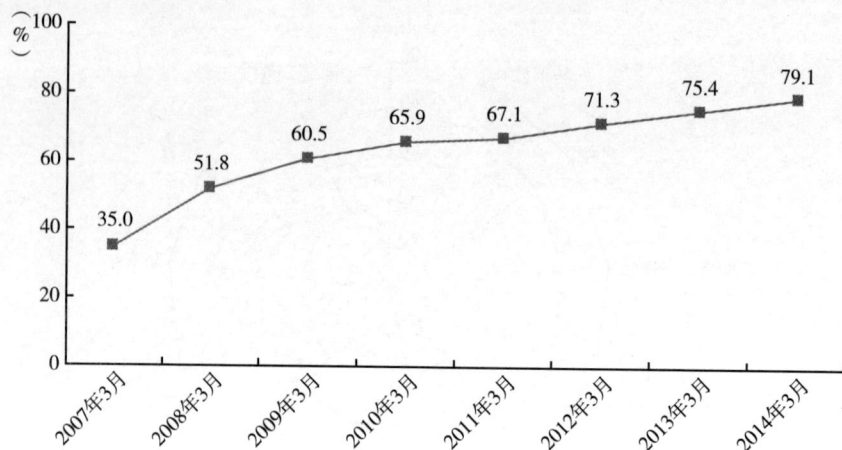

a.公立学校（小中高）的超高速互联网连接率的推移

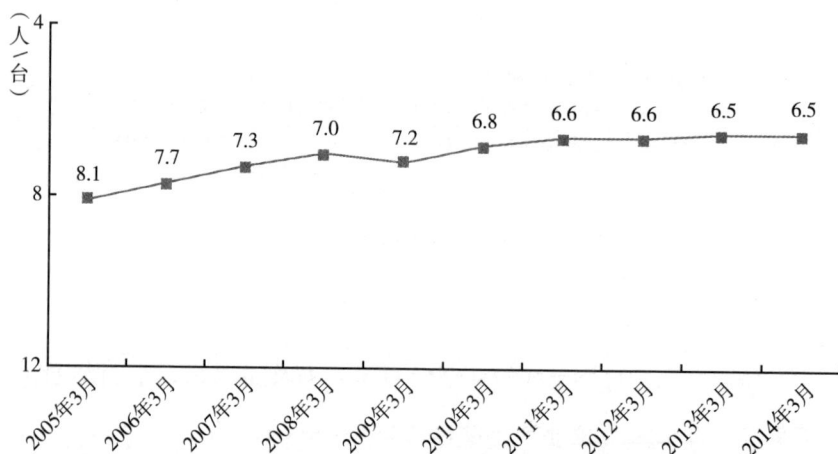

b.公立学校每一台电脑的使用儿童/学生数量

**图6 ICT 在教育领域的应用情况**

资料来源：总务省，《情报通信白皮书》（平成 27 年版）。

互联网的覆盖在大学更为完善，2014 年国立大学中的无线局域网覆盖率已经达到100％，而公立大学和私立大学也超过八成（见图7）。

医疗卫生领域。随着社会的发展，少子老龄化趋势日益明显，而医疗机构资源不足、分配不合理等问题越来越凸显，日本开始运用 ICT 技术提升医疗质量，保障国民的医疗服务品质。ICT 在医疗领域的利用主要

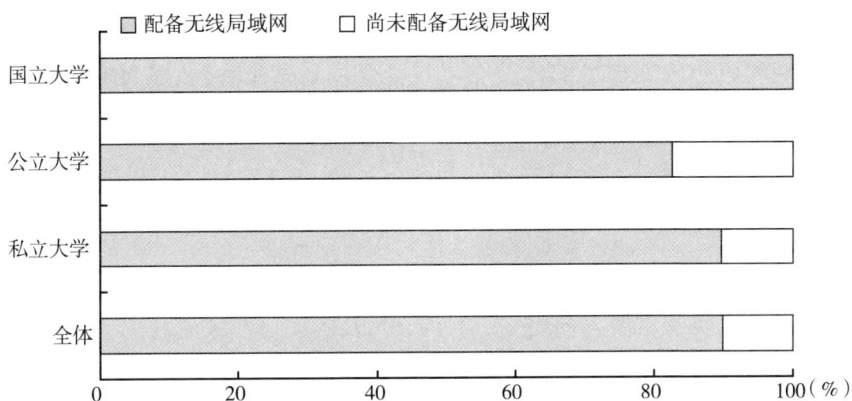

图7　2014 年大学的无线局域网配备状况

资料来源：总务省，《情报通信白皮书》（平成 27 年版）。

体现在"电子病历""电子清单"的引进和常态化，力图打造电子化医疗救治体系。一旦电子化医疗走向正轨，一切医疗服务全部可以"一条龙"线上操作，看病流程将大大缩短，便利程度也将大幅度提升。随着 ICT 技术在医疗中的应用，病床数超过 400 的中大型医院，"电子病历"的应用率不断提高，在 2002 年时达到 56.9%，到 2011 年时已突破 86%[①]。

2013 年时，富山大学附属医院已经积累了 1700 万条病例记录、1000 万个客户、1.43 亿件用药处方及 300 万个病名。富山大学附属医院以这些数据作为基础，实时地提供"处方知识"和"输入支援功能"。"处方知识"可根据患者的具体症状与病情，协助医师分析出最佳药物处方方案，而"输入支援功能"则可将输入的单词和文章的候选，通过下拉菜单进行多项提示，可帮助医师提高电子病历的输入作业效率[②]。在"i-Japan 战略 2015"中，更提出了明确的目标：一是个人能够从医疗机构得到电子化健康信息，使本人和医疗从业者都能灵活使用这些信息；二是灵活利用匿名的健康信息

①　《情报通信白皮书》（平成 27 年版），http：//www.soumu.go.jp/johotsusintokei/whitepaper/ja/h27/html/nc121120.html。

②　《日本：用大数据创建最尖端 IT 国家》，中云网，http：//www.china-cloud.com/dashujuzhongguo/disanqi/2014/0114/22689.html，2014 年 1 月 14 日。

进行传染病防控，从而实现"日本版的 EHR"（即电子健康档案）。

福利领域。1951 年，日本公布了《社会福利事业法》，成为现代社会福利制度形成的标志。经历了 20 世纪 60 年代的法制化和低福利政策取向之后，70 年代日本建立了全民福利的概念。而随着日本社会结构的变化，各种社会问题凸显出来。利用 ICT 技术来推动福利服务的供给体制的改革，让国民尤其是老人、残障人士、儿童、精神薄弱者等感受到技术进步带来的好处，是产业发展的重要方向之一。目前，ICT 在福利领域的利用主要体现在"育儿支援情报的提供"、"支援者信息共享"以及"对于育儿平安与否的确认"方面，为育儿安全工作提供技术支持，同时也包括对一些特殊组织（例如寻找丢失儿童组织等）的协助。其中，"育儿支持情报的提供"利用率已经突破了 25%，加上即将落实的部分将超过三成①。而对于实施率相对较低的"电子母子手册"，在今后的发展规划中，它得到了足够多的重视，利用率将有可能呈三倍增长（见图 8）。

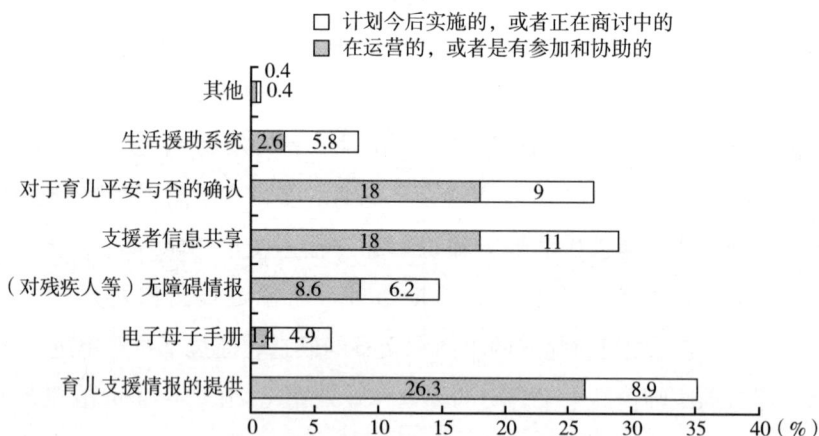

图 8　2014 年 ICT 在日本福利领域的应用情况

资料来源：总务省，《情报通信白皮书》（平成 27 年版）。

---

① 《日本 ICT 地域利活用情况调查研究》，载《情报通信白皮书》（平成 27 年版），http：//www. soumu. go. jp/johotsusintokei/whitepaper/ja/h27/html/nc233310. html。

行政领域。ICT 在行政领域的利用主要体现在对"电子政务"的推动，将国家和地方的各种申请手续电子化，形成一套电子行政管理机制。1994年，日本内阁推出"行政信息化推进计划"，成为电子政务的起点。2000年11月，森喜朗内阁出台"IT 国家战略"，其中明确提出要推进电子政府的建设。其后，"e-Japan 战略"和"u-Japan 战略"中，电子政务都成为重要的内容。日本"IT 战略本部"于2010年5月11日对外发布"新信息通信技术战略"，将实现国民本位的电子政务、加强地区间的互助关系等作为重要内容。

在20多年的发展中，电子政务从行政内部信息化向实现综合行政网络转型，利用网络促进行政事务的简单化、标准化与行政的公开化，实现行政信息的即时共享、政府的在线服务，从而推进日本政府的行政改革。图9中显示的正是行政领域的六大重点手续办理业务，在2008~2013年这六年中，六大业务的ICT利用率都在不断上升，其中"海关·出入境"和"财产出入"业务的电子化办理率已经接近100%。

"i-Japan 战略2015"中提出建立电子政府推进体系，同时在公民个人和企业内推广公众可以放心使用的电子政府的基础，并向国民提供多样化的行政服务：国民可以通过电视和个人电脑、手机等自己选择的渠道，享受电子政府服务；24小时内可以在自家或便利店办理必要的证件；向不习惯于数字技术的老年人等提供高质量的一站式行政服务；通过简单操作，即可打开国家和地方的行政信息和服务菜单；个人和企业放心地、无缝连接金融、医疗和教育等各领域的服务。在行政服务窗口改革的同时，还要推进行政办公室改革和行政服务的可视化，提高行政服务的效率，ICT 将在行政领域有更大的作为。

旅游领域。为了缓解日本区域经济发展的不平衡，帮助日本经济走出低谷，2003年观光立国关系阁僚会议制定了《观光立国行动计划》，提出了234条措施，以推进日本的观光旅游业。日本以2003年为"日本观光元年"，大力推动外国游客到日本旅游的"全球观光战略"。此后，日本政府颁布了《观光立国推进基本计划2007~2011》和《观光立国推进基本计划

| | 登记 | 海关·出入境 | 国税 | 社会保险<br>劳动保险 | 财产出入 | 自动车登记 |
|---|---|---|---|---|---|---|
| □ 2008年 | 37.2 | 92.3 | 36.5 | 0.8 | 92.6 | 2.6 |
| ▨ 2009年 | 44.6 | 94.3 | 42.9 | 1.4 | 93.0 | 10.1 |
| ▩ 2010年 | 50.0 | 94.9 | 46.9 | 1.7 | 93.6 | 24.9 |
| ■ 2011年 | 54.0 | 95.3 | 50.8 | 2.7 | 94.2 | 50.8 |
| ⬚ 2012年 | 57.8 | 95.6 | 52.7 | 4.2 | 94.2 | 58.9 |
| ▢ 2013年 | 61.2 | 95.8 | 55.6 | 5.7 | 94.6 | 60.9 |

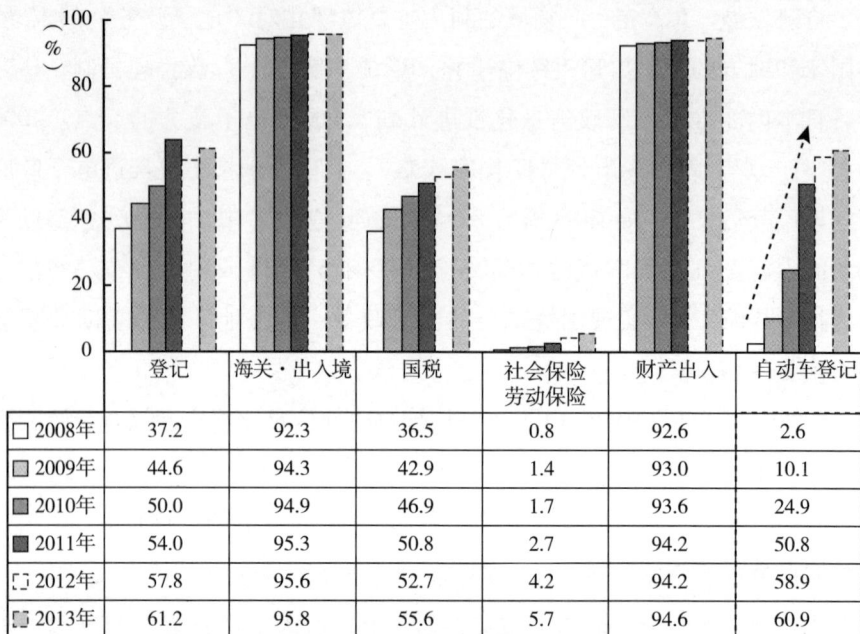

图9 日本行政业务重点手续领域的利用率的推移

资料来源：总务省，《情报通信白皮书》（平成27年版）。

2012～2016》，确立了观光立国战略的核心目标与参考指标。在旅游领域，ICT的利用主要表现在"互联网的全覆盖"和"基础设施的智能化"两方面，"智慧旅游"成为日本政府的一个重要措施，主要由总务省下属各地方分支机构负责。如总务省下属的中国综合通信局推进的"山阴·山阳智能观光项目"与北陆综合通信局的"ICT奥能登'纽带'建设协议会"等，都致力于用现代通信技术为游客提供酒店预订、汽车租赁、旅游信息、旅游线路等相关信息与服务。

日本福冈市（Fukuoka）是ICT在旅游领域活用的代表性案例。日本福冈市已经基本做到了WiFi全覆盖，游客在当地可以通过"姓名"和"邮箱"注册账号，登录使用无线网络。网页还配备了英语、韩语、汉语、日语等多种语言供游客注册时便捷实用。福冈市还面向游客针对智能手机、平板电脑推出了应用程序"J Guidest Fukuoka"，该程序通过地图为游客推荐人气景点、美食、购物场所等，并且该程序还通过对游客位置信息、关键词查询等信息的收集，及时为游客推送相关攻略情报，帮助游客"自助"游福冈。

不仅如此，日本的大型免税店和各大家电卖场都已建立起基于外国游客购物信息的数据库。在 2016 年度，日本观光厅还斥资数亿日元，建立专门的网站和管理系统，用于全面搜集和精确分析外国游客在日本购物的相关数据，并及时将有用的信息反馈至各大免税店和零售店铺，以便于其对所售商品进行调整①。

ICT 除了在上述五个领域"大有作为"以外，在"防灾""交通""环境"等领域也有显著的发展。如日本位于环太平洋火山地震带，灾害的应急处置一直是日本政府重视研究的课题。2011 年 3 月 11 日，日本经历 9 级地震，地震发生时，基本通信设备陷入瘫痪，而手机和互联网的通信功能得以保留，由此 ICT 在防灾领域的发展和贡献开始得到重视，"防灾邮件""地震信息终端"等 ICT 产品相继问世。在交通领域，ICT 对交通工具提供"技术支持"，为日本民众出行提供安全便利。丰田汽车在 2002 年便提供远程信息处理服务"G – BOOK"失盗车辆威慑系统，并可根据车主的要求，根据丰田智能中心的追踪定位系统，追踪被盗车辆。在环境领域，日本以 ICT 产业带动电能的使用，总务省也制定了"绿色化 ICT 系统"（Green of ICT）和"ICT 活用绿色化"（Green by ICT），着力打造"绿色 ICT"。

# 三 日本 ICT 产业发展存在的问题及对策

## （一）日本 ICT 产业存在的不足

日本 ICT 产业发展至今，无论是在自身的信息通信产业，还是在其他领

---

① 谢宗睿：《日本"观光立国"战略初见成效》，《光明日报》，http：//news. xinhuanet. com/politics/2015 – 12/25/c_ 128565092. htm，2015 年 12 月 25 日。

域的活用创新，都取得了丰硕的成果，但同时产业自身存在的问题也不断显露出来，影响了其发展。

国际竞争力不足。从全球范围来看，2015 年 ICT 产业全球规模达到 21289 亿美元，较 2011 年增长 10.6%。五年内，日本企业的国际市场份额减少 10.9%，占比减少 2.9 个百分点。而在 ICT 产品出口方面，五年内，日本出口占世界出口份额减少 3.0%，占比减少 2.3 个百分点[①]。与世界重要国家 ICT 产业相比，日本在"通信领域"的竞争力最强，而"终端领域"和"平台领域"的竞争力则相对较低。

信息安全隐患。随着网络普及程度的提高，"病毒"及"垃圾邮件"对家用电脑、平板电脑、智能手机等终端的伤害造成的用户信息泄露问题日益突出。根据日本总务省"2014 年通信利用动向调查"中的"家庭利用不安感调查"，高达 80.2% 的家庭担心"个人信息泄露到外部"，"担心计算机病毒感染"也达到了 75.6%，而对于"电子消费感到不安"也接近五成（49.2%）[②]。

人才严重短缺。从教育上来看，日本学校偏重于文科系学科的教学，致使文科系学科不断增加，而理科生数量不足，能够创造新技术的理科人才与国外相比处于较低水平。根据日本总务省《情报通信白皮书》（平成 25 年版）提供的数据，2010 年理科学生占大学毕业生比例调查中，韩国约为 64%，英国约为 46%，瑞典约为 52%，而日本仅约为 23%[③]。

（二）谋求国际合作，打造共赢关系

日本的 ICT 产业除了要立足于本国发展，也将视野拓展到海外，这在日本 2014 年推出的"智能日本 ICT 战略"中有明确的体现，该战略强调了日

---

① 日本总务省：《2015 年 ICT 国际竞争力指标》工信部电子一所编译，http：//www. etiri. com. cn/article_ 001009_ 1736. html，2016 年 8 月 18 日。

② http：//wenku. baidu. com/link？ url = nNrigTO8eAsEcs6ZWUVLjdFvidlX0hFHziW1bLsKHcSX0d FL8Fp5AWHmanl0 - oFMPmrgn88I_ vxPJEWq29K9MoaOU1m_ KKUoz33AHrkj_ FS.

③ 《情报通信白皮书》（平成 25 年版），http：//www. soumu. go. jp/johotsusintokei/whitepaper/ ja/h25/html/nc121120. html。

本 ICT 要增强国际竞争力以及拓展国际贸易，并制定目标争取在 2020 年前使海外业务额提高至目前的 5 倍，达到 17.5 兆日元①。

为了改变 ICT 产业国际竞争力弱的问题，日本在补足弱环，提升自身的竞争力的同时明确了借助外力，谋求国际合作的策略。2015 年 9 月举行的"'为适应物联网/大数据时代所需的新信息通信政策的合理存在方式'中期答辩"中指出，日本应该利用信息通信领域的国际会议谋求合作，要根据各国国情量身定做一些合作项目，推进国家间的交流互通，形成优势互补，从而达到资源优化配置的"双赢"。目前，世界各国都在 ICT 领域开展着一些相同的研究课题，诸如"大数据开发与应用""物联网发展""国家智能化发展战略"等，也面临着一些相似的问题诸如"信息安全问题"等，日本政府应及时开展研讨会、研修班，或是建立实验项目，促进人才与信息的交流，为 ICT 打造良好的国际市场环境。

### （三）关注"信息安全"，着力提升技术水平

日本以"IT 立国"为目标，相继推出了很多与信息技术相关的国家战略以及具体政策。20 世纪末，日本就制定并实施了《IT 安全政策指南》，2001 年"e-Japan 战略"中，日本明确宣布要"确保信息通信网络的安全性及可靠性"。此后日本政府陆续颁布了《日本信息安全综合战略》（2003年）、《第二份信息安全基本计划》（2009 年）、《日本保护国民信息安全战略》（2010 年）等战略。与此同时，日本政府先后成立了多个专门机构，具体负责信息安全工作，如经济产业省的"信息安全对策办公室"、IT 战略本部的"信息安全对策推进会"、信息处理振兴协会的"信息技术安全中心"、电子商务促进会的"电子商务安全工作组"和"日本网络安全协会（NPO）"等。"9·11"事件后，日本政府又对各部门进行了明确分工，由防卫厅负责组织反网络攻击相关技术的研究，总务省负责整合高性能的反恐怖网络安全系统，经济产业省负责提供有关非法接入和计算机病毒等相关信

---

① http：//news. mynavi. jp/news/2014/06/23/048/.

息。旨在保护日本公众日常生活正常运转不可或缺的关键基础设施的安全，降低日本民众在使用 IT 技术时所面临的风险。

2013 年，日本政府制定了旨在加强防范网络攻击的《网络安全战略》，并于 2015 年设立了由内阁成员组成的"网络安全战略本部"。2015 年，日本颁布了新的《网络安全战略》，提出了"信息自由流通""法治""对使用者的开放性""主动遏制恶意行为的自律性""政府和民间等多方面的合作"等 5 项原则。新战略把网络攻击受害的监管防范对象范围从政府机关扩大到了"独立行政法人"及部分"特殊法人"。同时，将"内阁网络安全中心"（NISC）的监管范围从现在的中央省厅扩展至与中央省厅共同承担公共业务的独立行政法人及特殊法人等。

在政策的推进下，相关维护信息安全的成果也接连涌现。如日本 IBM 发布"IBM Security Web Gateway AMP 5100V7.0"，可实现多个 Web 应用的统一用户认证以及对 Web 应用网络攻击的防御；日本冲电气工业公司（OKI）在云基础"EXaaS 平台服务"的安全菜单中，追加发表数据加密化管理的"数据保护服务"等①。

### （四）不断加大 ICT 人才培养力度

"人才"是决定日本 ICT 后力的关键，这自然与教育培训分不开，而人才的培养也不只是打造"ICT 技术人才"这一个层面，还有培养相应的"ICT 信息安全人才"。

一是高校培养。在人才的培养上，注重从学生时代着手，在高中和大学以及研究生阶段添加与 ICT 技术相关联的专业和课程，配合以老师的积极引导，促使更多的学生选择相关专业，通过理论课程与实践课程的有机结合，培养出专业的 ICT 技术人才。当然，在政府的支持下，校外的"技能培训""训练课程"的数量与质量也有了较大的提高。

---

① 张向宏、卢坦、耿贵宁：《日本信息安全产业发展及对我国的启示》，《保密科学技术》2013 年第 2 期。

　　二是从民间挖掘人才。日本目前存在约 23 万个黑客，可以充分利用，同时还应从全国选拔相关学生参与"信息安全集训"①。

　　三是整合人才资源。集中各部门中的 IT 人才，提高利用率，如东京都警视厅与网络安全公司设置协议会整合相关人员形成网络犯罪搜查人才资源。

　　四是人才培训的社会化。日本的信息安全大学和网络安全协会以成人为对象，定期开展关于"信息安全"的研讨会，以及防止信息泄露的专题讲座。而企业也以"E-learning"方式来培训员工，提高安全意识。

---

① 张向宏、卢坦、耿贵宁：《日本信息安全产业发展及对我国的启示》，《保密科学技术》2013 年第 2 期。

# B.8

# 非洲广播电视数字化：
# 现状、挑战与机遇*

舒凌云　龙小农**

摘　要：　近十年，非洲广播电视融合发展的最集中表现即为播出方式由模拟信号向数字信号转换。本文全面梳理非洲广播电视数字化发展的历程与措施、成就与现状、机遇与挑战，并结合世界广播电视数字化发展经验，对非洲广播电视数字化存在的问题、可能采取的政策措施进行分析。在此基础上，进而分析中国在非洲广播电视数字化进程中所能扮演的角色、中国提升对非传播影响力的机遇与问题。立足非洲广播电视数字化发展现状与问题，本文还试图勾勒这一"中国机遇"，以期有助于中国加强对非传播能力建设，并借检视非洲广播电视数字化进程，就深化中非全面战略伙伴关系、提升中国在非国际话语权提供一些参考建议。

关键词：　非洲　广播电视　数字化　中国机遇

　　播出制作的数字化、网络化，是广播电视融合发展的前提和基础。当前，非洲广播电视融合发展的最集中表现，即为播出方式由模拟信号向数字

---

　*　本文系国家新闻出版广电总局部级社科研究项目（项目编号：GDT131421）的阶段性成果之一。
　**　舒凌云，中国传媒大学继续教育部学部培训学院讲师、博士；龙小农，中国传媒大学新闻传播学部传播研究院教授、博士。

信号转换。本文试图全面梳理非洲广播电视数字化发展的历程与措施、成就与现状、机遇与挑战，并结合世界广播电视数字化发展经验，对非洲广播电视数字化存在的问题、可能采取的政策措施进行分析。在此基础上，进而分析中国在非洲广播电视数字化进程中所能扮演的角色、中国提升对非传播影响力的机遇与问题。

## 一 非洲广播电视数字化发展现状及问题应对

2006 年 6 月 16 日，国际电信联盟（ITU）在日内瓦召开区域无线电通信大会，签署《GE06 区域性协议》（GE06 规划），规定欧洲、非洲、中东、伊朗（ITU 一区）在 2015 年 6 月 17 日前实现广播电视播出数字化转换。这标志着世界迎来"全数字化"声音和电视地面广播业务发展新时代，是迈向建立更加平等、公正、以人为本的信息社会，弥合发达国家和发展中国家之间数字鸿沟的重要里程碑。此后十年，非洲掀起广播电视数字化浪潮，数字化转换明显加速。如今十年已过，审视非洲广播电视数字化进程的成就及问题，有助于提高中国广播电视对非传播的针对性，找到中国广播电视走进非洲的发展路径与模式。

### （一）非洲广播电视数字化发展现状及成绩

2015 年 6 月 17 日，ITU 在日内瓦召开会议，纪念十年前达成的 ITU 一区在 2015 年 6 月 17 日实现广播电视播出数字化转换这一"地面数字电视发展的里程碑事件"。截至这一日，全世界已有 50 个国家完成广播电视播出数字化转换，58 个国家还在进行，70 个国家情况不清楚，19 个国家尚未启动。[1] ITU 现任秘书长赵厚麟说："6 月 17 日的今天，是电视广播模数转换历史上的里程碑。2006 年 6 月启动的这一进程重新展望了人类观看电视并与其互动的方式，开辟了广播行业创新和发展的道路。"

根据 ITU 截至 2015 年 6 月 17 日的统计数据，非洲 54 个国家中只有毛

---

[1] 数据来自 http：//www. itu. int/en/ITU – D/Spectrum – Broadcasting/Pages/DSO/figures. aspx。

里求斯、坦桑尼亚、莫桑比克、马拉维、卢旺达 5 个国家按期完成广播电视数字化转换；正在进行中的国家有阿尔及利亚、安哥拉、贝宁、博茨瓦纳、布基纳法索、布隆迪、喀麦隆、佛得角、乍得、刚果（布）、科特迪瓦、刚果（金）、赤道几内亚、埃塞俄比亚、加蓬、冈比亚、加纳、几内亚、肯尼亚、莱索托、马达加斯加、马里、纳米比亚、尼日尔、尼日利亚、塞内加尔、塞舌尔、多哥、南苏丹、苏丹、斯威士兰、乌干达、赞比亚、津巴布韦 34 个；还没有开始的国家有中非、科摩罗、埃及、厄立特里亚、几内亚比绍、利比里亚、利比亚、摩洛哥、圣多美和普林西比、塞拉利昂、南非 11 个；还有毛里塔尼亚、突尼斯、索马里、吉布提 4 个国家的进展情况不清。①

　　显然，最后期限已过，非洲 54 个国家绝大多数都未能如期实现这一目标，即便把已经申请延迟完成广播电视数字化转换的 30 个国家排除在外，24 个国家中仅有 5 个完成（见表 1）。非洲广播电视数字化进程依然行进在路上，方兴未艾。当然，对广播电视发展水平最低、经济发达程度最低的非洲大陆来说，现有的数字化成绩，可谓进展显著、令人瞩目。在 ITU 规定的最后期限内，目前已有肯尼亚、赞比亚、坦桑尼亚、卢旺达、乌干达、尼日利亚、加纳、喀麦隆、马拉维、博茨瓦纳、莫桑比克、毛里求斯、纳米比亚等非洲国家取得较大进展。其他非洲国家尤其是中部和北部非洲地区，尽管已启动数字化项目，但进展缓慢，挑战巨大。目前，未实现广播电视数字化转换的非洲国家，纷纷将最后期限调整为 2020 年 6 月 17 日。未来五年，将是非洲实现广播电视数字化的最后过渡阶段。

表1　非洲各国广播电视数字化转换完成情况统计

| 国家 | 启动年份 | 转换日期 | 电视标准 | 压缩格式 | 状态 |
| --- | --- | --- | --- | --- | --- |
| 阿尔及利亚 | 2010 | 2015 | DVB – T | MPEG – 2 | 进行中 |
| 安哥拉 | — | — | — | — | 进行中 |
| 贝宁 | — | 2020 | DVB – T2 | MPEG – 4 | 进行中 |
| 博茨瓦纳 | — | — | — | — | 进行中 |

① http：//www. itu. int/en/ITU – D/Spectrum – Broadcasting/Pages/DSO/Default. aspx.

| 国家 | 启动年份 | 转换日期 | 电视标准 | 压缩格式 | 状态 |
|---|---|---|---|---|---|
| 布基纳法索 | — | 2014 | DVB－T2 | | 进行中 |
| 布隆迪 | — | — | DVB－T2 | MPEG－4 | 进行中 |
| 喀麦隆 | 2013 | 2015 | DVB－T2 | MPEG－4 | 进行中 |
| 佛得角 | — | 2014 | DVB－T2 | | 进行中 |
| 中非 | — | — | — | — | 未启动 |
| 乍得 | — | — | DVB－T2 | — | 进行中 |
| 科摩罗 | — | — | DTMB | MPEG－2 | 未启动 |
| 刚果 | — | — | | | 进行中 |
| 科特迪瓦 | — | 2015 | DVB－T2 | MPEG－4 | 进行中 |
| 刚果(金) | — | | | | 进行中 |
| 吉布提 | — | — | | | — |
| 埃及 | 2010 | 2015－06－17 | DVB－T<br>DVB－T2 | — | 未启动 |
| 赤道几内亚 | — | — | — | — | 进行中 |
| 厄立特里亚 | — | — | — | — | 未启动 |
| 埃塞俄比亚 | 2013 | | DVB－T2 | | 进行中 |
| 加蓬 | — | — | — | — | 进行中 |
| 冈比亚 | 2015 | — | DVB－T2 | — | 进行中 |
| 加纳 | 2013 | 2014－06－17 | DVB－T2 | MPEG－4 | 进行中 |
| 几内亚 | — | 2014 | DVB－T2 | | 进行中 |
| 几内亚比绍 | — | 2014 | DVB－T2 | | 进行中 |
| 肯尼亚 | — | | | | 进行中 |
| 莱索托 | 2015 | 2015 | DVB－T2 | | 进行中 |
| 利比里亚 | — | | | | 未启动 |
| 利比亚 | — | 2015 | DVB－T2 | | 未启动 |
| 马达加斯加 | 2015 | 2015 | DVB－T2 | MPEG－4 | 进行中 |
| 马拉维 | | 2015 | DVB－T2 | | 完成 |
| 马里 | — | 2015 | DVB－T2 | | 进行中 |
| 毛里塔尼亚 | — | — | — | — | — |
| 毛里求斯 | 2005 | 2013－12－31 | DVB－T | | 完成 |
| 摩洛哥 | — | 2015 | DVB－T | — | 未启动 |
| 莫桑比克 | — | — | | — | 完成 |
| 纳米比亚 | | 2016 | DVB－T2 | | 进行中 |
| 尼日尔 | — | 2015 | DVB－T2 | | 进行中 |

续表

| 国家 | 启动年份 | 转换日期 | 电视标准 | 压缩格式 | 状态 |
|---|---|---|---|---|---|
| 尼日利亚 | 2007 | 2015－06－17 | DVB－T2 | MPEG－2 | 进行中 |
| 卢旺达 | 2008 | 2014 | DVB－T<br>DVB－T2 | MPEG－4 | 完成 |
| 圣多美和普林西比 | — | — | — | — | 未启动 |
| 塞内加尔 | 2014 | 2015 | DVB－T2 | MPEG－4 | 进行中 |
| 塞舌尔 | 2011 | 2015－12－31 | DVB－T2 | MPEG－4 | 进行中 |
| 塞拉利昂 | — | 2014 | DVB－T2 | — | 未启动 |
| 索马里 | — | — | — | — | — |
| 南非 | — | 2013－12－31 | DVB－T2 | MPEG－4 | 未启动 |
| 南苏丹 | — | — | — | — | 进行中 |
| 苏丹 | — | 2015 | DVB－T<br>DVB－T2 | — | 进行中 |
| 斯威士兰 | — | — | DVB－T2 | — | 进行中 |
| 坦桑尼亚 | 2005 | 2012－12－31 | DVB－T2 | MPEG－4 | 完成 |
| 多哥 | — | 2014 | DVB－T2 | — | 进行中 |
| 突尼斯 | 2010 | 2015 | DVB－T | MPEG－4 | — |
| 乌干达 | — | — | — | — | 进行中 |
| 赞比亚 | — | 2014 | DVB－T2 | — | 进行中 |
| 津巴布韦 | — | 2015 | DVB－T2 | — | 进行中 |

注：本表根据 ITU 公布的数据表统计编制，数据截至 2015 年 6 月 17 日；"—"表示具体情况不明；电视标准 DVB－T，即 Digital Video Broadcasting-Terrestrial 的简称，即地面数字广播电视，是欧洲通用的地面数字电视标准；电视标准 DVB－T2 即第二代数字电视广播传输标准，DVB－T2 与 DVB－T 共存但不兼容；MPEG－2 和 MPEG－4 是影视频传播压缩的两种格式。ITU 公布的统计表见 http：//www.itu.int/en/ITU－D/Spectrum－Broadcasting/Pages/DSO/Summary.aspx。

## （二）非洲广播电视数字化发展历程与举措

从 2006 年起，广播电视播出数字化已是全球趋势。与模拟信号播出相比，数字化播出为用户、运营商和监管部门带来的好处不言而喻。鉴于广播电视数字化的诸多利好，非洲各国尽管广播电视发展水平落后、经济实力不足，但作为 ITU 的成员国、GE06 规划的签署者，也把实现广播电视数字化作为重要的社会公共目标，启动数字化项目。

非洲广播电视数字化进程先天不足、后天又规划不周。经申请，2010年 ITU 同意 30 个非洲国家和 4 个中东地区国家，如埃及、突尼斯和摩洛哥等将数字化转换最后期限延后五年。整体来说，非洲各国发展程度不一，实现广播电视数字化进程有不同的最后期限、有不同的路径和挑战。毛里求斯2005 年即启动广播电视数字化转换，是非洲最早启动也是最早实现广播电视数字化转换的国家，其他各国在签署 GE06 规划后纷纷跟进。

**1. 成立广播电视数字化专门机构，确定实现数字化的期限**

尼日利亚 2008 年启动广播电视数字化项目，同年 10 月 13 日成立总统行动委员会，宣布将 2012 年 6 月 17 日设定为广播电视数字化转换最后期限，比 ITU 规定的最后期限提前三年。[①] 喀麦隆政府 2012 年新设立机构 CAMDTV，由政府部长和公共广播机构共同负责，推进广播电视数字化。东非共同体五国[②]商定，2012 年 12 月为广播电视数字化转换最后期限。2013 年南非政府制定《2005 年南非电信法案数字广播转换政策修订案》，规定"到 2014 年4 月 1 日，南非电视播出由模拟信号向数字化信号转换。到 2014 年 3 月，国家数字广播信号覆盖全国 84% 的人口"。[③] 但以上所定期限，都未能实现。

**2. 借助外力，分段启动广播电视数字化项目**

这是非洲国家普遍采用的模式。2013 年 12 月，莫桑比克政府与中国民营数字电视运营商四达时代签订《莫桑比克广播电视数字系统实施一期商业合同》，启动广播电视数字化项目。2014 年 7 月，赞比亚与四达时代签订数字电视 DTT 一期项目，由其在 10 个省会城市建设地面数字电视发射台、首都卢萨卡前端及卫星上行站等，建设期为 8 个月，建成后地面数字电视将覆盖赞比亚铁路沿线的主要城市。2014 年 7 月，喀麦隆政府根据 ITU 实现数字化转换最后期限，向世界银行签署贷款 3.06 亿美元的协议，以推进地

---

① Samaila Balarabe, "Digitization of Television Broadcasting in Nigeria Review", *International Journal of Social, Business, Psychological, Human Science and Engineering* Vol：7 No：10, 2013.

② 东非共同体简称 EAC，包括肯尼亚、坦桑尼亚、卢旺达、布隆迪、乌干达五国。

③ http：//www.doc.gov.za/documents - publications/policies.html.

面数字电视的发展。[1] 2014 年 11 月，尼日利亚国家电视台与四达时代签署数字化项目商业合同，总金额超过 5 亿美元，标志着该国广播电视数字化向前迈出实质性一步。

**3. 制定广播电视数字化补贴政策**

为最贫穷的家庭在电视由模拟信号向数字化转换之前，提供购买数字电视接收机顶盒补贴，是非洲国家的通行做法。2015 年 3 月，南非政府决定单独支出大约 2.5 亿美元，为最贫穷的家庭购买机顶盒。[2] 肯尼亚、尼日利亚、卢旺达、坦桑尼亚等国也为贫困家庭购买机顶盒提供补贴。这一举措极大地推进了非洲广播电视数字化进程，同时保证了非洲贫穷家庭的电视收视权益。

值得一提的是，2013 年 9 月，非洲撒哈拉以南47 个国家就2015 年数字化转换的频率协调达成一致。该协议的达成，让非洲成为全球第一个可在2015 年为移动业务划分因向数字电视过渡而释放出 700MHz 和 800MHz 频段频率的地区（即所谓的数字红利频谱）。这为非洲数字电视的发展拓展了空间，非洲进入广播电视数字化快速发展车道。

遗憾的是，尽管北非国家电视普及率较高，但由于 2011 年爆发"阿拉伯之春"影响至今，其广播电视数字化进程滞缓。根据 ITU 统计数据，广播电视数字化还没开始或情况不清楚的非洲国家北非占据 4 个，分别是埃及、利比亚、突尼斯和摩洛哥。这可能与数字化进程申请延迟有关，更可能与局势动荡有关。

根据 ITU 2013 年 10 月发布的报告，截至 2012 年底，非洲拥有电视的家庭不足 1/3，但在拥有电视的家庭中，拥有数字电视的家庭达到35%，很多刚有电视的家庭直接采用了数字技术。英国数字电视研究公司发布的一份数字电视研究报告则显示，到 2014 年底，中东和非洲地区的数字电视渗透率将达到拥有电视家庭的 2/3，报告预测到 2014 年底中东和非洲地区的数字电视渗透率将达到 73.8%。而撒哈拉以南非洲国家，数字电视渗透率在2010 年仅为 19.2%。[3]

---

[1] https：//itunews. itu. int/En/5773 – Digital – switchover – in – Africa. note. aspx.

[2] http：//allafrica. com/view/group/main/main/id/00035788. html.

[3] 数据来自英国数字电视研究有限公司 2014 年 1 月发布的《撒哈拉以南非洲数字电视发展预测》。

非洲广播电视数字化发展机遇还表现在，当世界其他地区广播电视数字化业务增量日渐趋于饱和的时候，非洲的广播电视数字化增量空间依然巨大。根据总部位于伦敦的数字电视研究有限公司的研究，在撒哈拉以南非洲，数字电视的渗透率将很快覆盖一半以上拥有电视的家庭。他们发布的《撒哈拉以南非洲数字电视预测报告》预估，到 2020 年，撒哈拉以南非洲几乎每个拥有电视的家庭都将使用数字电视。到 2020 年，超过 2/3 的电视家庭能够接收到地面数字电视信号；大约 28% 拥有电视的家庭将通过卫星接收器接收数字电视信号。根据数字电视研究有限公司的预测，撒哈拉以南非洲国家数字电视接收的平台主要分布如图 1 所示。

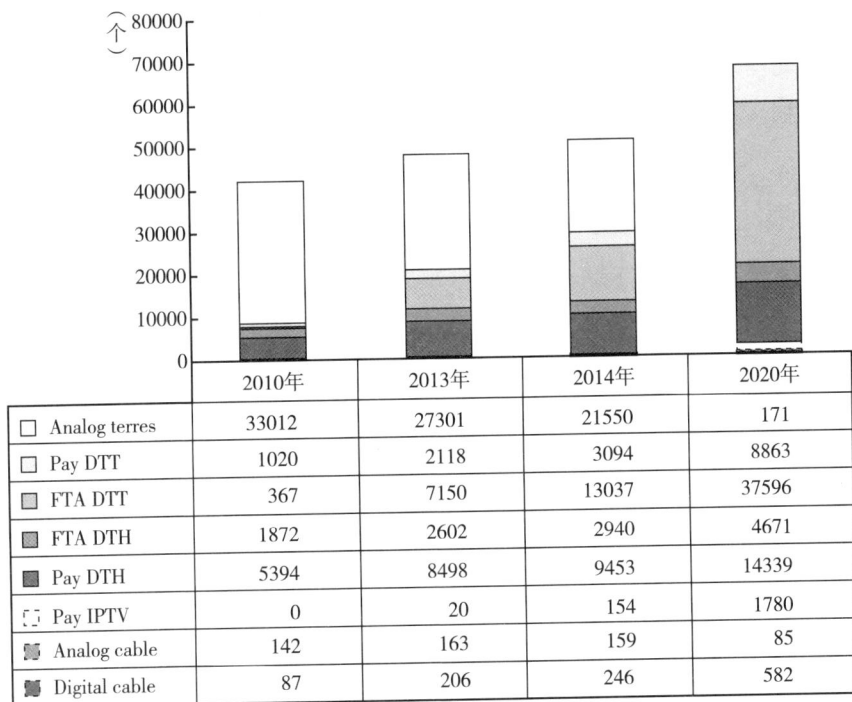

| （个） | 2010年 | 2013年 | 2014年 | 2020年 |
|---|---|---|---|---|
| ☐ Analog terres | 33012 | 27301 | 21550 | 171 |
| ☐ Pay DTT | 1020 | 2118 | 3094 | 8863 |
| ▨ FTA DTT | 367 | 7150 | 13037 | 37596 |
| ▨ FTA DTH | 1872 | 2602 | 2940 | 4671 |
| ■ Pay DTH | 5394 | 8498 | 9453 | 14339 |
| ⬚ Pay IPTV | 0 | 20 | 154 | 1780 |
| ▨ Analog cable | 142 | 163 | 159 | 85 |
| ▨ Digital cable | 87 | 206 | 246 | 582 |

**图 1　撒哈拉以南非洲国家数字电视接收的平台分布**

资料来源：Digital TV Research。

从 2013 年到 2020 年，撒哈拉以南非洲国家的电视用户数将增加 2000 万，达到 6800 万户。然而，这个数字意味着，将继续有 1 亿家庭没有电视。

到 2020 年，撒哈拉以南非洲国家，电视的家庭渗透率仅为 38.4%。也就是说，在所有家庭中，只有 38.4% 的家庭拥有电视。数字电视研究首席分析师西蒙·穆雷指出，这个数字表明，撒哈拉以南非洲地区数字电视有着长期的潜在增量，其增长空间将超过预期。下一代宽带网络的建设，将确保卫星电视和地面数字电视增长空间更大。南非和尼日利亚将是南部非洲数字电视渗透率、付费电视业务增长最快的两个国家。南部非洲付费电视的收入，将从 2013 年的 31.7 亿美元增加到 2020 年的 53.5 亿美元，增长 69%。[①]

### （三）非洲广播电视数字化面临的问题及应对

当前，非洲广播电视数字化面临的最大挑战是，广播电视数字化发展浪潮和迫切需求与数字化基础设施落后之间的矛盾。非洲各国政府投入不足、错位管理、现有广电机构技术更新滞后及抵制、播出内容缺乏和使用者觉醒程度低等，通常被认为是导致非洲广播电视数字化进程缓慢的主要原因。事实上，ITU 已经意识到并寻求通过其非洲办公室在专业技术、资金提供和商业模式上帮助非洲国家推进广播电视数字化进程。

（1）资金缺乏、技术设备落后。除南非、埃及等少数国家外，非洲大部分国家广电发展的资金和技术，主要来自前宗主国捐助或其他国家援助。基于这一惯性，在推进广播电视数字化进程中，部分国家也寄希望于外国援助和支持。当然，2014 年联合国确定全球 48 个最不发达国家中非洲占据 34 个，要这些国家拿出资金和技术来全力推进数字化，确实比较困难。但莫桑比克、马拉维、坦桑尼亚和卢旺达均是最不发达国家，却能按时完成广播电视数字化转换，说明资金和技术不是主因。非洲国家应立足自力更生、多方筹集资金，通过市场转让、公私合作等方式，吸引外来资金和技术。坦桑尼亚和卢旺达即是通过政府与中国四达时代集团公司合资共建公司实现的。

（2）接收数字电视的机顶盒供应不足、价钱过高。在推进广播电视数

---

字化进程中，让低收入的非洲家庭获得新的服务，必须确保他们能够获得机顶盒、价格能够承受，这是必须考虑的重要因素。广播电视数字化播出，势必影响非洲各国那些较贫穷的家庭，因为他们不得不购买使用新的天线和机顶盒，即使有政府补贴，也将减少部分人收看电视，这又引发现有广电机构的抵制。对此，除加大政府补贴力度外，非洲国家可考虑在授予数字电视运营商牌照时，要求其转让机顶盒生产技术、低价或免费给数字电视用户安装机顶盒。

（3）现有既得利益集团的抵制，延缓数字化进程。非洲国家实现广播电视数字化转换，一定意义上，最大的挑战不是资金不足，而是来自既有利益集团的抵制。南非、肯尼亚、尼日利亚均存在媒体集团消极抵制政府推行电视数字化的现象。肯尼亚推进数字化电视的传播委员会，还被五家媒体联合告上法庭，因其为广电媒体设定了数字化转换时间表，幸好没有获得法院支持。但正如 2014 年时任 ITU 秘书长哈马道恩·图雷访问肯尼亚时所说："无论你何时试图引进新技术，总是有反对存在，但只要你相信你引进的新技术是有益于民众的，你就必须引进它。"①

（4）政府管理错位、行政弱势。广播电视数字化是公共服务项目，政府和管理部门理应发挥主导作用，但非洲多数国家，政府普遍弱势，推进数字化心有余而力不足。如肯尼亚三大电视机构 KTN、NTV 和 Citizen TV 要求政府延长数字化信号播出的期限，而那些已经实现数字化播出的电视机构则希望严格执行既定的最后期限，实现广播电视数字化信号播出转换处于僵持状态。② 南非政府和通信部门犹豫不决、耽误推行广播电视数字化时间，以致要在最后期限前实现广播电视数字化成为泡影。

（5）用户的使用意识急需进一步提高。非洲观众由于购买力低、安于现状等原因，使用数字电视的积极性不高。非洲各国尤其是广电管理部门、广电机构需要向广电产业链的利益攸关方、终端用户宣传普及数字广播电视的益处和优势，为广播电视数字化扫除意识上的障碍。如阿拉伯国家广电联

---

① Kenya：ITU boss rules out extention of digital Tv migration deadline. http：//allafrica.com/ stories/201403170007. html？page = 2.

② http：//allafrica. com/stories/201503020416. html.

盟为在阿拉伯地区推进广播电视数字化转换，向联盟成员发行了大量的学习和推介资料，让它们理解数字化转换的好处；帮助电视用户理解实现数字化播出将如何使他们受益，并建立帮助热线。①

（6）数字化重电视，轻广播。数字化包括广播和电视，但目前非洲掀起的这一轮数字化，绝大多数非洲国家均将重点放在数字电视上，广播数字化基本忽略。但根据 ITU 的统计数据，非洲观众接触媒介的频率是，广播排第一，其次才是电视。广播数字化滞后，不利于非洲广播听众缩小数字鸿沟。出于资金、技术、电力和覆盖的考量，非洲应将广播的数字化摆在广播电视数字化的优先位置。

各种问题综合作用，严重制约非洲广播电视数字化进程。因此，2013年 ITU 呼吁非洲各国采取一系列政府行动（如制定法律、技术规范，频谱重新划分、新授权，跨边界频率协调），使运营商有效开始广播电视数字化进程并使各家庭适应变革。ITU 还认为非洲各国政府应制定国家战略，以便协调实现数字转换所必需的各项行动。这些战略应包含明确的目标和截止期限并进行定期监督；应以透明的方式向所有人和利益攸关各方（包括私营部门）通报所取得的进展；让利益攸关方参与整个过程，进行一场提升免费地面数字电视能力的宣传推广活动。这些应对措施对于仍处于数字转换早期阶段的非洲国家尤为重要。

事实上，广播电视数字化转换迫切需要政府强有力的推动，数字化所带来的市场利益在非洲还不足以让数字化转换完成获得充足的理由和动力，尽管广播电视数字化蕴含无限商机，包括内容制作与提供、数字化基础设施需求、电视频道资源激增和广告业转型等。从其他地区广播电视数字化的经验来看，无论是发达国家还是发展中国家，广播电视数字化几乎都是政府主导、市场化推动。从非洲已实现广播电视数字化转换或在数字化进程中取得较大进展的国家的实践来看，同样证明强有力的政策导向、整个广电产业的参与，是实现数字化转换的必需。

非洲实现广播电视数字化转换，任务繁重、道阻且长，除需要在数字化

---

① http://itu150.org/story/june/.

模式上进行突破，更要构建数字化时代的产业环境。如果说 2013～2014 年是非洲广播电视数字化转换的攻坚年，那么 2015 年则是分水岭。对非洲而言，能否在 2020 年 6 月 17 日前实现广播电视数字化转换，取决于各国政府介入推动的深度和融资完善数字化基础设施的力度。对中国而言，非洲广播电视数字化遭遇的资金、技术和内容缺失问题，则是中国广播电视走进非洲的契机，中国应抓住这个机会输出资金、技术和内容，提升广播电视对非传播力。

## 二 非洲广播电视数字化的中国机遇与选择

非洲响应 ITU 协议、推进广播电视播出由模拟向数字化转换的十年，也正是中非建构新型战略伙伴关系，加强对非传播、提升软实力的十年。非洲启动广播电视数字化进程，为中国媒体尤其是广播电视走进非洲、改进对非传播提供了战略机遇。

### （一）非洲广播电视数字化的中国机遇

非洲广播电视数字化遭遇的挑战，一定意义上正是中国在非洲的发展机遇。非洲近些年在经济发展提速驱动下，正迎来信息化、数字化的补偿性发展，广播电视普及率和网络渗透率明显提升并向数字化、智能化转型。这为中国媒体尤其是广播影视媒体走进非洲、加强对非传播提供了千载难逢的机遇，中国可做非洲广播电视数字化转换的技术提供者、资金提供者、内容提供者和经验提供者。能否抓住这一机遇，取决于中国能否在非洲信息化、数字化进程中发挥引领作用，以在数字时代的国际话语权及影响力的争夺中赢得先机和主动。

正如肯尼亚信息传播管理局总裁弗朗西斯·万古西指出，广播电视数字化转换将给非洲带来四大商机：①内容制作；②机顶盒销售；③电视频道资源激增；④广告业转型。① 广播电视数字化给非洲带来的商机，同样也是提

---

① http：//allafrica.com/stories/201502260777.html.

供给中国的商机。创意产业领域的公司及企业家可以制作影视节目销售给播出机构。实现数字化后，非洲广播电视机构需要大量影视节目来填充各种频道。在 2020 年 6 月 17 日前实现广播电视数字化，非洲国家需要大量的机顶盒及相关通信基础设施。实现数字化后，频率资源大量腾出，经授权任何人都可以拥有自己的电视频道并吸纳广告。如在肯尼亚有两家频道资源销售商，一家是肯尼亚公共广播机构肯尼亚广播公司，一家是中国四达时代公司旗下的泛非网络集团。广告投放将更加多元化，可以投放的平台日益增多，目标市场更加精准。非洲广播电视数字化给中国提供的发展机遇主要表现在以下几方面。

（1）非洲广播电视数字化转换，给中国通信公司进入非洲提供了市场拓展契机。先后于 1997 年、1998 年、2002 年进入非洲市场的中兴公司、华为公司、四达时代，正是抓住了非洲国家完善信息通信基础设施建设、实施广播电视数字化转型的迫切需求，发挥自身技术优势，才得以在非洲迅速崛起。华为、中兴已发展成非洲通信业巨头并向数字媒体拓展，而四达时代自 2007 年在卢旺达成立首家分公司以来，已成为非洲发展最快、影响最大的数字电视运营商，迄今已在 30 个非洲国家注册成立公司，在其中 16 个国家开展数字电视运营，发展用户超过 700 万，成为非洲发展最快、影响最大的电视运营商。四达时代现在在非洲拥有三大基础网络平台，即节目中继平台、直播卫星平台以及地面数字电视传输平台。C 波段卫星节目中继平台使得四达时代的卫星信号可以覆盖整个非洲、整个欧洲和亚洲的一部分；直播卫星信号可覆盖撒哈拉以南 45 个国家、9.3 亿人口。地面数字电视传输平台建有大功率数字电视发射台 174 座，覆盖城市人口近 3 亿。四达时代节目平台上传输着 440 个频道的电视节目，其中四达时代自办频道 38 个，用 8 种语言，每天 24 小时不间断播出。① 非洲广播电视数字化方兴未艾，市场正在迅速扩大，中国通信公司还大有可为，关键是避免同质竞争，找到各自的发展策略与模式。

---

① 数据由四达时代公司国际部主任马国庆女士 2016 年 3 月提供。

（2）非洲广播电视数字化转换，给中国广播影视进入非洲、实现本土化运营提供了窗口。中国广播电视已基本实现数字化，相对非洲有四大优势：技术优势、资金优势、经验优势和内容优势。中国广播电视走进非洲时，正是非洲国家融资完善数字化基础设施、推动数字化高潮之时，急需外国资金、技术和运营经验，为中国广电机构走进非洲与非洲本土的广电机构合作，提供了难得的契机。部分实现广播电视数字化的非洲国家，电视频道增加，但囿于自身资金和制作水平，难以为数字化频道提供充足的广播影视作品，电视剧频道、电影频道急需电视剧和电影来填充时段，且随着非洲国家广播电视数字化进程的加速，播出渠道增加与播出内容紧缺的矛盾将会越来越突出。这为中国广播影视产品进入非洲打开了难得的窗口，中国影视对非传播应谋势而动、顺势而为。自 2011 年起，中国系列优秀影视剧如《媳妇的美好时代》《金太郎的幸福生活》《咱们结婚吧》等，翻译成非洲当地语言播出后大受欢迎，开启中国影视对非传播新时代，这些即是中国媒体和影视机构抓住机遇、强化影视对非传播的成功案例。

（3）中国通信企业为非洲广播电视数字化建设通信基础设施，有助于将中国广播电视数字化技术标准输入非洲，为中国广播影视作品进入数字化播出系统创造基础条件。标准就是话语权，就是传播准则。中国数字电视标准随着中国公司而走入非洲。四达时代现在是非洲发展最快、影响力最大的地面数字电视运营商，在非洲 16 个国家建设数字化基础设施并运营地面数字电视，这为中国广播影视产品进入播出系统、实现地面落地落户提供了渠道优势。从 2014 年 7 月起，四达时代先后两次承办北京市新闻出版广电总局主办的"北京电视剧非洲展播季"，每次活动持续半年。2014 年展播季 7 月在肯尼亚启动，所播 6 部中国当代优秀电视剧，由四达时代译制（英语）配音，通过四达时代在非洲的数字电视网络中国电视剧 2 频道在肯尼亚、南非、乌干达、尼日利亚等国家播出，电视信号覆盖撒哈拉以南非洲地区 46 个国家。2015 年展播季 9 月在南非启动，经英语配音的 8 部热播中文影视剧走进非洲千家万户。

总之，借助非洲广播电视数字化转换的窗口期，中国为其提供通信基础设施、提供数字化广播电视标准、提供广播影视播出内容，三者有机融合互动，将有助于提升中国对非传播能力、提高中国在非软实力。

### （二）因应非洲广播电视数字化的中国选择

非洲广播电视数字化对中国而言，挑战与机遇并存。挑战表现在：中国对非传播在理念上应从以我为主的政府传播，向以受众为主的商业传播转变，内容和标准输出兼顾，标准先行，内容跟进；亟须推进传统媒体和新兴媒体融合，迅速发展基于网络化、数字化的影视对非传播新媒体平台，提升对非洲年轻人的影响力；针对非洲舆论表达多元化、民众诉求网络化的实际，对非影视传播应在"精英营销"和"大众营销"上找到平衡点，善用视频社交媒体开展个性服务、公共外交，影响非洲年轻人，因为非洲拥有世界上最年轻的人口结构。

就中国正在向非洲积极传播的广播影视内容而言，其对非传播的路径除广播落地（主要通过建 FM 电台、合作办台等方式）、电视入户（卫星电视、地面数字电视）外，还应善用以下渠道。

（1）中国援助非洲国家广播影视基础设施建设及免费提供广播影视作品供其广播电视机构播出。这种渠道重在前期培育市场，后期还需商业化运作主体接续。

（2）借助以四达时代为代表的民营广播电视运营机构，立足非洲国家实际，在当地设立分公司实现本土化经营，积极发展地面数字电视和卫星电视，传播中国广播影视。

（3）强化非洲城市数字化电影院线建设，拓宽中国电影在非洲的播出渠道。随着非洲城镇化和工业化进程加快，民众经济生活水平提高，非洲的文化精神消费也将提升，到影院观影的人数将呈上升趋势，而非洲电影院线奇缺。中国的电影发行公司，宜尽早在非洲各国的城市购物中心发展数字电影院线。

（4）借助固定或移动互联网，将中国影视剧视频网站化，让非洲受众通过网络，自主点播。这应是未来中国影视对外传播的主要渠道。网络视频在传播上具有传统渠道所不具有的优势。在跨境传播上，距离、时间、反馈都不再是问题，易触易达、随播随看、即看即评。效果评估不再是难题，且可以借助大数据、云计算技术，实现影视国际传播的精准化。随着非洲网络的日益普及，尤其是跨级发展，直接由固定互联网跨越到移动互联网，非洲年轻一代收看影视剧，将主要通过网络渠道。中国影视对非传播，应及时布局网络渠道。现在这方面还很薄弱，相关渠道和平台搭建需要迅速推进，优先建设。

目前，由主管部门统筹、我驻非使领馆及驻非媒体机构负责市场调研和推广、对非传播媒体携手非洲广播电视机构实施本土化传播，是中国广播影视开拓非洲市场的有效模式，如《媳妇的美好时代》输出方式。然而，尽管政府先行有利于开拓培育市场、搭建基础设施，但如果持续由政府主导，则有"文化殖民"之嫌，授人以柄。中国未来持续有效对非广播影视传播，应向主管部门定政策、以广播通信公司及对非传播媒体为主体的商业化、国际化、本土化运作模式转变。

## 三 非洲广播电视数字化的中国角色与问题

非洲是全球广播电视发展水平最低、最不发达的大陆。过去十年，是非洲推进广播电视数字化成效显著的十年，也是中非政治上平等互信、经济上合作共赢、文化上交流互鉴，建设新型战略伙伴关系快速发展的十年。作为这种新型战略伙伴关系建设成果的一部分，中国加强对非传播、鼓励中国媒体走进非洲，在非洲广播电视数字化进程中扮演重要角色、发挥重要作用，有效提升了中国在非洲的话语权及影响力，但也存在一些急需解决的问题。

### （一）非洲广播电视数字化的中国角色

非洲在实现广播电视数字化过程遭遇的困难，对基本实现广播电视数字化的中国而言，即是其能够助力非洲推进广播电视数字化的机遇。作为中非建构新型战略伙伴关系成果的一部分，中国在非洲广播电视数字化进程中扮演重要角色。过去十年，中国用自己不断革新的数字技术网络、物美价廉的集成电视内容、义利兼顾的社会责任，助力非洲国家实现广播电视数字化，提供社会公共服务。可以说，在非洲广播电视数字化整体转换方面，中国是主要的技术提供者、内容提供者、经验提供者、资金提供者，有力地促进了非洲数字电视业和传媒业的转型升级。

### 1. 技术提供者

非洲各国纷纷启动广播电视数字化项目，中国公司如中兴、华为，尤其是四达时代，积极参与非洲广播电视数字化建设，是其主要的技术提供者。华为、四达时代、数码视讯、中兴等民营企业登陆非洲后，授人以渔，雇用当地员工和技术人员，注重人才培训与经验交流，普及数字技术。中国的地面数字电视传输标准（DTMB）的全套系统被部分非洲国家采用，表现优秀。2010年6月，埃塞俄比亚国家广电总局、保利科技、北广科技三方签署了《在埃塞采用中国地面数字电视标准的备忘录》。另外，由于非洲国家电视机少、经常停电的特点，专利门槛低、终端产业链成熟的中国移动多媒体广播（CMMB）在乌干达、莫桑比克等国走俏。

四达时代作为非洲数字化电视的领军者，是非洲发展最快、影响力最大的付费数字电视运营商，已成为非洲广播电视数字化的主要技术供应商。已实现广播电视数字化的5个国家中，坦桑尼亚、莫桑比克和卢旺达3国，几乎都是通过与四达时代合作来实现的。四达时代正从节目源的数字化、播出和控制系统的数字化、传输网络的数字化、用户终端的数字化四个方面，帮助非洲国家建立全新的广电产业。

### 2. 内容提供者

囿于自身资金和制作能力，非洲各国电视台播出内容缺乏，实现数字化播出、频道增加后，这一问题更加突出。针对非洲这一需求，从2011年始，国家新闻出版广电总局推出"中国优秀电视剧走进非洲"工程，计划向非洲每年推出10部电视剧和52部电影，外加5部动画片和4部纪录片，为非洲各国电视台提供丰富的播出内容，像《媳妇的美好时代》《金太狼的幸福生活》等反映中国政治、经济、文化、社会生活变迁的影视剧，已为部分非洲观众所喜闻乐见。中国国际广播电台（CRI）、四达时代等媒体和企业功不可没。

作为中国对非传播主力军，CRI 2012 年成立影视译制中心，2013 年使用英语、法语、阿拉伯语、豪萨语、斯瓦希里语、西班牙语、葡萄牙语、缅甸语等 8 种语言，选用对象国演员配音译制 80 余部中国影视剧，分别在尼日利亚、坦桑尼亚、塞内加尔、埃及等国电视台播出，反响强烈。2013 年在非洲播出的《金太狼的幸福生活》《妈妈的花样年华》《老爸的心愿》采用斯语（适用东非地区）和阿语（北非地区）两种语言，《媳妇的美好时代》采用葡语（安哥拉），《北京爱情故事》使用豪萨语（适用西非地区），主要由 CRI 影视译制中心负责。2014 年 1 月 23 日，经国家新闻出版广电总局命名和授权，CRI 依托译制中心成立国家多语种影视译制基地，以国际台为基础，联合社会合作机构，面向市场，采取商业运作方式，开展中国影视剧多语种译制活动，促进中华文化对外传播。

作为数字电视运营商，四达时代在非洲运营的节目平台共有 440 个频道，包括国际知名频道、非洲本地频道、中国主流媒体频道和四达时代自办频道。节目涵盖了综合、新闻、体育、音乐、娱乐、儿童、影视等类型，用英、法、葡、斯瓦希里、豪萨等 8 种语言播出。四达自办的 38 个频道，全天 24 小时不间断播出。为满足更多的非洲民众对中国影视剧的喜爱，四达时代 2011 年就组建了专业译制队伍，截至 2015 年 6 月，四达时代已译制完成 60 多部中国影视剧，语种包括英语、法语、斯瓦希里语、豪萨语等。四达时代已两次承办北京市新闻出版广电总局主办的 2014 年、2015 年"北京电视剧非洲展播季"，每次活动持续半年，共播出 14 部中国当代优秀电视剧。2014 年 7 月开工、预计 2015 年底建成的四达时代非洲影视译制基地（肯尼亚）投入使用后，将具备 1 万小时/年的译制配音能力，逐步形成选片、译制、播出、版权交易的完整产业链，不仅可以提高译制水平和规模，而且可以降低译制成本，丰富非洲电视内容市场。

中国广播影视剧和通过中国数字电视运营商汇聚播出的影视节目，充实并丰富了非洲广播电视的播出内容，既增进了非洲民众对中国文化和发展现状的认知，也有效满足了非洲民众精神娱乐和认知世界的需求。四达数字电视网播出的《咱们结婚吧》等系列中国影视剧，展示了中国当代文化和当代年轻人的生活、爱情和事业，有助于非洲民众深入了解中国文化和人民，增进双方理解和友谊，为中非关系深入持久发展奠定坚实的民意基础。

**3. 经验提供者**

同为发展中国家，中国推进广播电视数字化的经验对非洲很有借鉴意义。中非合作论坛框架下的"中非媒体合作论坛"，是中非广播电视数字化经验交流的高端平台，截至 2014 年 6 月，已先后召开两届。每次召开，都吸引中非双方广电管理、业务机构的高层人物参加，是交流广播电视数字化实践经验与问题的重要平台。2014 年 6 月 16 日召开的第二届"中非媒体合作论坛"设置有"中非广播电视数字化"专题讨论。来自布隆迪电信、新闻、公共关系和政府与议会关系部部长塔西斯·恩克扎巴伊兹，莫桑比克交通和通信部部长加布里埃尔·穆蒂塞，几内亚新闻部部长侯赛尼·卡凯·马卡内拉，刚果（布）新闻和议会关系部部长比安弗尼·奥基米，中非国家新闻部广播电视总监让·恩加纳果，以及来自中国数字电视国家工程实验室副总经理骆训斌、四达时代公司董事长庞新星出席专题研讨，交流广播电视数字化进程中的经验与问题。

从 2011 年起，四达时代每年 6 月定期在中国举办"非洲数字电视发展论坛"，邀请非洲各国广电、信息传播部门负责人，各国广播电视台台长及相关人员与会，与中国相应职能部门、广电机构负责人交流并做实地考察。截止到 2015 年 6 月，该论坛已经召开五届，每届设置与电视数字化有关的主题，以中国经验为例，让非洲各国逐步认识到实现电视数字化的路径与益处。论坛既是中非广电播出数字化合作的重要平台，又是中非广播电视数字化经验交流的重要窗口。

江苏省广电总台从 2012 年开始就积极参与非洲广播电视数字化改造项目，将现有成熟的运营管理模式向非洲输出，并以广电工程设计和项目承建为主，推动节目、技术、标准、服务全产业链对非出口。2012 年 8 月江苏广电总台项目组专程赴纳米比亚开展了为期一个月的调研和咨询，提交了一系列模拟信号转数字信号过程中接收端技术解决方案和模转数后媒体管理及经营服务合同，包括为非洲的媒体同行提供电视机顶盒升级改造服务、电视台管理和运营的咨询与系统培训等服务。①

### 4. 资金提供者

面对自身资金捉襟见肘的问题，非洲国家必须善用外资或合作。目前，中国是非洲广播电视数字化资金的重要提供者，主要通过向在非洲发展广播电视数字化业务的中国公司提供贷款和融资来实现；通过中国数字电视业务运营商与非洲国家电视台或广播电视管理机构合作推进广播电视数字化项目来实现。

作为非洲最大的数字电视运营商，截至 2014 年 7 月，四达时代的非洲数字电视项目已获得中非发展合作基金提供的累计 2.2 亿美元的股权和债权融资支持，共完成投资 4 亿美元。四达时代创新的非洲国家向中国申请援助贷款、四达时代代为还款模式，为非洲国家广播电视数字化提供了筹款渠道。② 2014 年 4 月 1 日，四达时代与莫桑比克交通通信部签署《莫桑比克广播电视数字系统实施二期商业合同》。莫桑比克数字电视项目一期与二期项目，旨在为莫桑比克全面实现全国广播电视数字化提供一系列从广播和数字电视传输网、数字播控系统到数字化终端设备的完整解决方案，项目总金额约 2.2 亿美元。莫桑比克交通通信部承诺在 2015 年 6 月之前，通过实施该项目实现莫桑比克全国广电系统的数字化，完成广电从模拟到数字的转换。目前，四达时代正在以 PPP 模式就如何帮助乌干达实现广电播出数字化的方案进行详细探讨。从 2007 年在非洲国家投资建立分公司开始，四达时代已在 30 个非洲国家成立分公司或合资公司，在 16 个国家开展数字电视运营。

综上所述，中国助推非洲广播电视数字化，为中国加强对非传播、提升在非软实力提供了重要机遇。通过为非洲各国提供优质的产品和优质的服务，中国媒体和公司在赢得了非洲人民信赖的同时，也推动了各国数字

① 江苏广播电视总台台长卜宇"在第二届中非媒体合作论坛上的发言"，2014 年 6 月 16 日。
② 郭子祺：《四达时代：数字电视走进非洲》，《中国投资》2014 年第 8 期。

电视的现代化，促进了各国经济文化建设。中国公司参与非洲广播电视数字化转换，尤其是搭建内容播出渠道，为中国影视剧走出中国、走进非洲搭建了渠道与平台。同时，中国在技术、内容、经验和资金方面全面参与非洲广播电视数字化进程，为中国在非话语权及影响力的提升奠定了坚实基础。对中国而言，这是软实力的重要体现；对非洲民众，这又是一项真正的惠民工程。

### （二）非洲广播电视数字化存在的中国问题

中国参与非洲广播电视数字化进程，开创了以民营企业为主体、商业化运作的模式，成效显著，为中国在非洲广播电视数字化领域奠定了坚实的话语权和影响力，但同时也存在有碍中国继续发挥重要角色、重要作用的问题。据我们调研，问题主要如下。

（1）同业竞争，抵消影响力。如四达时代和华为、中兴三家公司同时竞争津巴布韦广播电视数字化整转项目。非洲广播电视数字化方兴未艾，市场正在迅速扩大，中国通信公司还大有可为，关键是避免同业同质竞争，围绕非洲广播电视数字化项目找到各自的发展策略与模式。

（2）参与过程和竞争的不透明化。中国通信公司注重走上层路线，沟通协商时偏重依赖对方官方机构，轻视与实体机构沟通协作，遭到所在国民众和媒体诟病，也招致西方媒体的批评，宜根据非洲不同国家国情（主要是广电所有制及数字化发展政策规划），采取不同的参与和竞标策略。

（3）重市场的拓展，轻客户的维护。通过免费使用、低价促销，可短期内增加大量数字电视用户，但促销期一结束，大量客户即进入"僵尸"客户状态。因此，除用低价作为竞争策略、追求整体上的用户覆盖外，更应通过内容服务、技术保障培养客户的忠诚度。低价竞争既损害自身利益，也不利于打造中国企业的品牌形象。

（4）技术转移和匹配性问题。中国应更加注重向非洲国家转移技术，但数字技术提供，既要有一定的超前性，又要注重实用性和针对性，既要考虑到非洲国家的技术水平和消费水平，又要考虑到技术的领先性和替代性。如中国援助给津巴布韦国家电视台的数字高清转播车，无疑是好事，但过于超前，对方无法使用，只能成为摆设。

非洲广播电视数字化进程正高歌推进，未来商机无限，中国公司及媒体大有可为，但在作为技术、内容、经验和资金提供者的同时，应注意避免以上问题，如此才能有助于中国在非软实力的建设与提升。

# 专 题 篇

The Focus Part

# **B**.9
# 国际财经媒体发展及评述

杭 敏*

摘 要： 近年来，传媒专业化的趋势推动了财经媒体的发展。综合性媒体的财经报道部门、专业财经媒体、财经信息服务集团，以及细分市场中的财经新闻机构等都在传媒专业化的浪潮中不断追踪受众市场的变化、发掘专业财经信息内容生产的需求，从而推动了国际财经媒体的发展。本文对国际财经媒体的基本情况进行介绍和评述，并探讨财经媒体未来发展的趋势。

关键词： 国际财经媒体 财经新闻 传统媒体 转型发展

---

\* 杭敏，清华大学新闻与传播学院副教授。

# 一 国际财经媒体及其分类

财经媒体是指专注于报道财经新闻，提供经济资讯的媒体。从广义上来说，财经新闻的报道范围覆盖所有与经济生活相关的领域，比如生产和消费、宏观与微观，以及一些与经济相关的政治议题，既包括政府部门的决策、报告、活动安排、人事变动，也包括业界的动态和现象。从狭义上来看，财经新闻有其关注的侧重点，即资本市场和金融市场等专业领域，具体包括银行、保险、股票、基金、债券、期货、租赁等方面。

和所有其他类型的新闻一样，财经新闻也具有真实性、时效性和趣味性等特征；与其他新闻类别不同的是，财经新闻还具有预测性和专业性的特点。财经新闻的专业性是由其目标受众的专业性所决定的，财经新闻的目标读者大多是从事经济和金融相关工作的专业人士，他们阅读财经新闻的目的大多是为其投资决策作参考。财经新闻肩负着为目标受众呈现经济走势，并提供专业财经解读的任务。因此，如何把枯燥的经济数据变成通俗易懂的财经信息，对于财经媒体来说至关重要。

关于财经新闻的发展，Parsons曾经以图表的形式绘制了欧洲和美国对于其演变历程。在17世纪早期，商业新闻首先在欧洲主要城市蓬勃兴起，使得市价表、账单条目、汇票和海运船次安排表等经济资讯开始出现和传播。19世纪后期，经济进一步繁荣发展，为中产阶级提供了良好的贸易条件，人们对交易程序和贸易价格等专业信息的需求也不断增大，出现了与之相关的信息服务。到20世纪30年代以后，随着大众媒介的发展，报纸和电视成为主要的传播媒体，财经类新闻与经济资讯也成为大众信息传播中的专业化内容。二战期间，财经新闻主要关注国家经济而较少涉及商业和金融。战后，财经新闻开始强调时代主导的经济思想，覆盖了从凯恩斯的供给学派经济学到弗里德曼的货币主义，再到经济全球化的不同议题。21世纪以来，财经新闻所覆盖的内涵更加丰富，包括了从宏观经济到产业发展，再到微观组织的各种议题，所涉及的报道类型也包含了政治经济报道、产业经济报道、企业经济报道和金融市场报道等不同层面。

对财经新闻和专业资讯的需求推动了国际财经媒体的发展。过去的一个多世纪以来，全球范围内出现了很多极具影响力的财经媒体，其中，有路透社、《华尔街日报》和《金融时报》这样历史悠久的专业财经媒体品牌，也有彭博新闻社这样的后起之秀；同时，还有很多综合性国际媒体的专业财经部门也贡献了大量专业而有深度的财经新闻报道。

不同财经媒体拥有不同的报道模式、内容侧重和呈现方式，按照其内容报道和组织结构的特点，国际财经媒体基本可分为四种类型，即综合性媒体的财经报道部门、专业财经媒体、财经信息服务集团和细分行业的财经新闻机构。同时，我们也可以按照媒体属性的不同，将国际财经媒体分为报纸、期刊、财经新闻简报、广播电视、通讯社和新兴网站类财经媒体六大类。

在报纸类财经媒体中，代表性媒体包括《华尔街日报》、《纽约时报》、《金融时报》、《卫报》、《印度经济时报》、《日本经济新闻》和《印度时报》等。在期刊类财经媒体中，比较知名的品牌有《经济学人》、《福布斯》、《财富》和《彭博商业周刊》等。在财经新闻简报中，领先的有《吉普林格》和《普氏能源资讯》。

此外，国际知名的广播电视类财经媒体包括：英国广播公司（BBC）、美国全国广播公司（CNBC）、半岛电视台、美国有线电视新闻网（CNN）、福克斯商业新闻网和彭博电视。提供财经信息的通讯社包括：新华社、彭博社、路透社、法新社和美联社等；而新兴的网站类财经媒体有：Quartz、Tech Crunch、美国商业内幕博客、Venture Beat、苹果内幕消息博客和苹果论坛等。这些不同类型的财经媒体提供了多视角的财经信息，贡献了有专业深度和内容特色的财经资讯，共同推动了国际媒体发展中的财经专业化趋势。

## 二 国际财经媒体评述

随着国际财经媒体的不断发展，针对财经媒体和财经传媒专业人士的研究与评价也越来越多元。市场对财经媒体的影响力、财经记者影响力和财经新闻报道的内容特点等都做出了相应的调查与分析。

### （一）国际财经媒体影响力

#### 1.财经媒体影响力分析

乔卡那集团（Gorkana Group）是著名的媒体调查与研究机构，它为市场提供与新闻传播相关的研究与分析报告。2014年，乔卡那集团召集来自不同媒体机构的494名财经记者组成调研团队，聚合传媒人士的经验和专业视角形成了《财经媒体调查报告》。报告中对财经媒体的评估标准采用"提名制"，即由调研团队针对每项指标进行提名，获得提名最多的位列第一，以此类推。表1列出了该报告对财经媒体的影响力评价情况。

**表1　国际财经媒体影响力评价**

单位：%

| 媒体名称 | 提名次数所占比例 | 排名 |
| --- | --- | --- |
| The Wall Street Journal | 83 | 1 |
| Bloomberg News | 58 | 2 |
| The New York Times | 31 | 3 |
| Financial Times | 21 | 4 |
| Thomson Reuters | 19 | 5 |
| CNBC | 17 | 6 |
| CNN Money | 5 | 7 |
| Yahoo! Finance | 4 | 8 |
| The Economist | 4 | 8 |
| Fox | 3 | 9 |
| Business Insider | 2 | 10 |
| Forbes | 2 | 10 |

资料来源：http：//www.gorkana.com。

调查显示，《华尔街日报》（*The Wall Street Journal*）获得83%的提名，位列第一，是最具影响力的财经媒体，其次为彭博新闻社（Bloomberg News），提名比例为58%，这两家媒体以显著的优势领先财经传媒。位列第三的是《纽约时报》（*New York Times*），提名率为31%，位于其后的是《金融时报》（*Financial Times*，提名率21%）、路透社（Reuters，提名率为19%），以及全球财经电视新闻（CNBC，提名率为17%）。CNN Money、Yahoo 财经、《经济学人》（*The Economist*）、福克斯（Fox）、商业内幕博客（Business Insider）和福布斯（Forbes）提名率较为相近，均列于财经传媒影响力前十榜单。

在领先的财经媒体中，传统媒体仍然占有绝对优势。然而，我们也可以发现，数字媒体正在逐渐显示其影响力。Yahoo 财经和商业内幕博客是网络媒体中的新锐，2014 年首次进入财经媒体影响力前十的榜单。随着网络媒体的加速发展，可以预见的是，在未来年度中，将会有更多的数字财经媒体进入影响力排名的前列。

### 2. 最受欢迎的网络财经媒体

媒体受欢迎程度也可以作为了解和评价财经传媒的参考维度。The Top Tens 网站针对网络财经媒体进行了评估，依据报道的信源和报道内容的优质程度等，编制了"财经网站前20"（The Top 20 Financial Websites）的影响力排名评价，同时也给出了财经新闻网站入选的理由（见表2）。

表2　网络财经媒体影响力评价

| 排名 | 网站 | 评　价 |
|---|---|---|
| 1 | Wall Street Journal | 拥有独特财经报道视角的综合性媒体 |
| 2 | Bloomberg. com | 优秀的财经网站,涵盖大量重要财经资讯 |
| 3 | Financial Times News | 世界顶尖财经信息提供商之一,以其报道的权威性和准确性著称,随着财经资讯受众的增加,其服务范围也逐渐拓宽 |
| 4 | Marketwatch. com | 涵盖新闻、市场数据、互惠基金、个人理财、投资话题等资讯 |
| 5 | RTTNews. com | 行业领先的内容提供商,针对广泛议题提供及时、独到的解读。主要产品为经济、金融、政治、娱乐及健康类资讯解读。内容多以文本、数据、表格、图片和音视频多媒体方式呈现 |
| 6 | Il Sole 24 Ore | 无 |
| 7 | eFinancialNews Ltd. | 内容涵盖证券、投资银行、基金管理等,注重对信息的分析阐述和投资技巧的提供 |
| 8 | TheStreet. com | 领先的财经数字媒体,通过网站、电话订阅、邮件、博客和在线视频等多种形式,提供财经相关资讯 |
| 9 | Expansion. com | 无 |
| 10 | Financial Post | 为世界提供优质的财经相关资讯 |
| 11 | Seeking Alpha | 主要发布分析市场状况的优质解读文章 |

续表

| 排名 | 网站 | 评价 |
|---|---|---|
| 12 | Quote. com | 是最早针对财经领域提供流动解读、图表、新闻和数据的网站,内容涵盖股票、商品、货币、汇率和债券等 |
| 13 | Russia Today | 无 |
| 14 | Thisismoney. co. uk | 内容涵盖个人理财、股票、公司新闻和市场报告等,也涉及股票追踪、利率计算和货币兑换等 |
| 15 | SoldiOnline | 无 |
| 16 | Investing. com | 无 |
| 17 | Smallcappower. com | 每天更新最新、最重要的股市资讯和投资建议,吸引小额投资者关注 |
| 18 | Onestopbrokers. com | 涵盖国际金融市场信息,每日更新且每篇消息短小精悍 |
| 19 | Moneytalks. net | 加拿大知名财经类节目 Money Talks 的"名嘴"Michael Campbell 的个人网站,每天更新多次,内容以个人投资理财建议和市场分析为主 |
| 20 | Kitco. com | 信息覆盖面广泛,多以图表形式呈现 |

资料来源:http://www.thetoptens.com。

### 3.财经记者影响力分析

除了关于财经媒体影响力的研究分析外,针对财经媒体从业人员的调查和评价也吸引了很多关注。乔卡那集团也基于调查研究数据提供了关于财经记者的影响力评价情况,见表3。

表3 财经记者影响力评价

| 排名 | 姓名 | 新闻机构 | 排名 | 姓名 | 新闻机构 |
|---|---|---|---|---|---|
| 1 | Andrew Ross Sorkin | NYT/CNBC | 7 | David Wessel | Hutc hins Center/WSJ |
| 2 | Jon Hilsenrath | WSJ | 7 | Matt Taibbi | Rolling Stone |
| 3 | Gretchen Morgenson | NYT | 8 | Matt Winkler | Bloomberg News |
| 3 | Paul Krugman | NYT | 9 | Joe Weisenthal | Business Insider |
| 4 | Michael Lewis | Vanity Fair | 10 | Gillian Tett | Financial Times |
| 4 | Felix Salmon | Reuters | 10 | Martin Wolf | Financial Times |
| 5 | Maria Bartiromo | Fox Business | | | |
| 6 | Jim Cramer | CNBC/TheStreet | | | |

资料来源:http://www.gorkana.com。

在财经新闻记者中,影响力位列第一的安德鲁·罗斯·索尔金(Andrew Ross Sorkin)是《纽约时报》的首席记者及专栏作家、美国 CNBC

电视台节目主持人。他曾于 2001 年创建《纽约时报》的在线财经报道网站 Dealbook，2004 年获得美国财经新闻界荣誉杰洛德·罗布奖。2005 年和 2006 年他再次获得美国商业新闻奖和作家学会奖。2007 年，世界经济论坛提名其为全球青年领袖之一。索尔金著有专著《大而不倒》（*Too Big To Fail*），客观而详尽地展现了金融危机发生之后美国主要监管机构和投行的众生相。在这部作品中，索尔金描绘了雷曼兄弟公司如何一步步地自断生路，监管机构如何在"政治正确"的牵绊下做出选择，各大投行又是如何在人人自危的环境中力求自保。书中公布了不曾公开的访谈和华尔街决策内幕，也揭示了美国经济萧条如何发展成全球金融危机的过程，再现了从银行到政府再到整个美国身处金融危机第一现场的反应。作为一名出色的记者，索尔金为《纽约时报》撰写或与他人合写了大约 2000 篇文章。他还多次独家报道重大交易，譬如 J. P. 摩根和大通银行的合并、惠普收购康柏、IBM 出售个人电脑业务给联想公司等，形成了突出的品牌影响力。

位列第二的是被称为"华尔街深喉"的琼·希尔森瑞思（Jon Hilsenrath）。他曾经因为撰写了关于量化宽松Ⅱ（QE2）的前瞻文章而引发了美元市场剧烈波动。财经业界将他视为美联储的喉舌甚至是官方新闻发言人。他是伯南克最喜欢的财经记者之一，也是《华尔街日报》的首席经济记者。

位列第三的格莱琛·摩根森（Gretchen Morgenson）是《纽约时报》资深的商业与财经编辑、专栏作家。她以财经记者鲜有的知识深度与怀疑精神赢得了口碑。摩根森曾在添惠证券投资公司（Dean Witter Reynolds）从事股票经纪工作，自 1998 年起研究全球金融市场。她曾因报道华尔街时"锐利而深刻"的笔锋获得"普利策奖"。她著有《资本家的圣经》一书，深刻阐释了资本主义的内涵及全球化的意义。

位列第六的是 CNBC 主持人吉姆·克莱姆（Jim Cramer）。吉姆拥有自己的节目《疯狂金钱》（*Mad Money*），是财经新闻人中的传奇，他经常在节目现场与观众通过电话连线，告诉他们应该如何处理手中的股票。大众将他称为"疯狂的财经主持人"。

最受欢迎的十大财经记者大都来自传统媒体，但同时也有彭博新闻社和商业内幕博客的记者入围其中。这显示了新媒体和传统媒体、数字报道与传统报道的影响力和受欢迎程度都在发生变化。其中，琼·维森撒（Joe Weisenthal）曾是商业内幕博客（Business Insider）的执行主编，后于2014年被彭博新闻社重金挖走，为彭博开发新市场的新闻网站。

优秀的财经记者是财经媒体的重要品牌资源，财经媒体的发展也对财经新闻记者提出了更高的要求。对此，乔卡那集团在其调查中针对财经新闻记者提出了五个中肯的建议，分别为：

（1）公平客观，尊重事实（Always tell the truth）；

（2）确保信源的可信度，并注明出处（Be more responsive and provide better access to sources）；

（3）选题平衡新闻价值与报道趋势（Pitch ideas that are newsworthy and leverage news trends）；

（4）更好地理解记者报道和受众需求（Build better knowledge of journalists' beats and audiences）；

（5）充分了解报道的相关行业或企业（Gain better knowledge of company/industry you are representing）。

### 4. 财经公关专家影响力分析

乔卡那集团关于财经媒体的研究不仅限于财经记者，还包括对与财经新闻相关的财经公关专家的评估与调查，报告也贡献了关于财经公关专家影响力的分析与评价情况，见表4。

**表4 财经公关专家影响力评价**

| 排名 | 姓名 | 机构 |
|---|---|---|
| 1 | Brandon Ashcraft<br>Tucker Hewes | Barclays<br>Hewes Communications |
| 2 | Rosalie Berg<br>Owen Blicksilver<br>Michael DuVally<br>Kelly Holman<br>Terry Rooney | Strategic Vantage<br>Owen Blicksilver PR<br>Goldman Sachs<br>BackBay Communications<br>Rooney & Associates |

| 排名 | 姓名 | 机构 |
|------|------|------|
| 3 | Jennifer Connelly | Jennifer Connelly PR |
| | Dean Davison | Lockton Companies |
| | Chris Faile | Deioitte LLP |
| | Josh Inglis | Propllr |
| | Jason Lahita | Ficomm Partners |

资料来源：http://www.gorkana.com。

财经公关是指企业组织为维护其在资本市场投资者和相关群体中的形象和价值而展开的公关推广活动。财经公关是公司和投资者之间沟通交流的桥梁，它可以帮助企业树立良好的资本市场形象，建立良好的投资者关系。财经公关工作和财经新闻报道工作紧密相连，甚至很多优秀的财经公关人士都拥有作为财经新闻记者的经验与背景。

在表4最具影响力财经公关人士的排名中，位于前列的也大多是具有丰富财经新闻与沟通经验的专业人士。其中，位列第一的布兰顿·阿什克里夫特（Brandon Ashcraft）来自伦敦巴克莱银行。巴克莱银行是全球规模最大的银行及金融机构之一，主要业务是环球零售和银行管理。阿什克里夫特拥有金融财务专业背景，具有丰富的媒体经验，为拓展和传播巴克莱银行品牌组织和开展了一系列卓有成效的公关工作。

位列第二的迈克尔·杜万雷（Michael DuVally）所在的高盛集团是国际领先的投资银行，向全球提供广泛的投资、咨询和金融服务。杜万雷在负责协助客户进行交易和推介集团品牌影响力方面享有良好的声誉。同样位列第二的罗斯利·博格（Rosalie Berg）来自传媒公关集团Strategic Vantage，他尤其擅长社交媒体公关，出色的新媒体经验使其影响力也居于财经公关人士的榜首。

## （二）财经新闻报道内容资源分析

乔卡那集团的调查还对财经新闻的信息来源进行了汇总与分析。2012年的信息来源从高到低排序依次是：报纸及其他出版物、个人兴趣及私人关系、读者邮件及电话联系、美国政府新闻信息披露、公司新闻披露、非营利性社会媒体、非营利组织信息披露、公关专家、调查研究、大学新闻信息披露、营利性社会媒体。2014 年的排名结果与 2012 年相近，只是前五名的顺序发生了变化，依次更替为：报纸及其他出版物、个人兴趣及私人关系、公司新闻披露、美国政府新闻信息披露、读者邮件及电话联系、非营利性社会媒体、非营利组织信息披露、公关专家、调查研究、大学新闻信息披露，以及营利性社会媒体，详见图 1。

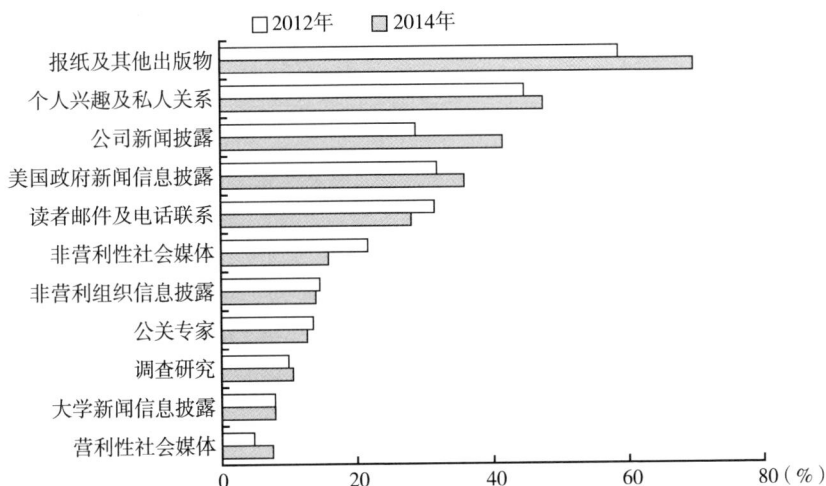

**图 1 财经新闻信源排名**

资料来源：http：//www.gorkana.com。

同时，该项研究也对财经新闻的信源可信度进行了分析。2012 年的可信度排名从高到低依次是：学者、技术专家、金融业分析员、公司 CEO、新闻专业人员、政府办公室、非政府组织发言人、公司普通员工、公关公司专家。而 2014 年排名分别是：学者、公司 CEO、技术专家、金融业分析员、新闻专业人员、政府办公室、公司普通员工、非政府组织发言人、公关公司专家。从调查结果可以看出，财经记者们普遍认为，来自专家学者的信息拥有相当高的可信度，而来自企业公关部门或公关公司的信息往往并不可靠，详见图 2。

□2012年 ▨2014年

学者
公司CEO
技术专家
金融业分析员
新闻专业人员
政府办公室
公司普通员工
非政府组织发言人
公关公司专家

0　　10　　20　　30　　40　　50　　60（%）

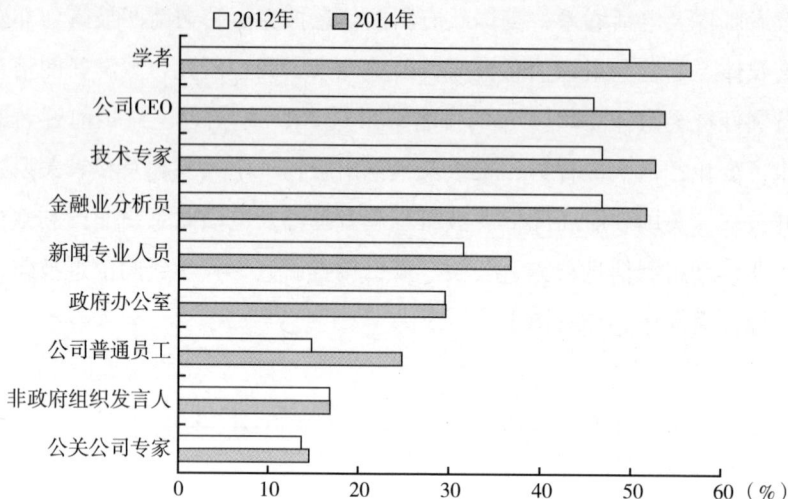

**图2　财经新闻信源可信度排名**

资料来源：http：//www.gorkana.com。

## （三）财经新闻发展面临的问题与挑战

乔卡那集团在2015年还进行了一项关于"财经记者对财经新闻报道和经济形势判断"的调查。结果显示，2014年与2012年相比，财经记者对于美国经济状况的评价，以及对于美国金融服务的评价都变得更加积极，唯独对于财经新闻报道的评价变得更为消极。这说明，金融危机风暴席卷后的美国经济已经逐步向好，这也是大众一致认可的事实，但财经记者却认为在此基础上的财经新闻报道并没有朝着更加令人满意的方向发展，这显示了目前的财经新闻报道中仍存在不少问题与挑战。

财经新闻报道中所面临的第一个挑战来自报道议题的专业性与复杂性对从事报道的专业人员提出了越来越高的要求。财经新闻报道是进入壁垒较高的一个领域，要求从事这项工作的记者有良好的专业背景与广泛的社会认知，对经济发展、金融市场和公司运营等议题有客观的报道、清晰的解读和深入的分析。经济与金融市场的快速变化大大增加了财经议题报道时所面临的不确定性与复杂性，财经新闻记者需要具备越来越强的专业素养以提供受众满意的国际与国内财经报道。

第二个挑战来自技术的发展和媒介环境的快速变迁使受众使用媒介的习惯不断变化，对新闻报道的内容、传播的渠道和呈现的方式等都提出了新的要求。受众不但关心媒体提供什么样的信息，也关心信息的易用性，甚至是在信息使用过程中所感受到的参与性和互动性。这就要求财经新闻记者具备多媒体报道的能力，能够全面适应平面媒体、电视媒体和网络新媒体的报道要求。同时，财经媒体也需要具备组织生产融合新闻的能力，应用数据分析与处理技术，将新闻信息内容以平面、视听和网络在线或移动的形式呈现给受众，使受众获得信息消费中的增值体验。

第三个挑战来自传媒产业本身所遭遇的转型危机与盈利模式缺失危机。传媒产业，尤其是传统平面媒体正面临发行量下滑和广告收入减少的问题；新媒体组织中也缺少通过在线业务盈利的有效商业模式。媒体运营的挑战直接影响到财经新闻与信息的有效组织与生产，影响财经专业记者的工作与成长，因此财经传媒亟须在运营管理中探索有效的创新路径，引领媒体持续发展。

有鉴于此，本报告以下部分将介绍国际财经媒体报道中的内容创新与组织管理中的模式创新。希望通过梳理国际财经媒体报道实践中的融合媒体、数据媒体、沉浸式多媒体和可视化表达等新技术，以及国际媒体运营发展中的创新商业模式与成功运营管理案例，来总结财经媒体发展中的国际经验，探讨行业成长的未来方向。

## 三　未来发展

### （一）国际财经媒体转型发展中的探索

在国际财经媒体的发展转型中，内容报道创新是探索的重要部分，而在这其中，数据驱动的财经新闻报道是国际新闻报道中的新趋势。在新闻生产中，广泛收集信息数据并进行深度挖掘与分析，然后进行信息过滤与处理，寻找特定内容，以可视化的方式进行呈现，并融合制作，产生在不同的媒介平台上传播的新闻产品的过程被称为数据驱动的财经新闻报道。这种以数字和数据技术为基础的新闻生产方式正在引导财经新闻报道的新方向。

在传媒产业生态和业态不断变化的背景下，国际财经媒体进行了一系列的改革与转型探索。传统媒体机构积极探索新的组织方式，以价值链整合为基础，采取了包括联盟、兼并和收购等战略重组策略，寻求传统媒体发展困境中的突破。这其中有网络电商亚马逊对《华盛顿邮报》的收购、阿里巴巴对《南华早报》的收购，也有财经媒体之间的兼并收购联盟，比如，日经集团兼并收购《金融时报》等。这些战略重组使传统媒体在信息报道、内容生产和专业人才方面的资源优势得以保留和拓展，也使新兴企业借助传统媒体的品牌实力与资源优势更快捷地建立更强大的信息服务网络。

在传统媒体不断转型和探索的同时，国际财经新闻领域也见证了很多网络新媒体的成长与发展，这些新兴组织以突破式创新的方式，打破了原有的组织边界、更新了内容生产方式和传播路径，成为财经领域越来越受瞩目的佼佼者。这其中，新闻聚合平台 Buzzfeed 以"病毒式传播"、"大种子营销"和"鲣鱼策略"颠覆了传统的内容生产和传播方式，其财经专业频道 Buzzfeed Business 成为受年轻受众欢迎的财经新闻内容聚合平台；而商业内幕博客以网络多重阅读方式组合和内容视频流等创新方式，以及专业有深度的财经专题报告吸引了受众，其原创内容成为近年来国内外媒体频繁转载使用的可信赖专业信源。

商业模式的创新也是国外财经媒体发展中所探讨的重点。广告和订阅收费是传统媒体的主要商业收入来源。大量在线免费内容的冲击使受众订阅付费的习惯受到了很大影响，仍然保持订阅付费习惯的人群主要集中在中老年受众和专业受众群体之中，而新媒体平台和其他新兴广告渠道也转移了大量的广告资源，传统媒体的广告营收不断下滑，开拓新的营收来源，探索新的商业模式成为媒体转型发展的核心任务。活动经济的商业模式在此背景下成为媒体所积极探讨和采纳的创新模式。这种新模式将媒体的内容资源、广告资源、专业人力资源、人际网络资源和品牌资源等有效地整合起来，通过组织活动，开展培训和承办会议等方式，创造直接的经济效益和间接的社会价值。尤其对于专业财经媒体来说，活动经济的商业模式有利于其利用财经领域的专业优势，为市场提供高端、深入和有价值的信息。近年来，一大批的国内外财经媒体，包括《经济学人》《金融时报》《华尔街日报》等都积极探讨活动经济的商业模式，取得了很大成功，为组织发展带来了新的营收来源。

传媒技术和受众习惯的变化也催生了新的新闻内容生产方式，众包与公民新闻的组织生产模式使新闻生产从过去由员工执行改变至以自由自愿的形式外包给大众网络，形成了开放、共享、民主和自发的新生产方式，极大地丰富了信息创作来源，增加了互动性，也提升了用户信息消费的主动性和积极性。《赫芬顿邮报》正是这样一个以众筹新闻生产方式而闻名的新兴媒体。同时，随着社交媒体的发展，专业财经性质的社交平台也开始出现，其中，StockTwits 被誉为"金融圈的 Twitter"，而 Motify Investing 被称为"投资界的 Facebook"，这类财经社交平台满足了特定社群，尤其是年轻群体的专业社交信息诉求，成为另一种创新的财经媒体组织模式。

由于网络经济具有"长尾效应"，为利基市场的传媒产品提供了空间，因此，在财经领域，面向利基市场的专业纵深型服务得以不断拓展。Politico 是专门提供政经类新闻的专业网站，Kiplinger 专注于个人理财服务，The Bond Buyer 专门报道债券相关新闻，《普氏能源》集中发布能源类资讯，诸如此类的专业利基市场服务借助互联网得以进一步延伸。数字化平台使这些利基市场的财经媒体能够针对受众的个性化需求，不断开发新的细分产品，并以更快捷的方式传达给更多受众，成为数字时代财经专业媒体的又一创新探索。

（二）媒体纵向专业化发展机遇

技术的发展与媒介环境的变化也为财经传媒的进一步发展提供了很多值得发掘的机会，未来财经媒体拓展的机遇包括纵向专业化、财经数据服务以及创业模式创新等。在媒介信息提供方面，还有很多领域具有较高关注度和较大专业信息需求，比如能源、环境、亚太经济、美亚经济关系、中国经济发展，尤其是技术能源发展，以及与中国经济相关的数据分析与可视化等。

能源领域。能源提供了构建经济社会发展的基础，有关能源储备、生产方式和输出贸易方面的信息是经济信息所关注的重要内容。未来对能源领域的纵向专业化信息需求会越来越大，这将会成为财经媒体信息内容生产和服务的着力点。

环境领域。清洁能源与环境保护是经济发展的同时所讨论的核心议题。未来对于环境保护和生态发展方面的纵向专业信息也会产生极大的需求。

亚太经济领域。亚太经济在近几年发展处于持续上行期，其中主要经济体得益于经济结构改革的支持，并借助油价下跌，运用资源进行了包容性和可持续性的发展，增长前景乐观。对于亚太经济的纵向专业分析与报道将是未来的经济报道亮点之一。

美亚经济关系领域。美亚经济关系影响世界经济总体发展。对美亚经济、政治、社会和文化等领域合作的关注、报道与深入分析，将成为未来经济资讯与财经报道中的重要内容。

中国经济发展，尤其是技术和能源领域发展。中国经济的发展吸引了全球关注。中国整体经济的成长规模已超越日本跃居全球第二，在新经济形势下，新常态过程中的经济结构优化、发展速度调整和改革动力激励也是未来经济报道中的重点方向。

与中国经济相关的数据分析与可视化领域。随着中国经济的发展，与中国经济相关的深度数据分析，以及多媒体可视化与互动式呈现也是财经经济信息服务提供中的主要内容，值得深入挖掘其市场潜力，提供纵向专业化服务。

（三）深入挖掘财经数据服务市场机遇

在财经数据的提供上，目前在世界范围内仍然存在极大的不平衡性。彭博新闻社与路透社等大型财经数据服务提供商在发达地区，如欧美市场中的数据服务有绝对的领先地位，然而在亚非等新兴经济体方面，数据服务还有很大的提升空间。

近年来，彭博新闻社与路透社加快了新兴市场拓展和扩张的步伐，彭博新闻社中国区还针对亚洲市场增加了专门的中文服务。同时，新兴市场本身，比如，中国、印度等也纷纷出现了当地的财经数据服务提供机构。然而，我们也可以看到，在财经数据服务方面、在数据专业化和纵深化方面，还有很多地方需要进一步提升。因此，抓住财经数据服务市场中的机遇，提供专业化的财经资讯产品，建构财经数据储存、挖掘与分析服务提供的专业机构，是未来发展中需要抓住的另一市场机遇。

### （四）进一步开拓活动经济、利基市场、社交和众包等创新商业模式

在未来的发展中，专业媒体尤其是财经媒体还需要充分挖掘市场资源，创新商业模式，活动经济的商业模式将为媒体未来发展提供新的盈利途径。

财经媒体机构汇聚了商业领袖、政府官员与市场组织的重要信息，财经组织本身拥有资深记者、编辑与分析人才的独特的网络、社会与人才资源。举办商业与其他社会活动的经济模式可以使媒体组织充分利用其资源，提供信息、技术与技能交流与共享的机会，实现在资源汇聚中，新闻、传播、商业与公关几方共赢的局面。在活动经济模式中，传媒组织成为商业网络或社区的构建者和协调者，实现了传统的"第四阶层"角色的传承，成为未来传媒转型商业模式探索中的一种有效组织形态。这种商业模式还需要在财经媒体未来的发展中更加有效地利用和更加充分地拓展。

同时，利基市场和社交平台的商业机遇也为财经媒体的进一步发展提供了思路。捕捉利基市场中对专业性财经新闻信息的需求，并利用网络平台组织生产与信息传播；利用社交平台的集聚效应，推出移动社交端的专业化财经新闻与信息产品，这些都是有待进一步开发的未来商机。

另外，密切关注新闻生产的新趋势，了解众包、众筹和公民新闻等生产方式的发展，应用广泛存在的受众资源、市场资源和网络资源来丰富新闻生产的素材，深化专业议题的讨论，推进媒介组织的变革，这些也是财经媒体未来发展中的战略重点。

## （五）把握未来发展方向

在未来财经传媒转型的探索中，还有以下几点尤其值得关注。

### 1.跟随快速发展的 UGC 趋势

从内容生产的角度来看，跟随快速变化的 UGC（用户内容自制模式），在传媒内容的生产过程中，充分重视受众对内容生产的互动需求，是未来传媒内容生产需要关注的重要趋势。新媒体技术使用户参与自制得以实现，并且可以通过新的传播方式进行传播，如何发掘市场 UGC 模式的优势，是未来财经媒体发展中需要追随的重要方向。

### 2.满足用户的个性化需求

从市场需求的角度来看，用户对传媒内容产品的个性化需求不断增强，而网络技术以及移动传播技术也使个性化内容的传播得以实现，因此，未来传媒的竞争是个性化内容生产与传播方式创新的竞争。充分理解和挖掘用户的个性化需求，组织个性化财经内容的生产与传播是财经传媒面临的又一挑战。

### 3.将注意力放在下一代终端

从技术更新的角度来看，新一代移动终端更新替代的速度不断加快，物联网技术、可穿戴技术和新兴的数据集成终端等已经进入市场，正成为新一代使用传媒信息产品的重要平台。密切关注技术的发展，将注意力放在下一代终端，探索移动互联网时代、物联网时代和未来数据集成终端中的财经传媒信息需求和服务产品模式，将是未来财经传媒管理中需要关注的重要内容。

### 4.创新更多元的货币化方式

从商业运营的角度来看，在内容、市场和技术等方面的探索与创新，其最终目标是要为企业组织实现盈利与价值创造。在传媒组织运营的过程中，盈利货币化是重点，也是难点。如何有效创新，寻找更加多元的服务产品货币化方式，为传媒组织提供可持续发展的资金资源，是未来发展中所需要思考的核心问题。在互联网金融时代，理解客户需求，提供个性化产品，真正实现盈利，才是发展的硬道理。

　　本报告介绍了国际财经媒体发展的基本情况。变化，是当今技术发展和传媒生态变迁背景下的核心词，而创新是新媒体时代可持续发展的主旋律。希望财经类媒体，在一个加速变化的时代，更好地了解前沿动态、抓住市场机遇，不断地传承与创新；期待财经媒体在一个充满机遇的时代，更具信心地拥抱未来发展。

# B.10
# 广播电视主流媒体未来发展战略探讨

## ——以北京电台和北京电视台为例*

段　鹏**

摘　要：　在当前媒介融合的大背景下，传统主流广播电视媒体面临发展的新机遇和新挑战，如何更好地突破发展瓶颈，实现转型阵痛后的更好更快发展，是广播电视主流媒体需要不断考虑的问题。本文以北京电台和北京电视台（以下简称"两台"）这两个传统主流广播电视媒体为例，通过实地调查法、访谈法和个案研究法，对其发展过程中的优势和不足、机遇和挑战等分别进行了详细的梳理，并进一步提出了转型建议，以期对广播电视主流媒体的未来发展有所借鉴。

关键词：　北京电台　北京电视台　发展战略

## 一　"两台"的发展优势——首都资源优势

北京作为中国的政治、文化中心，有着深厚的传统文化积淀和富有活力的文化氛围，突出政治、文化特色将"两台"与其他竞争对手区分开来，

---

　＊　本文系北京哲学社会科学基金重点项目"媒介融合背景下北京电台电视台发展策略研究"（项目编号：15ZHA002）及国家新闻出版广电总局部级社科研究项目《媒介融合背景下广播电视传播公信力建设研究》（项目编号：GD1522）理论研究成果。
＊＊　段鹏，中国传媒大学教授、博士生导师。

使其在激烈的市场竞争中获得了较为明显的辨识度。

同时，作为首都的主流媒体，北京电台和北京电视台也获得了全国覆盖的传播优势。北京电台目前拥有 9 套开路广播、15 套有线调频广播，节目覆盖范围不局限于国内，还在 30 多家海内外电台播出，与美国、英国、加拿大、澳大利亚、新加坡、日本等国家的十几家主流媒体建立了节目交流与合作关系。北京电视台现有 15 个播出频道，播出 12 套内容，其中北京卫视、卡酷少儿频道覆盖全国。

京味特色与全国性传播视角的结合构筑了两台的频道特色——通过全国性的传输渠道将京味特色的内容传播给全国的受众。以北京卫视为例，自2007 年改版后，其栏目特色就是凸显浓浓的"京味儿"，相较之前，更多栏目都是在北京就地取材，将首都的各方面信息在第一时间全面、迅速地传达给全国各地的观众，满足了观众对首都信息的需求，同时也更深入地挖掘了首都自身的文化内涵。这样一方面很难为竞争对手所模仿，另一方面自身的制作成本也相对较低。

## 二　"两台"发展中面临的挑战

显而易见，目前"两台"正处于四种竞争力量的包围之中：中央媒体、其他省级媒体、境外媒体以及互联网新媒体。"两台"只能在"上挤下压"的竞争环境中求生存、求突围。

### （一）来自中央媒体、其他强势省级媒体的竞争

在中央媒体竞争方面，中央电台先后启动中国之声、经济之声等重点频率改革，全部采用调频频率，其中七个频率、国际台三个调频频率均是专门针对北京城区播出。因此来自中央电台在北京落地频率的竞争越来越激烈，而北京电台在频率资源的竞争中还处于劣势的地位，只有三个大调频频率，一个小调频，其余均是中波频率，接收信号相对较差。北京电视台由于与中央电视台同城共生，在市内的目标受众高度重叠，因此北京电视台面临着中

央电视台强大的竞争压力。

在省级媒体激烈的竞争中，一些倾尽全省之力打造的广播电视集团凭借强大的实力异军突起：湖南广播电视台着力打造以广告、娱乐节目制作、有线网络、电视与网络购物、网络媒体、创投等为主的产业布局，目前形成了广告、有线、购物和创投四大产业板块；江苏广播电视台抓住内容生产和传播，以合资、合作、并购、上市等资本运作手段，聚合国内外资源，扩大规模与实力，形成了广告、影视剧、居家购物和新媒体产业等增长板块；上海广播电视台调整产业结构，加快资源重组，形成了金融和商业信息服务、新媒体、娱乐业务、动漫少儿、电子商务五大板块；深圳广电集团形成了广告业、网络产业、新媒体新技术、内容及服务业四轮驱动的产业结构。以上列举的这些广播电视台的产业板块相互连接，集聚核心资源，形成自己的明显特色与相对优势，具有极大的增长空间，对北京电视台和北京电台市场的占有造成了巨大的威胁。

## （二）面临互联网媒体的强力冲击

### 1. 互联网媒体竞争导致"两台"的受众流失，广告营收下降

互联网媒体带来的社会信息传播途径的多元化趋势，造成了传统媒体信息传播的基本功能呈现逐渐减弱的趋势。一方面，新媒体的介入，在即时播报、便捷阅读乃至互动性等方面超越了传统媒体；另一方面，以微博为代表的自媒体的发展，以及以微信等为代表的社区网络平台的建立，又打破了传统媒体一直垄断的发声权，使普通人都有了发声的能力与机会。这一切都削弱了传统媒体存在的最重要的功能和价值——信息传播，而原有受众不断被互联网企业转化为新媒体"用户"。此外，具有精准投放和大数据营销支持的新媒体广告价值逐渐获得了企业主的认可，近几年，广告主逐渐削减原本投向传统媒体的营销费用，将其投向新媒体，而且这种现象正成为一个大趋势。在此情况下，两台的主要营收渠道不免受到重创。

### 2. 互联网新媒体发展带来对广播电视内容的新挑战

具有"互联网思维"的新媒体在内容制作方面已经颠覆了传统的广播

电视节目制作模式，将大数据和互联网交互技术娴熟地应用到内容的制作、传播中。比如 Netflix 公司出品的《纸牌屋》，就是完全通过大数据来分析，精准定位节目受众的兴趣点，整个剧集的制作包括演员的选择都有着海量的受众喜好行为数据作为依据，而其播出形式更是颠覆了传统的"滴水式"播放模式，直接把 12 集全部内容同时放到网站上。通过这些颠覆式的创新模式，《纸牌屋》在世界范围大获成功，取得了传统剧集难以企及的经济效益和影响力。当下，国内的互联网媒体在内容方面的创新速度丝毫不亚于发达国家，快速发展的互联网企业频频出招，使得传统媒体很难应对。当下流行的"弹幕"播放模式，将看节目和社交体验紧密地结合起来，再一次挑战了传统媒体的想象力。应该看到，单纯地模仿互联网媒体无法改善两台的局促形势，因为互联网更新换代的速度远快于传统媒体的模仿速度。如何突破互联网媒体的压制，走出一条独特高效的创新发展之路，将是今后困扰包括"两台"在内的广电行业的最重要问题。

## 三 "两台"发展中的亟须改进之处

### （一）内容生产潜力尚待开发，频道资源利用不足

目前，两台已经具有自己的特色定位，但是节目资源储备仍显不足，实现不了频道特色的完全转化。整体风格确立后，骨干节目缺乏是两台面临的重大问题。盈利模式较为单一，也成为两台整合发展的瓶颈问题，尤其是北京电台，总收入的 70%～80% 来自广告，使其盈利状况受经济环境、市场竞争的影响很大，尤其是国家加强对保健品专题节目的管控之后，北京电台广告经营管理工作遭遇了前所未有的压力。在北京电视台方面，也存在栏目经营性不足和频道资源利用开发不足的情况。以卡酷少儿频道为例，虽然该频道始终致力于创新节目形态，丰富节目类型，但是仍面临着节目经营方式单一、栏目经营缺乏自由度的现实问题。由于频道不直接掌握软性广告经营权，栏目的经营范围亦不明确，频道动画中心不得不放弃一些直接找到栏目

组的广告商，这其实影响了频道节目制作的再投入、再发展；另外，卡酷少儿作为一个含金量大、发展空间巨大的少儿电视媒体，除了节目冠名和软植合作等经营方式外，欠缺多元化的盈利模式，如动漫周边产品开发、电子商务合作、地面大型演艺、少儿观众俱乐部、少儿新媒体（互动游戏）等也是它的发展问题所在。

### （二）新媒体的建设、发展滞后

近年来，两台在新媒体建设上进行了积极探索与尝试，但同时，两台的新媒体发展也面临着极大的考验：在新媒体技术方面，基于资源共享、多屏分发、内容复用、版权交易的技术支持系统有待统筹规划、进一步开发；在业务整合方面，两台的新媒体业务尚处于分散状态，且业务规模小、形态单一，影响力不足，市场占有靠后；在模式创新方面，新媒体营运模式、新媒体与传统媒体的有效联动机制尚未建立，新媒体与传统媒体融合发展模式亟待明确。

## 四　媒介融合的发展环境下对两台的发展战略建议

麦克卢汉有言："媒介即讯息。"作为网络媒介发展变革的重要成果，媒介融合正在全方位地影响政治、经济、社会、文化等方方面面。[1] 作为传播领域内一场影响深远而广泛的革命，媒介融合打破了过去技术、行业、业务和地域之间的壁垒，重构着内容生产流程、流通模式和市场结构。[2] 在媒介融合的媒介发展大环境下，结合媒介发展的趋势和两台自身的特点，本文提出以下几点建议。

### （一）转变理念：构建受众本位的广播电视节目创新体系

全媒体环境下，各种新技术层出不穷，但是媒体应当把握受众本位这一

---

[1]　段鹏：《媒介融合背景下传统出版业的发展变局》，《现代出版》2015 年第 6 期。

[2]　段鹏：《媒介融合背景下提升我国广播电视舆论引导能力的策略分析》，《中国广播电视学刊》2015 年第 4 期。

基本运作规律，应当充分把握以人为本这一根本理念。受众在哪里，媒体就应该在哪里；受众在哪里，用户就在哪里；用户在哪里，市场就在哪里。当前，受众以自我为中心选择媒体，个性化、高度自主的消费特点越来越突出。他们不再用传统方式听广播，看电视，而是用新兴媒体手段消费媒体，媒体服务已经从普通（公共）服务向个性化服务、单向传输向双向（交互）沟通转变。广播电视必须充分认识到受众的媒体消费习惯变化，从而改变自身传统的媒体运作方式。

要切实转变传播理念，以受众为中心进行广播电视节目创新，不能仅停留在节目的生产环节，而应当涉及节目创意、制作和传播的整个过程，这是一个系统工程。不仅需要了解受众需求，还必须注重受众的动态性，通过有效的方式在受众需求和节目供给、节目创新之间建立关联和快速反应机制，形成广播电视相关机构与受众间互需、互动、共生、共赢的关系。具体而言，在整个广播电视节目创新过程中，要重点关注受众分析——通过受众分析，了解和跟踪受众需求是进行广播电视节目创新的科学基础。传统的广播电视受众分析主要通过测量受众规模、到达率（节目收视收听率）以及计算千人成本等指标来确定媒体价值进而确定广告价格，属于"结构性受众研究"。而对于广播电视受众在人口地域分布、行为方式、生活文化，媒介接触类型、接触路径、接触深度、媒介替代程度等方面的差异鲜有关注、分析和应用。

在今后的发展中，以两台为代表的广电部门需要转变以受众规模取胜的传统思维，加强受众的系统性、层次性和精确性分析。特别是大数据将引发广播电视的变革，使受众的个性化及多元化消费行为、消费意愿与偏好，演变成一种可测量和可精确分析的活动，使广播电视相关机构能够创新受众需求显示机制，并利用这些精确的数据实现包括各类广播电视在内的媒体互动和精准营销，提升广播电视节目的经济价值。广播电视机构应当抓住媒介融合这一机遇对自己的角色重新定位，并进行机制创新。①

---

① 张宏伟：《构建以受众为中心的电视节目创新体系》，《电视研究》2013 年第 10 期。

### （二）完善广播电视节目价值评估体系，积极推进全媒体节目生产

现有的广电节目价值评估体系有着两方面的显著缺点。首先，这些评价体系往往是事后评估，反映的是兼顾社会效益和市场效益的要求，通常用于考核激励广播电视台员工和衡量已获取的广告价值，不能反映节目在创意生产或交易时的预估价值，无法向投资者、发行商和其他交易商提供可资借鉴的市场标准。例如，现在不少广播电视台为了降低成本和风险，往往需要赞助商的先期投入作为资金支持，而与新研发的节目相比，赞助商更愿意选择已经成功的节目，因此，许多广播电视台会倾向于引进版权，阻碍了自主创新。其次，评估指标针对的主要是传统广播电视渠道播出的节目，未涉及新媒体终端诸如网络广播、手机电视等播出的节目。广播电视节目创新需要投入大量的资金、人力和物力，蕴含着很大的投融资风险，在生产和传播过程中需要进行交易流通……这些环节都迫切需要科学规范的广播电视节目价值评估体系的建构和创新。

全媒体节目是广播电视在全媒体环境下生存的重中之重。目前涵盖广播、电视与网络平台的传统媒体，应当充分发挥全媒体节目重要载体的作用，积极推进已有品牌广播节目向电视、网络移植，同时将电视、网络的成熟节目向广播移植，并在移植的同时根据不同媒体本身的特点强化相应的元素。因此，应当进一步充分利用广播、电视、网络甚至是平面媒体，整合资源优势，实现选题、广播、电视、网络、线下等多平台运作，多资源利用，以此推动全媒体节目的生产。

### （三）构筑创新的多维补偿方式

广播电视节目的创意与生产不仅需要较高的投入，还存在着很大的市场风险，创新拓展节目的价值补偿方式，能够在实现各方利益最大化的同时进一步推动创新。以下提出几种价值补偿方式作为参考。①

---

① 熊波：《新媒体时代中国电视产业发展研究》，武汉大学博士学位论文，2013。

其一，版权价值收入。广播电视节目属于文化创意产品，其无形的创意内容的流通和传播必然要依赖版权的定价及交易。

其二，规模收益。无论是从摊薄创新的前期固定成本来说，还是从每期节目制作的变动成本而言，都需要最大限度地实现规模收益。尽管传统广播电视受众的数量、专注时间和注意力会减少，但通过有效的受众叠加同样能够实现规模收益。这也要求在节目创新的过程中注重节目的可编辑性，能够以相对较小的成本实现适用于不同媒介终端和不同受众的产品形式，实现多屏分发。

其三，有效受众市场开发。这里的有效受众一是指具有广告对象特点的受众，其价值可以用数量、购买意愿和购买力等指标来衡量；二是指愿意为节目内容买单的、具有内容消费特点的受众，当然这两者之间会存在交叉。除了常规的电视节目收入（比如广告或内容售卖等）之外，重点开发与这些优质受众相关的各类增值业务以及附着于节目的服务形式和体验产品，也是创新的重要补偿方式。

## （四）注重对人才的引进、管理

广播电视媒体向新媒体领域转型时不仅要注重对人才的培养，更要建立合理的人才引用和管理机制，最大限度地发挥人力资源优势，从而避免因人才资源流动而带来的风险。传统电视媒体在发展新媒体业务时，应该建立合理的组织架构、跨媒体的应用平台以及完善的人才考核制度，大胆创新用人机制。用合理的制度确保人才资源的稳定，用行之有效的激励机制挖掘人才的潜能，为媒体从业人员创造理想实现的机会，用事业的发展吸引人才、用媒体的实力凝聚人才、用与人才自身价值相匹配的薪资水平留住人才，这才是广播电视媒体发展新媒体时应该采取的人才战略。

## 结　语

媒介融合时代，传统广电媒体面临着巨大的转型压力，但也充满了极大的发展机遇。本文虽然主要以两台为例进行了个案研究，但相关发展战略建议实际上是面向整个广电行业的。北京电台和北京电视台作为在北京和全国具有相当影响力的传统主流媒体，在全媒体环境下面临的问题、机遇和挑战，以及全媒体时代的转型战略对于广电行业整体而言都具有代表性的借鉴意义。

# B.11
# 从网红经济到共享经济：
# 互联网经济新趋势探析

杨惠钧 张磊*

摘 要： "网红"现象的兴起与"共享"模式的突围，带来了互联网经济产业的全新格局。本文立足于政治经济学视角，对近年来国内外与互联网相关的经济现象进行了案例解剖，对网红经济、粉丝经济、社群经济、共享经济四种经济模式概念加以辨析，揭示了互联网经济下用户社会关系、情感、时间资本化与商品化的本质。

关键词： "网红" 粉丝 共享经济 互联网经济 商品化

2016年中国互联网经济最为人津津乐道的事件之一，就是互联网红人"papi酱"于当年3月获得了真格基金、罗辑思维、光源资本和星图资本共计1200万元人民币的融资。这一事件与网络直播、粉丝打赏、社交软广、网络推手、病毒式传播、众筹参与、草根融资等现象交光互影，带来了对于互联网新经济状况乃至新经济模式的思考。这种经济模式，有人称之为"网红经济"，也有人称之为"粉丝经济"。而本文认为，它实际上与优步、Airbnb、滴滴等一系列新的经济状况相连，从更广阔的意义上也成为"社群经济"或"共享经济"的一种。本文试图从政治经济学理论出发，对近年

---

\* 杨惠钧，中国传媒大学传播学专业2015级硕士研究生；张磊，中国传媒大学广播电视研究中心研究员，研究方向为文化研究、媒介社会学、传播政治经济学。

来引人注目的相关经济现象进行案例解剖，对四种经济模式的概念加以辨析，并对互联网新经济的发展趋势进行初步思考。

本文的核心观点是，这一新经济现象不是孤立存在的，也并非与线下的实体经济毫无联系。恰恰相反，它是广阔政治经济进程在互联网移动社交时代的新一轮变体。互联网经济发展的新趋势的核心就是"共享"，它建立在互联互通时代分散资源的集中化、商品化与资本化的基础之上，也是全球互联网新经济的重要引爆点之一。

# 一 国内外网红现象与网红经济

所谓"网红"，是"网络红人"的简称，它特指那些通过互联网平台而赢得广泛关注、成为舆论焦点的人物。虽然线下世界也造就了大量的明星、名人、新闻人物和话题人物，有的网络红人本身在线下世界也颇为知名，但是，互联网平台一方面使得现实名人获得了持续的曝光和关注，另一方面也将一批草根人物打造成了网络明星。无论是在欧美还是在中国，互联网都造就了一批网络红人，而最新的趋势是，越来越多的网红开始通过各种方式将自身的知名度和影响力"变现"，也由此引发了一轮网红经济的热潮。

## （一）三种类型的中国网红

近年来，中国互联网行业里最火的话题非"网红"莫属。2016 年 3 月 7 日，《互联网周刊》发布了"2015 年中国网红排行榜"，罗列出了王思聪、"Papi 酱"、"奶茶妹妹"章泽天、"凤姐"罗玉凤等多种类型的网络红人。他们不仅在网络上引发了大量的关注与讨论，其中的很多人更是成为传统媒体、广告商和广告客户、娱乐公司乃至投资公司追逐的目标。网红，这个过去的社会边缘现象正式步入大众视野。

简言之，我们可以把中国的网红分成三大类型。第一类是草根娱乐明星，以"papi 酱"、艾克里里、天才小熊猫、谷大白话等人为代表。他们在互联网平台上提供娱乐内容，包括恶搞视频、段子、才艺表演等。许多此类草根娱乐明星通过获得粉丝的打赏而变现，也有人就此开辟演艺道路，还可能进一步获得投资。第二类是高颜值平民，以"奶茶妹妹"章泽天、雪梨、张大奕等为代表。其中部分网红借由开网店、接代言、推出自己的品牌而获得经济成功。第三类是网络话题人物，既包括以被嘲讽和围观为主的话题人物，如芙蓉姐姐、凤姐等，也包括"富二代"王思聪等人物，其共同点是颇富争议，此类网红的变现能力较弱。

"网红"一词由来已久，随着中国网络环境及互联网传播形式的演变，"网红"经历了从"网络文学写手"到"博客时代意见领袖"到"社交媒体时代网红泛化"的变迁。而2016年"全民直播"时代的到来为更多草根娱乐内容提供者成为网红带来了新渠道，个人IP价值依托视频直播平台得以迅速崛起。相比传统经纪公司打造的明星，网红不需要他者来界定和赋予权力，社交平台降低了成名的门槛，网红需要面对的只有用户，只要极具个性，只要吸引了一定数量的粉丝，就可以走红。网红时代的到来，不仅带来了新兴的社会文化现象，更是带来了一种全新的商业模式。

### （二）欧美网红的平台与成功案例

网红并不是中国的特产，国外在此之前已有了网红的实践。在美国，制造网红的三大平台主要是YouTube视频网站、Facebook社交网络和Instagram照片分享网站。

例如，来自瑞典的游戏达人PewDiePie堪称YouTube平台上最成功的网红之一。PewDiePie于2009年在YouTube上创建了自己的频道，专门放送自己的游戏实况视频，凭借着激增的YouTube订阅量和相关的游戏周边，他的频道现已有3700万人订阅，据《华尔街日报》报道，单纯依靠YouTube的广告收入，PewDiePie在2013年的收入就有400万美元。

而依靠Facebook和Instagram等社交媒体起家的网红同样构建了自己独特的产业模式。尤其以图片社交为核心的Instagram，涌现出了一大批以时尚、健身内容为主的时尚博主。例如，意大利的时尚博主Chiara Ferragni可谓目前全球范围内最火的网红之一。她因每天在Instagram平台上发布穿衣搭配而走红，现已吸引了640余万粉丝。因其对时尚的良好触觉以及日益增长的粉丝数量，路易威登、迪奥等时尚品牌纷纷与之合作。从品牌代言到登上时尚杂志封面，从创建自己的时尚品牌到打造以创意顾问服务为主的微型传媒公司，Chiara Ferragni成功完成了自我转型，其个人博客"The Blonde Salad"每年可赚150万美元，同名鞋履品牌每年也会带来500万美元以上的收入，2015年盈利更是超过1000万美元。

国外网红的经济变现主要始于YouTube视频网站。2007年，YouTube提出"收入分成"模式，按45%：55%的比例由网站和播主分成。2012年，YouTube在海量UGC（用户自生产内容）的基础上提出了MCN（Multichannel network，多渠道网络模式）。MCN聚合了成千上万的YouTube独立创作人，为播主们提供所需多种服务，并围绕视频游戏、音乐等某一主题形成节目群落，且将节目群卖给广告商。这些MCN聚拢了海量的流量，比如最大内容制作商之一 Maker studio大约拥有4亿订阅用户，Awesomeness TV的月视频播放量则达10亿次。2014年起，美国开始大量兴起垂直领域的MCN内容，产业体系逐步走向完善。

## （三）中外网红经济模式的差异

相比之下，中国网红与欧美网红在经济变现上具有较鲜明的差异。欧美网红的变现模式主要有两个，一是发展内容制作业，二是与时尚产业融合。而中国网红最普遍现象则是与电商紧密结合，通过其强大渠道变现。

鉴于社交媒体平台的性质，国外网红由于制作的内容大多是视频和图片，网红形象更为立体和全面，相比较容易为各大品牌关注，并通过参加各种活动获得收入，而国内的网红则相对难以进入主流人群和主流媒体，很多知名大众品牌鉴于网红的草根出身并不愿意与网红进行品牌方面的合作。国内网红接到的广告大多也以效果广告为主。对于不是特别知名的网红来说，电商是变现的最主要渠道。

总体来说，国内网红多通过接广告以及电商变现的形式获得变现，形成个人品牌后或还可以得到金融机构投资，而欧美等国历来注重版权的原创性，用户也有付费习惯，视频网红的收入主要来源于原创内容的版权发行，社交网站网红则会通过商家赞助以及推广自己品牌及产品获得收益。

### （四）国内网红产业发展状况

据第一财经商业数据中心预测，2016年网红产业（包括网红相关的商品销售额、营销收入以及生态其他环节收入）预估接近580亿元。将超过2015年中国电影总票房440亿元，也相当于国内最大连锁百货百联集团2015年全年销售额。①

伴随网红经济的兴起，一大批新兴企业受惠于此，首先受益的就是诸如新浪微博、腾讯微信以及优酷视频等网红所在的平台公司；其次，视频社交网络平台变成网红孵化器，如欢聚时代及天鸽互动旗下的9158网站就是典型的例子。欢聚时代2012～2014年净利润连续增长，从8918万元猛增至10.64亿元②，此外，大量"网红培训中心"也如雨后春笋般涌入市场。《2016网红生态白皮书》显示，目前国内网红签约经纪公司的比例是23.8%。③ 由此可推测，网红正在从泛娱乐化向专业程度更强、变现能力更大、商业价值更高的方向发展。

## 二 四种新经济模式辨析

网红时代的到来与兴起，依赖于互联互通时代的资源共享本质，从这个意义上来讲，网红经济、粉丝经济、社群经济、共享经济虽然名称不一，但其实一脉相承。

---

① 《2016中国电商红人大数据报告》，第一财经商业数据中心，http://cbndata.dtcj.com/report/view/57750564caa95bae64c9d933。
② 袁东：《网红经济：海外早有先行者，粉丝变现是核心模式》，《每日经济新闻》2016年4月5日第11版。
③ 《2016网红生态白皮书》，新浪微博 & 艾瑞咨询，http://www.199it.com/archives/485464.html。

### （一）网红经济

网红经济从"网红"入手来界定，指的是网络红人在社交媒体上聚集人气，产生强大的影响力，从而依托庞大的粉丝群体进行定向营销，由此衍生出实际利益和经济效应。

网红经济与粉丝经济乃一体两面。网红经济是一种影响力经济，依托在大量的粉丝基础上实现强大变现。网红虽然类型不一，对粉丝的吸引力不一，但都依赖于其强大的网络影响力来建构经济根基。例如，在"草根娱乐明星"类型的网红经济中，网红依赖于社交网络的发展和自身内容的输出成为具有影响力的 KOL（关键意见领袖），然后将 UGC（用户自生产内容）深化或向 PGC（专业生产内容）转化，增强与粉丝之间的黏度及其认同感，从而通过影响其某些行为或决策来实现变现。[①] 变现模式日新月异，而除了网络技术的发展，网红时代的繁荣依托的是数以万计"粉丝"后援的支持。

### （二）粉丝经济

"粉丝经济"的概念比"网红经济"出现得更早。文化创意产业发展的过程中，偶像与粉丝的关系日益获得重视，也成为其产业发展的核心资源。近年来，从"超女"到 TFboys，从"东方神起"到 EXO，从"粉丝"到"迷妹"，偶像一代代更迭，粉丝称谓一年年更新，不变的是被关注者与粉丝之间烦冗复杂的多重关系。

论者尝试对"粉丝经济"作出各种界定。普遍的认识是，"粉丝经济"是基于粉丝参与的品牌社群，在其信任关系之上的社会资本平台和商业经营行为[②]，它是一种架构在粉丝与被关注者关系之上的经营性创收行为，是通过提升用户黏度来优化口碑营销实效以获取经济收益与社会效益的信任代理

---

① 《2016 年网红经济行业研究报告》，http：//mt. sohu. com/20160720/n460225280. shtml。
② 叶开:《粉丝经济》，中国华侨出版社，2014，第5页。

形态与经济运作方式①。从核心来说，粉丝经济就是将"粉丝"从普通的消费者变为忠诚的品牌拥趸的一种经济操作方式。

随着互联网技术和社会化网络的发展，粉丝经济逐渐在文化产业市场上大行其道，并且形成了三种典型的模式。其一是以偶像为核心的明星经济，其在媒介融合语境下也呈现跨界融合的趋势；其二是围绕媒介内容的 IP 经济，通过调动粉丝的参与性构建出以内容为核心的纵横联合的文化产业链；其三是以社群为核心的合伙人商业模式，粉丝、偶像及商业机构等以社群为平台实现了广泛的连接与合作，创建了多元的商业合作方式②。值得关注的是，这三种模式与其说是互斥而独立存在的，不如说是一种互相转化的灵活体系。

粉丝经济最具争议的，就是其中的非理性因素。不论是粉丝团体中等级森严的层级制度，还是对偶像文化产品的疯狂支持，都包含着一种单向价值流通的隐喻：粉丝经济通过塑造一个品牌而笼络对其具有较高认知和喜好的用户成为粉丝，而粉丝对品牌主题的凝聚力主要由主体单向维护，这样的纵向传递方式具有很强的向心性。粉丝效应让许多文化产品具备了先天的市场优势，而文化市场上的无序竞争也将粉丝经济推向了鼎盛。然而，缺乏实质内容和文化内涵的粉丝经济，就如同虚高的"泡沫经济"一样，随时面临着破裂的风险。③ 相比粉丝经济这种基于盲目崇拜的经济模式，被称为"社群经济"的模式似乎更加中性。

（三）社群经济

"社群经济"的概念，是随着互联网社群的不断发展变化而诞生的。"罗辑思维"经常被作为社群经济的成功案例而提及。2012 年，知识型脱口秀节目"罗辑思维"在优酷视频推出。截至 2016 年 8 月，"罗辑思维"优

---

① 李文明、吕福玉：《"粉丝经济"的发展趋势与应对策略》，《福建师范大学学报》（哲学社会科学版）2014 年第 6 期。
② 蔡骐：《社会化网络时代的粉丝经济模式》，《中国青年研究》2015 年第 11 期。
③ 蔡骐：《社会化网络时代的粉丝经济模式》，《中国青年研究》2015 年第 11 期。

酷视频粉丝已达 154.4 万，累计播放次数超过 4.02 亿次，微信公众号订阅用户数量近 500 万。2015 年 10 月"罗辑思维"完成 B 轮融资，估值 13.2 亿元。现如今，"罗辑思维"已经成为一个互联网社群品牌，其背后的社群经济模式也引发了效仿的热潮。

社群经济是一种去中心化的商业合作形式，社群管理团队、社群成员、商业机构及消费者等都可以根据自身需求和资源展开多种形式的合作。相较传统的粉丝经济，社群经济构建的是一种兼具凝聚力、生产力、传播力和消费力的利益和文化共同体，这一传播过程中粉丝不再是被关注者的附庸，而演变成为社群经济中的合伙人。与粉丝经济向心性的纵向信息传递方式不同，社群经济依赖的是内部的横向沟通——用户对社群文化及内容的认同，通过需求的满足而不断增值。因此，胡泳、宋宇齐总结说："在互联网环境下，超强的传播效应与社群本身超低的边际成本使得社群的拓展具备更大的经济价值。"[①]

虽然社群经济的产业模式促进了粉丝经济的理性化回归，然而并非社群的全部粉丝都可以作为"生产型消费者"（prosumer）进行内容生产，社会现状以及媒介产业的现状决定了生产者只是粉丝中的小部分人群；另外，粉丝参与的产业链究竟具有多大的变现能力依旧是一个未知数，因此社群经济的产业复制性与延续性似仍有待商榷。更关键的是，社群经济是否如其名称所显示的，真的建构在社会共同体的基础之上，并有可能拓展社会的新型交往与合作方式？

### （四）共享经济

如果说"社群经济"似乎将互联网新经济与社会共同体相连，那么"共享经济"一说似乎更强调了这种资源共享的实质。交通和住宿两大领域的资源共享，的确催生了新的经济成功者。2016 年 8 月 1 日，滴滴打车和优步中国宣布合并，昔日中国的两大共享打车对手平台"喜结连理"。标普

---

① 胡泳、宋宇齐：《社群经济与粉丝经济》，《中国图书评论》2015 年第 11 期。

资本智商公司（S&P Capital IQ）的数据显示，2014 年全球投资机构在共享经济领域投资金额高达 49.4 亿美元，与 2013 年相比增长了 5 倍之多，自 2009 年以来累计投资金额已超 70 亿美元。①

　　共享经济（亦称分享经济、合作消费）是通过互联网平台将商品、服务、数据或技能等在不同主体间进行共享的经济模式。其核心是以信息技术为基础和纽带，实现产品的所有权与使用权的分离，在资源拥有者和资源需求者之间实现使用权共享（交易）。② 共享经济反映了许多不同类型的动机整合，企业通过整合不同消费者分散的特定需求，实现协同消费和减少浪费，从而产生利润。③

　　目前来看，如日中天的共享经济为人们的生活带来了极大的便利，它成本低廉、资本高效、灵活性强，优化了社会资源，解决了部分雇用与就业问题并提供了一种社会财富再分配的手段，但是眼观当下从百度、美团等外卖平台的投诉连连到滴滴优步合并的垄断之忧，可见共享经济依旧存在许多问题：监管的真空地带、契约保护的缺失以及个人隐私及信息安全的泄露。

　　最值得我们关注的是，无论是高度向心的粉丝经济，还是作为粉丝经济表现形式的网红经济，抑或看似自我运作的社群经济以及共享经济，它们的共性，就是将自上而下的经济过程变为双向互动的经济过程，将分散的社会资源集中起来，变成可以出售的商品、可以开发的市场、可以剥削的劳动者。

　　一个网络红人贴出自己的照片就可以获得粉丝的打赏，一个网红主播靠直播自己的日常生活来收入"游艇"和"钻石"，"罗辑思维"推出了"无理"的会员制和众筹月饼、众筹卖书，小米手机用饥饿营销来让粉丝心急

① 汤天波、吴晓隽：《共享经济："互联网＋"下的颠覆性经济模式》，《科学发展》2015 年第 85 期。
② 汤天波、吴晓隽：《共享经济："互联网＋"下的颠覆性经济模式》，《科学发展》2015 年第 85 期。
③ Andrew Leonard, "'Sharing economy' shams: Deception at the core of the Internet's hottest businesses", http://www.salon.com/2014/03/14/sharing_economy_shams_deception_at_the_core_of_the_internets_hottest_businesses/.

如焚地掏出钱包，优步和滴滴使无数的人自带劳动工具加入劳动力大军，而移动社交媒体的深入触角则将广告、宣传、网购行为带来到人们日常生活的每一个地点和每一个碎片化时间。我们应该如何理解这种行为状况和经济状况？又应该做出什么样的反思？

## 三　互联网共享经济的实质

在这看似欣欣向荣的网红经济与共享经济的产业图景中，网红不断被生产出来，粉丝似乎被赋予了浏览、评论、转发甚至参与商品生产环节的权力，生产者、消费者之间的关系日益扁平化和网络化，与此同时，是无数UGC支撑起平台的主要流量，大量的社会人群将自己的非商品化资源贡献给了资本增值的进程。从实质上而言，这是资本主义逻辑在新的技术条件、经济平台和社会状况下发展出的必然结果。

按照波兰尼的说法，资本主义的诞生是一种"大转型"，表现为土地、劳动力、货币的商品化。① 而共享经济实际上是互联网时代资本主义的新一轮扩张。互联网时代进一步加深了这种商品化。它将原来不属于经济过程的很多资源、人类活动和生活卷入资本主义进程中，将无数事物变成商品，将无数过程变成劳动。

传播政治经济学家达拉斯·斯迈兹于1977年提出了"受众商品论"的观点。② 他认为广播电视节目只是吸引受众的"免费午餐"，目的是将受众吸引到节目上来，然后再将观众卖给广告商，受众的注意力才是真正的商品。作为商品的受众，在发达的资本主义社会中其所有的时间都是劳动时间，观众在休息时间收看电视节目，实际上是在为广告商付出劳动，进行着生产和再生产。但不公平之处就在于，受众付出了劳动，却没有得到任何经

---

① 〔英〕卡尔·波兰尼：《大转型：我们时代的政治与经济起源》，冯钢、刘阳译，浙江人民出版社，2006，第59～66页。

② Dallas Smythe, "Communications: Blindspot of Western Marxism", *Canadian Journal of Political and Social Theory* 1 (3), 1977: 1-28.

济的补偿，反而要承担经济上的风险。在网红时代背景下，粉丝作为一种特殊的受众，在情感的支配下，更愿意付出自己的劳动和时间，并以此来获取精神上的愉悦和满足。在粉丝经济当中，"情感"是主导粉丝产生经济行为的关键，为"被关注者"进行消费行为更多是为了获得一种情感上的满足。因此，在每一次粉丝对"偶像"的情感投入中，个体劳动被打包出售给广告商或者直接转化为店铺购买力。正是粉丝的自我生产的机制转换成了商品再出售的一种形式，这个过程中，粉丝不仅付出了情感劳动，更付出了金钱，可谓是双重剥削。

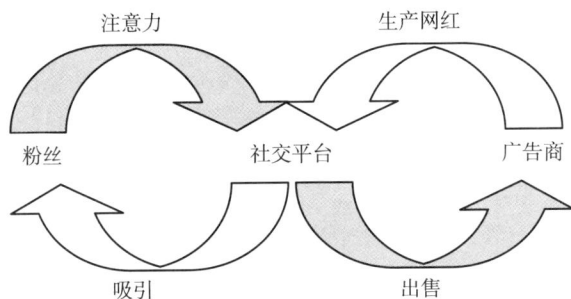

**图1　网红经济与共享经济的模式**

在互联网经济的大转型背景下，如果说社会关系继土地之后成为资本主义经济的富矿，那么情感劳动比体力劳动和智力劳动更成为常态性剥削的对象，而时间则转化为新的交换之物。共享经济的本质，其实是资本借助互联网触角深入日常生活的方方面面，将原来非增值性的资源纳入资本的轨道上来，同时，也瓦解和重组了人的社会交往，使劳动隐藏于娱乐之后，剥削关系扎根于崇拜关系，阶级的认同和组织被"社群"遮蔽，最终，反抗只能是符号性的呐喊，甚至于人们根本认识不到反抗的必要性。

当然，互联网在带来新的经济模式和资本化进程的同时，也在打造新的平台和社会关系。青年人不仅是网红这一新兴事物的热烈爱好者，本身也是社会规范的挑战者。一旦网红经济和共享经济的实质被看清，互联网也必将催生新的抗争、合作与探索，借用马克思的话，互联网劳动者失去的是锁链，赢得的是整个世界。

## 参考文献

Andrew Leonard, " 'Sharing economy' shams: Deception at the core of the Internet's hottest businesses", http://www. salon. com/2014/03/14/sharing _ economy _ shams _ deception_ at_ the_ core_ of_ the_ internets_ hottest_ businesses/.

Dallas Smythe, "Communications: Blindspot of Western Marxism", *Canadian Journal of Political and Social Theory*, 1 (3), 1977.

蔡骐：《社会化网络时代的粉丝经济模式》，《中国青年研究》2015 年第 11 期。

胡泳、宋宇齐：《社群经济与粉丝经济》，《中国图书评论》2015 年第 11 期。

李文明、吕福玉：《"粉丝经济"的发展趋势与应对策略》，《福建师范大学学报》（哲学社会科学版）2014 年第 6 期。

李勇：《社群和社群经济》，《浙江社会科学》2016 年第 2 期。

汤天波、吴晓隽：《共享经济："互联网＋"下的颠覆性经济模式》，《科学发展》2015 年第 85 期。

袁东：《网红经济：海外早有先行者，粉丝变现是核心模式》，《每日经济新闻》2016 年 4 月 5 日第 11 版。

喻国明、樊拥军：《"互联网＋"时代的传媒共享经济初探》，《新闻爱好者》2015 年第 11 期。

袁莹莹：《移动互联网下的网红时代》，《新闻传播》2016 年第 12 期。

〔英〕卡尔·波兰尼：《大转型：我们时代的政治与经济起源》，冯钢、刘阳译，浙江人民出版社，2006。

叶开：《粉丝经济》，中国华侨出版社，2014。

# B.12
# 台湾媒体融合发展策略前沿

## ——基于台湾《联合报》的实地调研

孙　璐*

**摘　要：** 随着互联网技术和新兴媒体的发展，传统媒体面临着前所未有的挑战和压力。在新的媒介环境下，报纸作为传统媒体的代表，其衰退进一步加剧，在这样的形式下，如何利用媒体融合和数字化转型拯救自身发展是报纸及其他传统媒体亟待解决的问题。本研究选取台湾《联合报》为研究对象，通过资料收集法和深度访谈法，分析联合报系如何突破以往平面媒体的限制，描述其数字化转型的历程，并将重点摆放于影音新闻开播历程、未来发展走向，探究《联合报》在转型过程的经验与挑战，以期为两岸相关媒体提供参考。

**关键词：** 数位汇流　数位时代　传统媒体　媒介环境

## 一　前言

"在新兴媒体（emerging media）环境下，互联网不仅撕裂了信息生产模式、人类的交往方式、媒介的结构，而且还导致政治生活、经济形态、社会结构，甚至人们的世界观和价值观发生深刻变化""技术已成为一种无所不

---

* 孙璐，中国传媒大学新闻学院博士研究生。

在、动荡不羁的力量，影响着人类的未来"。① 当前，数字化技术的浪潮将把人类文明带入一个新世纪，正如尼葛洛庞帝在《数字化生存》中指出："信息技术的发展将变革人类的学习方式、工作方式、娱乐方式，一句话，人们的生存方式。"媒介技术变革正在重塑着媒介环境，传播模式变迁革新了传媒格局，加快了传媒业的融合与转型。新兴媒体的发展带来了媒介环境的巨变。"新媒体意味着技术的进步、传播语境的改变、传统话语权的解构和内容生产方式的转变。"②

与信息匮乏时期传统媒体独领风骚的时代不同，在平等、互动、开放的互联网时代，崭新的媒介环境终结了"以传者为中心"的特权传播方式，"用户"取代传统意义上的"受众"，信息传播实现了双向甚至多向交流。新的媒体环境所提供的方便、快捷、低门槛的传播方式使用户自生产内容（UGC）成为反映公众舆论的一个重要途径。媒介环境的快速变化已将传统媒体置于"数字化生存"的重大关口。移动互联多屏终端的普及不仅改变着人们获取信息的方式，更改变着人们的生活方式。基于移动客户端的新媒体形式削弱着人们对传统媒体的依赖，该选题具有现实迫切性。

报纸广告的衰退在进一步加剧。仅靠网络数字版难以为继，利用移动平台推广是否仅仅是纸媒数字化的一种过渡形式？报纸媒体的深度特质在短平快信息中如何数字化传播，值得探讨。新的媒介环境下，传统媒体面临的挑战前所未有，数字化转型升级发展的压力与愿望极其迫切。传统媒体和新媒体如何深度"融合"以激发进一步"变革"？这是迫切需要解决的真问题。需要特别说明的是，由于翻译原因，大陆将 Media Convergence 译为"媒体融合"，台湾译为"数位汇流"。

《联合报》是台湾四大纸媒之一（其他三家分别为：《中国时报》《苹果日报》《自由时报》），其新闻报道以较为中立客观见长，在数位汇流方面走在业界前列。1999 年 9 月成立"联合新闻网（UDN.com）"，每月不重复

---

① 〔荷〕E·舒尔曼：《科技文明与人类未来：在哲学深层的挑战》，东方出版社，1995，第 1 页。

② 喻国明：《传媒新视界——中国传媒发展前沿探索》，新华出版社，2011，第 25 页。

浏览人数达 600 万人，连续 3 年蝉联"企业网站"第一名，夺"台湾百强网站"第 14 名及"行动上网"第 6 名等殊荣，联合报系将联合新闻网视为"联合报系开往未来媒体的火车头"，将媒体定位由内容提供者，转变为"内容平台"。联合报系 2008 年推出影音新闻，2009 年底成立影音部门，2010 年 11 月推出每晚 8 点播整点新闻，未来打算扩编为每天 9 节整点新闻，新闻内容出现移动终端版，2011 年 5 月推出"UDN 买东西购物网站"，抢占电子商务市场。无论是手机、iPad 信息，或是网络影音新闻，联合报系打破过去媒体与媒体间的距离，要持续透过数位汇流的方式，为读者提供多元信息和服务。

本研究通过访谈和内部信息搜集，就联合报系如何突破以往平面媒体的限制，描述数字化转型的历程，并将重点摆放于影音新闻开播历程、未来发展走向，探究《联合报》在转型过程的经验与挑战，以期为两岸相关媒体提供参考。

数位时代的阅听众不仅主动积极，接收信息的管道也变得多元。在传统媒体之外，智能手机、平板、个人计算机等信息产品的普及，更分散传统媒体在数位时代对阅听众的影响力。传统报业在读者人数不断减少、发行量持续下滑、网络使用者又不断增加的情况下意识到：如果纸媒想在这个数位时代继续生存，接受新科技将是关键因素，因此开始将网络视为另一个承载新闻的平台。目前台湾四大报皆已成立在线新闻网站，但大多是将平面报纸的新闻报道内容原封不动地搬到网络上，或"再包装"成其他新闻，较少针对网络生产新的内容。

彭琬馨在其硕士论文中指出：联合报系于 1999 年成立联合新闻网（UDN.com），在时间上虽稍晚于《中国时报》（1995 年），却在汇流上投注相当大的心力。自 2008 年起，《联合报》便积极培训记者影音剪辑的能力，作为未来发展影音新闻的基础；2009 年底成立影音部门，并将营运总部自台北忠孝东路（台北繁华中心区）搬迁到汐止（新北市工厂旧址），新总部整合了《联合报》、《经济日报》、《联合晚报》、联合新闻网等三报一网的编辑作业，《联合报》称其为"大编辑台"；2010 年，《联合报》于五都选战时推出直播的在线影音新闻，试图在《联合报》编辑室中纳入汇流的概念。徐慧伦对台湾四大报的访谈结果显示，媒体经营者的数位发展核心策略会影响到该媒体投入在数字化上的资源多寡。张念慈针对四大报汇流过程进行整理，指出联合新闻网在这方面非常积极，不仅在内容上希望做到多媒体呈现，在形式上也积极与终端电子设备合作，研发适合各平台的数位内容；《中时电子报》利用本身拥有跨媒体平台的特性，将网络定位为整合相关媒体平台内容的位置，网罗各种不同形式的新闻内容；壹传媒集团则是在一开始便开发动新闻，希望以更贴近消费者阅读习惯的形式呈现新闻内容；《自由电子报》对网络新闻采取相对保守的态度，认为在固定商业模式出现之前不会贸然投资。但上述研究都未针对联合报系的策略进行更细致的分析，也未探讨在数位时代中记者角色的转变。

## 二 研究方法

### （一）研究思路

本研究认为数位汇流不是一个单纯的技术概念，它实际上是传统媒体领域发生的深刻的、全面的、划时代的变革。变革触角应涉及管理体制、节目形态、采制方式、报道方式、接收方式、服务方式等诸多方面，是体制机制的革命。传统媒体应具有"互联网思维"和全媒体运作方式，形成有别于以往媒体业务运作的整体模式与策略，能够运用多种媒体手段和平台来构建新型专业化报道及传播管道，形成核心优势。希望通过资料收集与访谈了解《联合报》作为数位汇流领先媒体的经验。

### （二）研究方法

本研究采用资料收集法、深度访谈法等兼具量化与质性的研究方法。深度访谈也称为质化访谈法（qualitative interview），是访问者与受访者之间对于研究问题的互动，而非一组特定的问题，必须使用一定的字眼和顺序询问，本质上是由访问者建立对话的方向，再针对受访者所提出的若干特殊问题，并加以追问。理想的情况是由受访者负责大部分的谈话。本研究与

《联合报》数位媒体汇流相关的人士进行访谈。深度访谈法主要围绕具体研究问题展开，将对媒体从业人员、专家学者进行访谈与咨询。

（三）研究架构

本研究通过资料收集与深度访谈的方法，以期结合《联合报》、《联合晚报》、《经济日报》、联合新闻网，结合深度访谈所得，总结内容、载具、商业模式方面的经验。访谈大纲见附录。

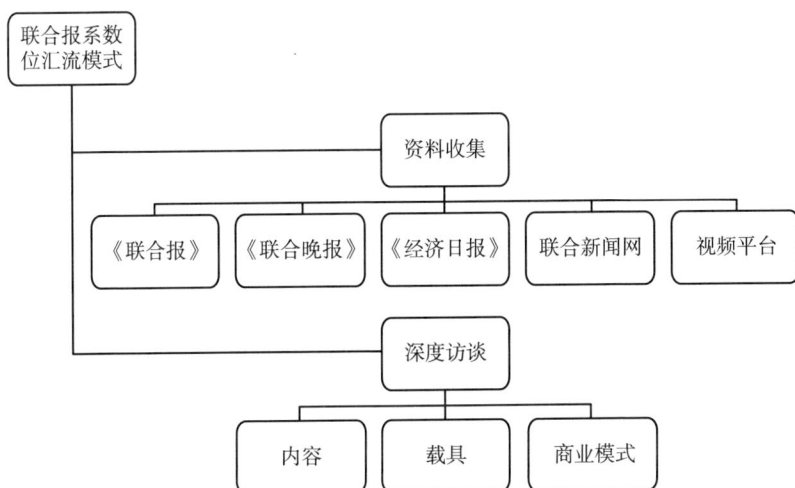

图 1　联合报系数位汇流模式

（四）研究问题

本研究针对联合报系数位汇流产制流程模式进行分析，以探讨以下之研究问题。

（1）联合报系为何能在传统媒体特别是纸媒式微的情景下发展新媒体并业界领先？有哪些经验可以借鉴？

（2）联合报系数位汇流组织机制有哪些独特之处？

（3）联合报系数位汇流方面还有哪些方面存在难点与不足，如何突破？

## 三 研究结论

联合报系（United Daily News Group）因应互联网趋势于 2000 年成立"联合在线股份有限公司"，以联合新闻网（UDN.com）与联合知识库为核心。联合新闻网连续 3 年蝉联台湾企业网站五十强的第一名；联合知识库完整收录了联合报系 60 多年来 1000 多万份新闻资料照片，翔实记录了新闻与历史的轨迹。2010 年，联合报系跨界电子商务成立了"UDN 买东西"，探索互联网金融模式。2013 年 8 月，联合报系为适应数位汇流发展，成立"UDN TV"并成立媒体创新研究中心，从"内容""载具（载体）""商业模式"方面推进数位汇流。

### （一）内容层面的数位汇流

联合报系在台湾报业新媒体融合方面的经验丰富，关注使用者的阅读行为以及信息的取得方式。过去在报纸、电视、广播方面，面对的是不同的市场，报纸不用抢电视的眼球，广播不用抢电视的眼球，但是现在面临巨大的竞争，同时也是巨大的市场。

首先是人力的打通。《联合报》数位汇流副总编辑张立先生介绍[①]："我们一共有 9 层楼，搬来 5 年了，原本是工厂，确实很宽阔，这么宽敞原本设计就是这样办公区域的构想。是不是所有的报纸都是这样，其实并不是，只有联合（报系）和中时（中国时报系）才有这样的设计，《自由时报》和《苹果日报》是没有的，因为它们就是一份报纸，不是报系，所以没有这样的问题。拥有六十几年历史的联合报系，旗下有《联合报》、《联合晚报》、《经济日报》、新闻网。这些报纸的主要负责人都会集中在一个环形的办公区域，正好在环形的四个方位，每个子报所属的工作人员在四个方位环形的延展区域里面办公。这样的目的是合作，消极地看来是没有

---

[①] 具体采访问题附后。

秘密。数位汇流，至少自己先把界限打破，这是一个基本的想法。2008 年联合报系的管理者组织了参访团参观 BBC、《卫报》带来一些最前沿的想法。这里的记者、编辑，同一报纸的记者坐在一起，不同报纸的相关记者是坐在一起的，这样工作可以相互支援。让他们的距离更靠近，这样积极的合作，打破消极的想法，不要阻一道栅栏起来。在人力上面各个报纸单位的稿件之间是相同的。"

图 2　联合报系办公空间

此外，《联合报》的内容管理系统 CMS（Content Management System）比较领先，购买了美联社、《泰晤士报》等新闻机构的资讯，这在大陆是不常见的，因为外国的新闻消息很难直接被转载引用。《联合报》《经济日报》《联合晚报》《捷运报》（U-paper），比如编辑需要配发照片，整个联合报系可以使用任意一个摄影师的摄影作品，整个报系有一个数位制作的中心。《联合报》所有的资料都在一个大的系统里面，叫作"新闻池"（Pool）。在整个新闻池里面即时新闻的量是最大的，记者如何核实即时新闻成为考验。《苹果日报》是追求速度为先，记者一传就上网，《联合报》会有一个审核机制，相对保守，比较坚持一些新闻的价值。[①]

张立先生介绍，所有报系之间共享文字、照片数据、图表等，从而实现

---

① 笔者 2015 年 7 月对《联合报》数位汇流副总编辑张立先生的访谈。

可视化表达是新媒体时代的要求。而现实情况是，一个数据图表故事完成后，只被单个报纸采用，没能形成资源联动，非常可惜。所以《联合报》在这一部分也做了整合，至少在工具上更加便利，跨越了所有媒体可能做的东西。这是一个 WED 上面的发稿系统，联合报系另有一个专门为手机设计的发稿系统，包括安卓和 iOS 系统，这就是一个"中央厨房"概念，你可以随时随地发稿，可以做任何事情。所以我们给"数位汇流"下了一个定义：任何时间任何地点任何载具在同一个载具上面的信息分享。

### （二）载具（载体）层面的数位汇流

《联合报》关注使用者各式行动装置的研究。"我们的系统之前还是非常先进的，但是当时还没有像今天那么重视手机移动终端。视频资料也是有差异的，基于 TV 与移动终端传播的视频时长是不一样的，比如一个 15 秒钟的短视频，非常适合移动终端传播，你放 1 分半钟反而没有人看。传统的记者都是文字记者，但是现在趋势就是文字、图片、影音都要会，都变成了必备技能。没有这些东西数字化没有办法进行。现在没有人再去单纯地看电视，一定要使用移动终端，重视互联网络。我们也看过大陆 CMS 的系统，我觉得在移动端大陆是超过我们的，像淘宝这样的商业模式是非常成熟的。现在越来越少的读者通过 PC 分享，现在主要是通过移动终端，社群网络越来越普及，所以传媒集团一定要去打进移动终端。"

联合报系媒体创新研发中心级别较高，隶属于联合报系总管理处，下设叙事小组、载具小组、前沿信息小组等。比较有意思的一点是不少《联合报》的高层管理者都兼有两个职位，比如《联合报》数位汇流副总编辑张立先生同时也是联合报网的负责人，联合报系媒体创新研发中心现任总监方桃忠先生也是《捷运报》的负责人，这样的安排本身就利于载具层面的融通。根据联合报系《捷运报》记者张小姐介绍，《联合报》的记者可以熟练地使用文字、影音、图片等终端，而且这样的生产模式也是工作中的常态。

依据访谈结果，《联合报》推行背包记者制度，以一人抵两人的方式推行转型策略，对地方文字记者的劳动有直接的影响。先不论影响的正负面效益，就记者本身来说，工作内容、时间都因为这个制度的推行而延长或增加。记者在有限时间内要完成的事情变多了，处理新闻时追求精准快速，也要搜集资料，这些都只是基本要求；现在的记者不但要会写稿、还要学会拍摄剪辑、发实时新闻。虽然《联合报》目前并未对影音、实时新闻内容做太多强制的要求，只列出少部分需要满足的条件（如分镜数、画质、实时新闻则数）作为关键绩效指标评量标准，但对在线记者来说，无论是拍影音或发实时，都是需要另外花时间处理的工作。对某些记者来说，这样的工作其实是在压缩他们搜集资料、经营人脉的时间，也因此必然无法产出质量良好的影音新闻，甚至会影响到基本新闻的产出。有多名受访者表示，他们认为联合报系报道内容、新闻处理角度都远不如过去。《联合晚报》受访者说：

> "如果这些新进的记者必须扛起比较多报系数位汇流的其他任务，放在这个路线的时间就会相对更少，我觉得这是一种相互影响的结果，并不是说数位汇流就单纯地造成大家新闻的产出下滑，可是数位汇流的确影响大家可以投注在其他事情上面的时间。"

《联合报》不仅制作报纸内容，还推动影音方面的汇流发展，在此做简单的整理：①影音部的成立是为了加速内部转型，后来因人员、硬设备齐全，遂成立 UDN TV；②联合报系要求每位在线记者学习影音拍摄技巧，目的是为了扩大记者布线，但这相对地也加重记者负担，影响新闻产制过程；③这样的政策显示未来记者核心能力的转变，基本的编采能力虽然不变，但不具备多媒体叙事能力的记者将逐渐被淘汰。

联合报系推动影音新闻可粗略分为三个阶段：①报系于 2009 年成立影音部，目的是为增加报社记者的影音能力；②2010 年时，影音部成为专业独立的部门，除了辅导报社同人转型之外，同时也自制影音内容；③2012年影音部准备成立正式频道，直至 2013 年 8 月 UDN TV 上架，影音新闻正式迈入下一个阶段。联合在线主管受访者 F 表示：

"2008年，我们第一个投资就是让我们的记者具备多元的能力，这是第一阶段；2010年是第二阶段的开始，我们尝试成立专门的部门，这个部门兼具两个任务，第一个就是回头再去辅导我们这些所有的报纸记者。"

由此可知，数位汇流时代的记者将不再只有"文字"或"摄影"之分，而是一个全方位的"新闻制作人"，可以精确地在新闻现场判断什么方式才是最适合新闻呈现的方式，并提供阅听众更多元的内容选择。

在平板、智能手机发达的数位汇流年代，记者除了要有基本的文字表达、采编能力外，还需要学会其他多媒体的叙事能力，不但要会拍、会剪，甚至还要学会制作图表将信息图像化。至于未来记者到底应该拥有怎样的核心能力，受访者意见分歧。整体来看，多元的媒体能力可以让自己跟上数位汇流的脚步，不至于太快被淘汰，也相对能扩展未来的发展。

### （三）商业模式层面的数位汇流

《联合报》关注新产品新服务的跨区媒体合作。根据联合报系媒体创新研发中心现任总监方桃忠先生介绍，《捷运报》是联合报系拓展商业模式的试验点，因为《捷运报》是台北市政府的中标项目，是免费发行的，所以《联合报》特别关注这一受众群体，并且非常细致地对受众对象进行研究，推出打折活动等结合商业的行为，比如根据台北旅行服务的需要推出每一条捷运线路周边小吃的推荐等。媒体创新研发中心会对受众进行访谈，了解他们的移动行为，比如通勤的时间与工具、通勤地点；媒体的使用行为（《捷运报》使用行为、行动媒体的使用行为）；消费购物行为（购物管道、消费类型与金额）；生活风格与价值观（从消费行为中分析生活风格与价值观）；分析人际网络移动终端所接触到的人；移动装置的使用群组等。

张立先生认为，台湾相对保守，限制金融进入移动终端。《联合报》有一个平台叫作"UDN买东西"，我们的网站横向之间的联系，如何融通，我们还在想象。这时的盈利模式我们还在寻找，比如《纽约时报》采用支付墙的模式，但是在华文市场很难。新媒体的盈利模式是非常关键的。前几年做得很好的 APP 叫 CIRCA，现在倒闭了，读者非常喜欢 sensational（煽动性）的内容，现在的 APP 也需要下载安装，其实是比较麻烦的。中时由旺旺入主之后资金比较充裕，自由（时报）有政党支持，苹果（日报）公司已经上市，有丰沛的资金支持，这些都是《联合报》所没有的。

　　传统媒体倒下之后，毕竟是要有接棒子的模式，不能一味地追求商业，媒体有社会守望的功能，基本的理念还需要坚持。联合报系媒体创新研发中心总监吴仁麟介绍："联合报系是报中有新媒体，新媒体中有报，因为我们在报纸发展新媒体的过程中，去应用新的媒体技术，但是我们把新的媒体技术跟人员带进来以后，把报纸的经验带给了他们，联合报系过去学习怎么进入新媒体的过程中，我们是有一些非常具体的想法，如我们做新媒体到底是为了什么？到底是为了转行还是为了求生存，我们今天的感受是这样的。联合报系已经做了 64 年，我们还是想做一个报纸，报纸对整个社会的利益是一个思索自己对社会的贡献到底是什么，我们认为报纸应该是不断进步的工具，2015 年是联合报系创立 64 周年。联合报系新媒体融合的状况，就是以报纸为核心，不管报纸的资源，报纸的价值都保留在最核心的理念，但是我们发展到新媒体事业，各个方面都涵盖到了，报纸在不断地衰退，在原来办报的理念中我们不慌不忙，还是希望对社会有所贡献。从 1951 年发展到今天，1999 年我们开始进入互联网世界，在 2013 年成立了台湾第一家媒体创新研发中心，为使用者开发新产品、新服务，这一直是联合报系在思考创新服务的需求。要做到五子登科，作为一个新闻服务业，要做社会的脑子，你并不是一张广告纸，这些都需要脑子。要经过三个变化，一是物理变化，二是生理变化，三是心理变化。战略是'三流'，倒流、增流、回流。如何让现在的界内资源进行流动和累积，这是我们努力的一个方向。1999 年创立了联合新闻网，是我们最早的商业模式创新，当时用报纸的资源加网络新闻，当时从人才、内容去做，侧重其他的互联网的一些代表性网站，把它贯彻到新的互联网里面来，经过这样进入之后，流量进来了，就有了一个事业体，再去跟报纸做互动、联动，甚至把一些其他的对手、媒体拉进来，因此涵盖的不只是我们的报纸，也把其他的报纸媒体拉进了我们商业服务的行列。电子商务，这时候我们思考的不只是做生意，更多的是公益，我们是创造新的服务帮助台湾的年轻人创业，这个时候我们开辟了一个新的品牌，帮台湾有才华的年轻人创造平台，帮他们卖东西。回顾这一路，我想用国学大师王国维先生的话跟大家分享，这应该是在座各位先进都感受过的，我们开创任何一个事业，成就一个新的想法时，一是寂寞，昨夜西风凋碧树，独上高楼，望尽天涯路，二是情痴，衣带渐宽终不悔恨，为伊消得人憔悴，三是明白，众里寻他千百度，那人却在灯火阑珊处。我们做新闻事业，并不是为了赚钱，而是要为了尊严去发挥理想。"

## 附录：访谈提纲

时　　间：2015 年 7 月

地　　点：新北市大同路一段 369 号《联合报》总部

访 问 者：中国传媒大学新闻学院孙璐

访谈对象：《联合报》数位汇流副总编辑张立先生

联合报系媒体创新研发中心前任总监　吴仁麟（根据其2015 年 4 月在武汉的发言整理）

联合报系媒体创新研发中心现任总监　方桃忠先生

联合报系《捷运报》（U-paper）记者张小姐

联合报系《联合晚报》编辑　陈小姐等

主题：《联合报》数位汇流生产与流程研究

1. 您可否简单介绍一下联合报系数位媒体汇流部门的架构与特色部门？比如联合报系媒体创新研发中心（探讨传统媒体由平面转型到数位汇流时代的内容创新、载体创新与商业模式创新议题）。

2. 在新媒体多平台趋势的背景下，两岸传统报纸媒体都面临挑战，目前台湾四大报（苹果、自由、联合、中时）皆已成立在线新闻网站，但大多是将平面报纸的新闻报道内容原封不动地搬到网络上或"再包装"成其他新闻，较少针对网络生产新的内容，《联合报》有哪些突破？在因应新媒体趋势时采取何种战略与策略？具体通过哪些管道发展新媒体（数位汇流）（如网站/Facebook/Youtube/手机客户端等）？哪些管道的现有的传播效果比较好？什么类型的新闻会更倾向于考虑在网络平台播出？

3. 现有的受众群体年龄与社会结构如何？如何设计基于新媒体平台的数据汇流新闻，以吸引年轻世代？新媒体部门的架构如何？（在生产流程上关系？平行还是隶属）现有的新媒体工作团队工作流程与传统新闻生产有不一样吗？可否介绍一下新媒体部门的工作时间/工作人数/工作内容？在内部的跨部门资源整合过程中遇到何种问题、管理者针对这些问题的解决方法以及经营考量、内部跨功能团队对于跨部门合作的成效为何、未来的组织变革规划蓝图为何？

4. 在平板、智能手机发达的数位汇流年代，未来记者到底应该拥有怎样的核心能力？记者的角色有哪些转变？

5. 拥有六十几年历史的《联合报》，旗下有《联合日报》《联合晚报》《经济日报》，也有数位化后的联合新闻网，现在更多了影音平台联合影音网及今年刚开台的 UDN TV，过去报系之间抢独家的竞争关系，是否有因为推动数位汇流的整合而消失？

6. 如何保证 UDN TV 的专业性与真实性？目前已经确立"Digital first"的策略，因此无论是报纸或 UDN TV，所有内容都会先放上网络，如何平衡与处理网络新闻与纸媒的呈现？您如何看 Digital First？

7. 报社对于实时新闻回传的时间和数量有什么样的规定？《苹果日报》要求的是最快速的信息，因此可以接受比较粗糙原始的短片，联合报系有什么样的要求？

8. 实时新闻求快还是求质量间的矛盾，在"快速"与"质量"间如何处理？另外，UDN TV 自创立以来，即不断强调"beyond TV"（不只是电视）的概念，希望能与现今电视台做出区隔，但在实际层面上到底该如何操作？目前采用哪些网络营运模式来为 UDN TV 盈利？

9. 新媒体平台上的内容是否采用低度管制？如何保护版权？

## 记者访纲

1. 多工的新闻产制方式对新闻内容是否有任何影响？

2. 除了制作影音新闻，您认为还做了哪些调整以因应数位汇流趋势？有哪些优势与不足？

3. 就您的观察，可否请您谈谈自己所在的报纸在报系中数位汇流的角色？和报系中其他报纸与网络有没有不同？

4. 影音新闻实行到目前为止对影音新闻的想法是？有没有改变？

5. 数位时代对好记者的定义是否与过去有所不同？必备的技能又是什么？

6. 就报社记者来说，数位时代是否有对工作带来冲击？为什么？

7. 报系与报系间（如《联合报》与《联合晚报》）在数位汇流后是否有任何工作上的合作或整合？

8. 请谈谈以数位科技进行报道所带来的影响？（较正面或负面？）

## 主管访纲（策划、美编）

1. 纸版报纸与网络间的关系？能否简单说明影音等数位部门所负责的事务？如何与其他部门组织合作互动（如联合新闻网）？

2. 目前数位营收的主要来源为（收支状况，即商业模式创新）？

3. 如何决定哪些新闻需要制作影音新闻？

4. 即将上线的直播电视与现今电视台的定位区隔？

5. 联合影音网的内容是由哪些记者提供？（全部都由联合影音网本身的记者提供，抑或是有《联合报》等记者所制作的内容）目前遇到最大的困难为何？如何克服？如何区隔、整合报系之间的人力资源（如《联合晚报》与《联合报》间的财经组记者）？

6. 联合新闻网上的新闻来源？您认为数位时代记者应具备的能力是什么？与之前有何不同？如何决定新闻要先上哪个平台（网络优先）？

**参考文献**

Quinn, S. , "Better journalism or better profits: a key convergence issue in an age of concentrated ownership", *Pacific journalism review 10* (2), 2004.

Quinn, S. , The emergence of convergence *Convergent journalism: the fundamentals of multimedia reporting*. New York: Peter Lang, 2005.

Robinson, S. , "Convergence crises: news work and news space in the digitally transforming newsroom", *Journal of Communication 61* (6), 2011.

Rubin, H. J. , Rubin, I. S. , *Qualitative interviewing: The art of hearing data*, 2012.

Tameling, K. , Broersma, M. , "De-converging the newsroom strategies for newsroom change and their influence on journalism practice", *International Communication Gazette 75* (1), 2013.

Thurman, N. , Myllylahti, M. , "Taking the paper out of news a case study of Taloussanomat, Europe's first online-only newspaper", *Journalism Studies 10* (5), 2009.

Zhang, S. I. , "Newsroom convergence models of China's Beijing Youth Daily and Denmark's Nordjyske", *Chinese Journal of Communication 2* (3), 2009.

吴筱玫:《数位时代之新闻产制面貌:从两个案例看网络媒体如何影响新闻型塑》,中华传播学会1999年会暨论文研讨会,台湾,1999。

林照真:《当代聚合对传统报纸转型的影响与冲击:有关〈纽约时报〉与〈卫报〉的比较研究》,中华传播学会2013年会,台湾,2013。

徐慧伦:《前路漫漫:台湾报业的数位革命与发展以〈联合报〉〈中国时报〉〈苹果日报〉〈自由时报〉为例》,台湾大学新闻研究所,2011。

张念慈:《联合报系的转型挑战:数位汇流发展个案研究》,台湾清华大学,2011。

蔡怡琳:《报纸媒体发展数位汇流模式之研究》,台湾文化大学,2013。

# B.13
# 在新常态和融媒体业态下
# 视听美学思维的融合建构

李语然*

摘　要：　在新常态和融媒体业态下，一个处于云端的IP/品牌/构思，要
　　　　　通过三种"多"和"融"的或从内部、或从外部出发，又再次
　　　　　融合为"无界"后的一个"整体渠道"去表述其主体的情感
　　　　　诉求，企图最终成为当代现象级传播的"神话"文本。但是，
　　　　　当下中国由于"象"与"生"的历史文化渊源、"画"与
　　　　　"声"在电视和互联网技术迅猛发展下汇聚大量资本、"视"与
　　　　　"听"工业水准长期处于忽视和低下的情况下，这三种视听美
　　　　　学思维在一个云端内处于分裂、碎片、拼贴式存在，还没有形
　　　　　成融合建构一个为云端服务的视听空间的规模思维和能力。这
　　　　　也是导致出现综艺电影等新传播现象的根本原因。本文从"整
　　　　　体渠道"和视听美学思维等角度来分析我国经济新常态下视听
　　　　　美学思维也急需其意义上的"新常态"。

关键词：　一云多屏　"象"与"生"　融合建构

　　我们要引进三种视听文化的美学思维概念。从古至今，有"象"与"生"
美学思维、"视"与"听"美学思维、"声"与"画"美学思维，如表1所示。

---

\* 李语然，中国传媒大学艺术研究院广播电视艺术学博士。

表1　三种视听文化美学思维概念

| 项目 | "象"与"生"美学思维 | "视"与"听"美学思维 | "画"与"声"美学思维 |
|---|---|---|---|
| 视听功能 | 模拟功能 | 逼真功能 | 记录功能 |
| 生发空间 | 剧场空间 | 影院空间 | 银屏空间 |
| 本体表述 | 从"无"产生"有"的幻想 | 从"内"暗示"外"的幻象 | 从"虚"带来"实"的幻觉 |
| 精英追求 | 人与神关系——宗教维度——手工业艺术品 | 人与生命关系——哲学维度——工业文化产品 | 人与人关系——伦理维度——现象级传播 |
| 大众媒介 | 以反宗教的姿态扩张传播——消费品 | 以反哲学的姿态扩张传播——消费品 | 以反伦理的姿态扩张传播——消费品 |
| 涉及艺术 | 戏剧戏曲、魔术、曲艺、书画、雕塑、壁画 | 电影、VR(虚拟现实) | 电视、录像、网络、智能手机等 |
| 起始时间 | 从远古时期开始 | 从19世纪末20世纪初开始 | 从20世纪60年代开始 |

　　这三种视听美学思维以不同的程度，出现在当今全媒体领域和社交媒介场域里，决定着场域内各个资本的交易和循环流动。在不同的国家和地区，何种美学思维与技术、资本/消费更亲近，则何种美学思维会成为一定时间内这个国家和地区的舆论主流。但是最终从目前用户终端的智能技术扩张的趋势来看，在技术、资本/消费的扩张和刺激下，"象"与"生"美学思维的模拟功能和"画"与"声"美学思维的记录功能，都会在各自独立存在的基础上，又会不断趋近于"视"与"听"美学思维的逼真功能。比如在VR（虚拟现实）里看戏剧。这是未来的媒介和美学趋势。

　　"象"与"生"美学思维概念，是笔者根据中国道家的"象"思维观念、古典美学"意象"观、戏曲和曲艺、书画的形式表述等历史渊源总结提炼而成。同时，伴随着媒介生态已经走到"一云多屏"的全媒体领域，各个媒介互相跨界、重新定义的现象屡屡发生。从这个角度说，单纯从媒介区分来做分析的现实意义和有效性已经不大，笔者直接从视觉和听觉感官体验的不同形式表述来做区分，可以做到真正的跨媒介和全媒体领域思考和辨析：本文从"整体渠道"和视听美学思维等角度来分析我国经济新常态下视听美学思维也急需其意义上的"新常态"。

## 一 中国当代融媒体环境"一云多屏、多元、多维"

在经济新常态和融媒体业态下，一个处于云端的 IP/品牌/构思，要通过①智能手机技术发展下的跨媒介（新技术融合新媒介——多屏互动）；②国际市场模式交易下的跨文化（新媒介融合新文化——多元互渗）；③中国"戏影戏"叙事传统下的跨历史——现实——玄幻等时空维度（新文化融合新时空——多维互穿）这三种"多"和"融"的或从内部、或从外部出发，又再次融合为"无界"后的一个"整体渠道"去表述其主体的情感诉求，企图最终成为当代现象级传播的"神话"文本。

接下来，我们接连梳理"一云多屏""一云多元""一元多维"这些概念。

### （一）智能手机技术发展下的跨媒介（新技术融合新媒介——多屏互动）

在经济新常态下，李克强总理提出"互联网＋"的经济新概念，是为了加速经济发展模式的转型。其中，我国媒体行业面临进一步深化改革，即建成全面新型大型传媒集团的任务。之所以要完成如此不断兼并各个媒介的任务，是为了适应在智能手机发明后所引发的融媒体环境——"一云多屏"。简单说，"一云多屏"的意思是一个品牌概念/IP 置于云端，然后通过各个媒介的屏幕来传达品牌概念/IP。这是一次由技术变革引发的融合媒介的内部变革所引发的各个媒介部门合并的外部变革。

自此之后，融媒体环境内不再是以媒介为王，而是内容。比如《爸爸去哪儿》是不是一部电影？这个问题在融媒体环境内是可笑的。《爸爸去哪儿》是一个品牌，是一个置于云端的内容，围绕着它的所有媒介部门均要为其服务。

**图1　"一云多屏"概念**

## （二）国际市场模式交易下的跨文化（新媒介融合新文化——多元互渗）

当今中国有一股电视节目模式引进的浪潮，针对这一"热现象"，早在2003年便有"冷思考"出现：中国中央电视台发展研究中心主任张子扬发表文章《警惕! 外来电视节目"版式化"对亚洲地区的新文化垄断》，在文章中作者有如下记载：

"在2002年'亚洲电视'奖评选会上，与会的来自中国、新加坡、马来西亚、印度、印度尼西亚、中国香港和台湾地区的评委们一致发现：用外来一些电视节目'版式'进行包装过的所谓'本土化'益智与娱乐节目已在亚洲地区形成一种引人关注的文化现象。这种由'版式'引进而包装后的'本土化'节目，使其在亚洲地区显现出大批'雷同'的电视栏目，更使其在评奖范围内既无个性，又不具竞争力。而横向比较之后，令人为这种欧美'版式'化的新文化垄断现状深为担忧。"

时至今日，不要说西方的"版式输出"，近邻韩国的"版式输出"已经席卷中国。这给我们一个新的课题：媒介融合文化，引发多元互渗。简单说，在经过"技术融合媒介""媒介融合文化"后，多种国家和地区的文化都会被套进一个"模式"和"版式"里面，导致许多"文化"都被卷进了一个游戏规则里。尽管我们已经对这种"版式输出"的后果有了无数冷静的思考，但是我们要面对的一个现实就是一个云端品牌可以将多种"文化"席卷进来。比如《中国好声音》《我是歌手》等，其竞演模式对于中国音乐做重新的编排，最终中国流行音乐和其他国家音乐一样被"游戏模式"编排。一个由融媒体环境促成的"新文化"业态已经形成。

（三）中国"戏影戏"叙事传统下的跨历史——现实——玄幻等时空维度（新文化融合新时空——多维互穿）

以上"一云多屏"和"一云多元"在其他国家比较常见，但是"一云多维"在中国却是以较为独特的方式出现：以"跨历史——现实——玄幻"的姿态出现。

这种独特的跨维姿态在于：中国从古至今的叙事传统与历史、现实之间有着暧昧不清的关系。这与西方魔幻题材、现实题材、历史题材相对划分比较清楚是截然不同的。比如，中国的穿越题材电视剧是"从今至古"，而其他国家比较主流的穿越方式是"从古往今"。中国古装剧是出口的最大题材，中国的叙事文本一直对于自己的历史有着不断探讨、挖掘、重新解读的重复性叙事传统。比如，章回体小说和戏曲对于一个母题有着历朝历代不同的改编。

这种不断改编同一个历史母题的叙事传统有着不同的原因：①中国没有从古至今统一性的神话和宗教文本，没有一个持续的"GOD"，这导致历朝历代的说书人和文人喜欢找寻影响至今的创伤性事件来为我们的精神寻找寄托；②中国几千年来一直改朝换代，文化专制时间较长迫使一代代说书人和文人经常使用"借古讽今"的策略，使用同一个典故或者同一个解读；③中国古代"象"与"生"美学思维的强大传统，该视听美学思维笔者后面会继续介绍。

在这些原因的促使下，即便是晚清小说改革和戏曲改革，开始有对于现实针砭时弊的文本出现，但是我国的现实主义也与西方的现实主义有很大不同。我们的现实主义是有经过迎合主流世界观、价值观修饰过的，是一种注重模拟现实场景而始终不放弃教化色彩的文本。从这个角度说，现实从来不是这些文本的价值落点，而是教化。在一个"象"与"生"的教化下，历史、现实、玄幻等都成为被寄托的素材。时至今日，在争夺中国电影所谓"道统"的意识形态路线争执上，笔者认为这是一个"伪命题"的争夺。我国的现实主义、玄幻等题材均与现实和历史保持着一定的距离，又相互借用。

这使中国影视剧的叙事传统处于"戏影戏"状态。不同于"影戏"传统的中国电影史定义。笔者认为，"戏影戏"相对于"影戏"可以更为实质性地看到为何即便是融媒体环境下中国的影视文本仍然很容易聚焦于道德伦理的话题。

1905 年中国第一部电影《定军山》的问世，实际上已经将中国影视传统定格。《定军山》不是严格意义上的剧情片，也不是纪录片，实际上就是一段胶片记录戏曲的过程。后来，从戏曲文本上发展出来的历史题材、神怪武侠题材、家庭伦理题材等成为左翼电影前中国电影的主流。这些电影被命名为"影戏"，而"戏影戏"则在于笔者将"戏曲电影化剧目"这一过程做了一个凝练，我们看如下演化，便知道今天中国影视剧题材的历史渊源：

戏——影——戏

戏——视——戏

电——视——戏

电——视——剧

是的，我们从上面不断地更替一些字，便可知道原来中国电视剧其实与中国戏曲之间有着明确的历史渊源，只不过"电视"两个字成为我们误解和误读的一个屏障。"影戏"是从观众角度解读成立，"戏影"则是从创作角度解读成立。第一个"戏"字是"戏曲",后面的"戏"字是"戏剧",后来"戏曲"逐渐退出影视剧主流后,"电"字代表着技术进展逐渐取代"曲"。今天,我们看到的武侠片(剧)、古装片(剧),可以理解为戏曲"白话"改造后的进化性文本,是没有唱腔版的戏曲变种。上面的"影"很快被"视"替换,是因为中国电影的"视"与"听"思维并不是很发达,其实是将戏曲文本"电影化"了,但没有成为真正意义上的"电影"。从某种程度上说,胶片起到复制作用,但没有深入戏曲文本内去挖掘视听意义上的"逼真"效果。我们看到的是中国影视剧中,"影视"成为模拟的载体,许多中国电影也无法摆脱话题电影以及"文以载道"等价值观。

这就是"一云多维"出现的外部原因。

内部原因则是"象"与"生"思维。

## 二 中国古代"象"与"生"美学思维的历史文化渊源

首先,我们从字面意义上拆解一下"象"与"生"美学思维。

先从"象"美学思维开始说,何为"象"美学思维?要回答这个问题要再回归到"象"思维来说。根据当代中国象思维研究创始人王树声对于"象思维"的定义来看:"象思维,指运用带有直观、形象、感性的图像、符号等象工具来揭示认知世界的本质规律,从而构建宇宙统一模式的思维方式。"简单说,就是将整个世界和宇宙化为一种特定的形象、感性的图像和符号,反过来讲,就是用特定的形象、感性的图像和符号去模拟出一个世界(观)和宇宙(观)。

进一步说,王树声和喻柏林在论文《论"象"与"象思维"》中给出的观点是:"中国传统文化中的'象'包含外在感知之象、内在感知之象,把握某种小宇宙整体内涵的气象或意象,乃至本原之象或大宇宙整体之象等等无限丰富的层次。'象思维'的显著特点表现为'象的流动和转化',即象在同一层次和不同层次的运动。'象思维'正是借助象的流动与转化,以达到与大宇宙整体之象或'道'一体相通的'把握'。"从以上文字可以看出,我国是"天人合一"的哲学观,这与西方"主客二分"的哲学观正好相反。

在"象"思维指导下,"象"的美学思维也在中国古典诗歌、书画、戏曲、曲艺当中有所体现。从"象"思维走出来的"象"美学思维就是"意象"的美学思维,到了唐代则演化为"意境"的中国独特的美学思维。所谓"天人合一"就是"主客合一",也就是说,我们古代的艺术家和匠人在创作的时候,直接就把"主客合一"的"意象",甚至"意境"呈现在我们的画卷、舞台当中。

由此可见,中国人从古至今最适应的视觉和听觉感官所接收到的形象刺激,是已经被艺术家和匠人主观加工和改写过的客体的一种模拟的形象和符号。比如,戏曲舞台上的千军万马也许就被在台上的四个人所取代,一个演员摆弄一个动作,就是十年或者过河的行为,对于场面的一种模拟;古典绘画中的留白可以把读者带到一种不在画中的意境里,而画中的内容则是被艺术家主观改造过的意象,并不是西方对于客体的复制和机械模仿,是一种模拟;我国从甲骨文至今演变为的汉字,也是靠一笔一画对世界中存在的客体做出一种可以识别的客体形象和符号,像"山""水""火"这样的汉字是对真正的山、水、火的一种模拟,而对汉字的模拟做出不同的形式表述,便是书法家的艺术造诣追求;曲艺中的相声源于口技模仿各种声音,相声里的"学"则是另一种模仿,把观众带到捧哏和逗哏二者互动出来的一种看不见的世界……"象"的美学思维经过符号、图像对于世界和宇宙的客体的模拟,将读者带到另一个看不见的世界和宇宙中的过程。

"生"的美学思维则是从听觉的感官角度对于世界客体的又一个模拟,与"象"的美学思维从视觉的感官角度对于世界客体的模拟,合为一种能够模拟广泛意义上的"剧场空间"(如戏园、剧场、舞台、运动场、展览馆、教堂、寺庙等)外的世界的手工业艺术品。笔者之所以选择"生"这个字,在于"生"比"声"和"听"更符合模拟功能。这种对于听觉的模拟以人自身和手工业载体为媒介，"生"出来的"声"和"听"。这种模拟与可以机械复制时代（照相术、无线电发明后）的"声"和"听"所带来的记录和逼真完全不同。比如，口技表演自然界的声音毕竟与依靠机械复制的自然界声音有质的不同。这种模拟功能也就成为"象"与"生"美学思维的视听功能。其与"视"与"听"美学思维的逼真功能和"声"与"画"美学思维的记录功能相匹配。

这种模拟功能下的"象"与"生"的视听本体所追求的艺术境界——自身存在价值，则让观众和读者从"无"产生"有"的幻想——空空的舞台化为一个宇宙。

东、西方的戏剧源头都与远古时期的祭祀活动有关，这种模拟功能也源自巫师对于"神"的模仿，传达"神"的旨意。从这个意义上说，这种模拟功能和"象"与"生"的美学思维是横跨东西方的。亚里士多德意义上的戏剧也是"模仿说"，只不过西方将"主客二分"了，对于"客体"（自然）过分追求形似，直到19世纪自然主义的出现而登峰造极。也是一种从形似的"无"到"有"的幻想。实现这种幻想需要一个能够模拟的视听场合，而西方的教堂和剧场与东方的寺庙和戏园恰好是寄托这种幻想的精神场所，在这无数的精神场所中，一代代的演员和一个个雕塑无一不是在完成对于人与神、鬼等的模拟。从巫师到国王，终究是当代的演员，未来的雕塑。只不过西方追求客体的模仿，东方追求主体和客体的合一，但都是一种手工业生产水平的，终极会走向"神"的宗教（现代社会还有意识形态）的模拟视听的"象"与"生"的形式表述。

当下中国由于"象"与"生"的历史文化渊源、"画"与"声"在电视和互联网技术迅猛发展下汇聚大量资本、"视"与"听"工业水准长期低下和不被重视，这三种视听美学思维在一个云端内处于分裂、碎片、拼贴式存在，还没有形成如何建构为云端服务的视听空间的规模思维和能力。这也是导致出现综艺电影等新传播现象的根本原因。

## 三 在"前现代"与"后现代"撕扯中存在的"现代"

### (一)互联网技术促使"象"与"生"和"声"与"画"的对接统一

"象"与"生"是能指合一和天人合一的"古典"/"前现代"思维。其特征如下：符号化、图像化、象征化、人声扮演等。"声"与"画"是能指可以分割和主客二分的"后现代"思维，原本就是适合拼贴各种符号、图像、象征的一个让主体消解的技术性媒介。所以，社交媒体的技术让符号化、图像化、象征化、人声扮演实现"前现代"与"后现代"思维的对接。"象"与"生"和"声"与"画"互为修辞，实现了与之构造的想象性主体/虚假的主体的被消解。

### (二)中国受众长期"视"与"听"文化经验匮乏和"视"与"听"工业水准不高

一方面，"视"与"听"晚于"声"与"画"，这与西方视听文化发展进程完全相反；另一方面，"象"与"生"历史文化渊源根深蒂固，且占据主流，视听工业水准普遍不高。

当下中国，根据社交媒体场域里实际发生的传播现象来看，有相当一部分是"象"与"生"和"画"与"声"互为填补修饰的结合的结果，即宗教维度内容与伦理维度内容的结合。这必然导致受众阶层为了缝补阶层分裂的创伤而产生以反宗教和反伦理的姿态进行道义化解释，并且成为生产传播现象的最大刺激。

而"画"与"声"美学思维的技术、资本/消费迅速扩张促成了"象"与"生"美学思维和"视"与"听"美学思维的又一种相互融合、互为创新的因果，构成转码文本，比如所谓综艺电影和电影《三枪拍案惊奇》的出现。但是，"象"与"生"美学思维的文化渊源仍然极度影响了当下中国的创作思维（包括 UGC），模拟功能经常替换原本由技术所带来的天生的对于客体的逼真功能和记录功能。

从以上情况来看，当代中国出现一个比较特有的现象：以"后现代"技术去追求"前现代"价值观，在"后现代"与"前现代"撕扯中诞生了属于"现代"的主体情感表述和诉求。

"象"与"生"和"画"与"声"是为了构建国家主体情感表达的主要视听空间，从而将国家的主体情感诉诸宗教和伦理的索求，并且其载体所承载的"神话"，在当下思潮中具有"神性"和伦理关系上被赋予"神性"的人物形象上得到体现。

对于这样的"神性"人物的最大奖赏是互联网无政府主义空间内的"票"，并且许多网民的"投票"补偿了现实空间中各种"票"的缺席和类似于各种"命"的抵押。

任何互联网时代议题的传播都从以往的严肃性命题转化为一种话题性讨论，并且在我国发展不平衡的情况下，互联网成为"票选"对抗/取代"抵命"的优越感的场域。

但是，互联网的无政府主义秩序成为虚假的"票选公民"，只跟媒介空间要互联网的义务却没有自己的责任，是一种虚假的犬儒主义，在互联网空间上"随地大小便"和以正义之名，在"命抵草民"优越感之上刷"票"。比如：部分网友对生产安全和食品安全问题中的受害者施以暴力式"人肉"声援等。

现实中传播治理是围绕着公有制媒体，是"抵命"的任务体制，与"票选"的权责关系天生矛盾。在这种天生矛盾的激化下，在以"国家"为命名的舆论场域中，"前现代"诉求与"后现代"手法相互撕扯，产生连续两个绕开"现代"的逻辑快感的占有，产生一次又一次的爆炸式狂欢。

互联网的存在，比传统的广播电视等媒介更有"现代媒介"意义上的"优越性"。这也让现象级文本呈现扭曲的二律背反的内部结构制作和外部传播方式，却缺乏所谓"现代媒介"应有的"现代媒介秩序"和精品供应。没有"秩序"的制约和精品的供应，使"人"对快感进一步去追求，占据第三重快感，由此也产生两种社交媒体产品倾向：①虚假的僭越（犬儒主义）倾向；②天真的"民主"诉求倾向。

虚假的僭越倾向，在于占据"后现代"和"前现代"逻辑的双重快感后，并没有真正走向"现代媒介秩序"的应有位置，而是进一步去扮演激进的犬儒主义姿态的"公知"，非理性传播一种"这个世界就是如此糟糕"的境况，在占据双重快感后进一步占据话语权的快感。比如，2016年初，社交媒体里传出的"农妇集体约炮"的虚假新闻和以前散布谣言的网络大微。

天真的"民主"诉求倾向，也在于占据"后现代"和"前现代"逻辑的双重快感后，也没有真正走向"现代媒介秩序"的应有位置，而是进一步去追求毫无秩序混乱的"粉丝"，非理性传播一种"我的选择我做主"的观念，在占据双重快感后进一步占据"我在投票"的快感。比如，姚晨宣布离婚后，众多"粉丝"讨伐其前夫凌潇肃的传播现象。

国外的舆论场域在"票选"的体制环境下和互联网"无政府主义"状态共存下，尽管已经主体消解，却有明确的秩序要求，符合所谓"现代媒介秩序"和精品供应的需求。

比如，德国要求必须删除已经分手的情侣的裸照；日本不允许携带黄色视频入境；法国个人的博客不许公开，否则侵犯公众。国外社交媒体场域里经常有制作非常精良的产品，有完整的文创和艺术设计产业链。

# 结　论

在此，笔者呼吁我国迫切需要在社交媒体场域中建立一种真正意义上的"现代媒介秩序"，这种秩序要含有强制性的公益性质和更加全面的市场付费机制，促使：①社交媒体场域里有更专业化更多样化的精品供给和需求；②"视"与"听"思维水准的工业/手工业制作进一步扩张，使具备哲学方向的思辨性创作（包括利用基础科学资源）成为精品传播的温床。须知"冰桶挑战"的出发点并非是冰桶和挑战，而是在这种夸张古怪行为的背后传播"肌肉萎缩性侧索硬化症"常识。迄今为止，中国舆论场域内，无论所谓"现代媒介"还是"传统媒介",都还没有产生由基础科学和哲学思辨而带来的现象级文本。

习近平指出:"互联网要能适应人民日益增长的期待和需求,为大多数人提供用得上、用得起、用得好的信息服务,让更多人平等享受到技术变革带来的便利。"一句话,为了让我国亿万人民有更多的获得感,在"前现代"与"后现代"撕扯中,急需建设"现代媒介秩序"来完成国家对于互联网时代舆论场域的治理,急需在经济新常态和融媒体业态下完成视听美学思维的融合建构。

社会科学文献出版社

**皮书系列**

## ❖ 皮书起源 ❖

"皮书"起源于十七、十八世纪的英国,主要指官方或社会组织正式发表的重要文件或报告,多以"白皮书"命名。在中国,"皮书"这一概念被社会广泛接受,并被成功运作、发展成为一种全新的出版形态,则源于中国社会科学院社会科学文献出版社。

## ❖ 皮书定义 ❖

皮书是对中国与世界发展状况和热点问题进行年度监测,以专业的角度、专家的视野和实证研究方法,针对某一领域或区域现状与发展态势展开分析和预测,具备原创性、实证性、专业性、连续性、前沿性、时效性等特点的公开出版物,由一系列权威研究报告组成。

## ❖ 皮书作者 ❖

皮书系列的作者以中国社会科学院、著名高校、地方社会科学院的研究人员为主,多为国内一流研究机构的权威专家学者,他们的看法和观点代表了学界对中国与世界的现实和未来最高水平的解读与分析。

## ❖ 皮书荣誉 ❖

皮书系列已成为社会科学文献出版社的著名图书品牌和中国社会科学院的知名学术品牌。2016 年,皮书系列正式列入"十三五"国家重点出版规划项目;2012~2016 年,重点皮书列入中国社会科学院承担的国家哲学社会科学创新工程项目;2017 年,55 种院外皮书使用"中国社会科学院创新工程学术出版项目"标识。

# 中国皮书网

发布皮书研创资讯，传播皮书精彩内容
引领皮书出版潮流，打造皮书服务平台

## 栏目设置

关于皮书：何谓皮书、皮书分类、皮书大事记、皮书荣誉、
皮书出版第一人、皮书编辑部

最新资讯：通知公告、新闻动态、媒体聚焦、网站专题、视频直播、下载专区

皮书研创：皮书规范、皮书选题、皮书出版、皮书研究、研创团队

皮书评奖评价：指标体系、皮书评价、皮书评奖

互动专区：皮书说、皮书智库、皮书微博、数据库微博

## 所获荣誉

2008 年、2011 年，中国皮书网均在全
国新闻出版业网站荣誉评选中获得"最具商
业价值网站"称号；

2012 年，获得"出版业网站百强"称号。

## 网库合一

2014 年，中国皮书网与皮书数据库端
口合一，实现资源共享。更多详情请登录
www.pishu.cn。

**权威报告·热点资讯·特色资源**

# 皮书数据库
## ANNUAL REPORT(YEARBOOK)
## DATABASE

## 当代中国与世界发展高端智库平台

### 所获荣誉

- 2016年，入选"国家'十三五'电子出版物出版规划骨干工程"
- 2015年，荣获"搜索中国正能量 点赞2015""创新中国科技创新奖"
- 2013年，荣获"中国出版政府奖·网络出版物奖"提名奖
- 连续多年荣获中国数字出版博览会"数字出版·优秀品牌"奖

### 成为会员

　　通过网址www.pishu.com.cn或使用手机扫描二维码进入皮书数据库网站，进行手机号码验证或邮箱验证即可成为皮书数据库会员（建议通过手机号码快速验证注册）。

### 会员福利

- 使用手机号码首次注册会员可直接获得100元体验金，不需充值即可购买和查看数据库内容（仅限使用手机号码快速注册）。
- 已注册用户购书后可免费获赠100元皮书数据库充值卡。刮开充值卡涂层获取充值密码，登录并进入"会员中心"—"在线充值"—"充值卡充值"，充值成功后即可购买和查看数据库内容。

数据库服务热线：400-008-6695
数据库服务QQ：2475522410
数据库服务邮箱：database@ssap.cn
图书销售热线：010-59367070/7028
图书服务QQ：1265056568
图书服务邮箱：duzhe@ssap.cn

社会科学文献出版社 皮书系列
SOCIAL SCIENCES ACADEMIC PRESS (CHINA)
卡号：963336138858
密码：

# S 子库介绍
## ub-Database Introduction

## 中国经济发展数据库

涵盖宏观经济、农业经济、工业经济、产业经济、财政金融、交通旅游、商业贸易、劳动经济、企业经济、房地产经济、城市经济、区域经济等领域，为用户实时了解经济运行态势、把握经济发展规律、洞察经济形势、做出经济决策提供参考和依据。

## 中国社会发展数据库

全面整合国内外有关中国社会发展的统计数据、深度分析报告、专家解读和热点资讯构建而成的专业学术数据库。涉及宗教、社会、人口、政治、外交、法律、文化、教育、体育、文学艺术、医药卫生、资源环境等多个领域。

## 中国行业发展数据库

以中国国民经济行业分类为依据，跟踪分析国民经济各行业市场运行状况和政策导向，提供行业发展最前沿的资讯，为用户投资、从业及各种经济决策提供理论基础和实践指导。内容涵盖农业，能源与矿产业，交通运输业，制造业，金融业，房地产业，租赁和商务服务业，科学研究，环境和公共设施管理，居民服务业，教育，卫生和社会保障，文化、体育和娱乐业等100余个行业。

## 中国区域发展数据库

对特定区域内的经济、社会、文化、法治、资源环境等领域的现状与发展情况进行分析和预测。涵盖中部、西部、东北、西北等地区，长三角、珠三角、黄三角、京津冀、环渤海、合肥经济圈、长株潭城市群、关中—天水经济区、海峡经济区等区域经济体和城市圈，北京、上海、浙江、河南、陕西等34个省份及中国台湾地区。

## 中国文化传媒数据库

包括文化事业、文化产业、宗教、群众文化、图书馆事业、博物馆事业、档案事业、语言文字、文学、历史地理、新闻传播、广播电视、出版事业、艺术、电影、娱乐等多个子库。

## 世界经济与国际关系数据库

以皮书系列中涉及世界经济与国际关系的研究成果为基础，全面整合国内外有关世界经济与国际关系的统计数据、深度分析报告、专家解读和热点资讯构建而成的专业学术数据库。包括世界经济、国际政治、世界文化与科技、全球性问题、国际组织与国际法、区域研究等多个子库。

# 法 律 声 明